イノベーション実現の条件

内海京久・橘川武郎［編著］

文眞堂

はしがき

2020年4月，新型コロナ感染症の患者数が指数関数的に増加する中，緊急事態宣言が発令された。そして，2021年に入っても，第3波の感染拡大は前年を超す勢いであり，収束の見通しが得られない状況である。これまでに経験のない事態によって，世界中で就業形態や生活習慣を変えることを余儀なくされ，観光，飲食，物流を始めとした経済的枠組みのパラダイムが大きく変化するさなか，本書はリモート会議での議論を重ねて執筆された。時代の波が日々大きく動いていく様子を見るにつけ，こういう時代だからこそ前の時代を振り返り，次の時代へ向けてどのようにイノベーションを実現していくのかについて熟考しておくことの意義を強く感じてきた。

さて「イノベーション」である。この言葉を聞かない日がないほどに広く定着した昨今，さらにイノベーションの何を語ろうというのかという読者の方も多いかもしれない。確かに，イノベーションについて語られた書物は世の中に多くある。しかし，その実現について，地に足のついた現場目線で，かつ分析的に書かれた真に示唆的な書物は，必ずしも多くはないことにも気づいているのではなかろうか。それに対して本書は，現場で実際にイノベーションの実現に携わっている企業人たちと研究者の持つ強い問題意識と，その本質の解明へ向けた研究魂が生み出した渾身の作であり，世の中に出す意義があると自信を持って言える。

各章の執筆者は，東京理科大学大学院イノベーション研究科技術経営専攻(MOT専攻)，およびイノベーション専攻博士後期課程の指導教員であった橘川教授と，その研究室の卒業生たちである。橘川研究室では，企業の現場でイノベーション創出に携わる社会人たちが技術経営の基礎スキルを身につけると同時に，社会科学の分析手法を学んできた。そして，そこで生まれた博士論文および修士論文の研究成果を中心として，新たにイノベーションの類型を念頭に書き下ろしたものに橘川教授と私が編集作業を行い，かつ序章と終章を書いたものが本書である。すなわち，社会科学の研究手法を身につけた第一線で活躍する企業人という希少な人財が，イノベーションの実現について橘川研究室で研究した成果をコラボレーションした結果が本書であり，同じ釜の飯を食った仲間の一期一会の真剣勝負であるということも考えあわせると，他では得がたい濃密さをまとっているといえる。そこには，企業人としての深い問題意識に基づく解決策への強い希求が，逆に本質の探究を鈍らせる両刃の剣の面もあった。このため，リモートであることも相まって議論が深まりにくく，執筆作業は困難を極めた。しかし，現場の問題意識や起こっている現象をつぶさに見つめ，その本質的な原因は何なのかを探究し，その結果として解決策を提示するというスタイルに徹することで，現場目線のイノベーション実現の条件をまとめることができた。

また，このような本をつくるには我慢強く理解を示してくださる編集者の存在が必須である。そういった意味で，編集および出版を担当していただいた文眞堂の前野眞司さんには多くのご苦労をおかけしたと思うが，深い感謝の気持ちでいっぱいである。

2021 年 2 月

執筆者を代表して

内海　京久

目　次

第Ⅱ部　イノベーションと経営資源

序章

イノベーションとは何か

橘川　武郎

【本書のねらいと特徴】

本書のねらいは，イノベーションを実現するための条件を，可能なかぎりリアルな形で明らかにすることにある。

「失われた10年」と呼ばれた1990年代に日本経済と日本企業の成長が失速して以降，再生のためにはイノベーションが必要不可欠であることは，繰り返し強調されてきた。しかし，現実にはなかなかイノベーションは起こらない。それは，なぜなのか。どうすればよいのか。これらの問いに答えを見出すためには，いま一度原点に立ち返り，ビジネスの現場でイノベーションをめぐって何が起きているかについて，目を向けることから始めなければならない。

現場での観察を重視するのは，イノベーションがどのようなメカニズムで起こるかを理解するためである。また，イノベーションを実現するために必要とされる経営資源は何かを把握するためでもある。

本書で取り上げるのは，以下の三つの論点である。

(1)　ビジネスの現場でイノベーションをめぐって何が起きているか。

(2)　イノベーションはどのようなメカニズムで起こるか。

(3)　イノベーションを実現するために必要とされる経営資源は何か。

以上の3点を解明するために，ビジネスの現場に詳しい研究者が力を合わせた成果が本書である。本書の執筆者たちは，2015年から2020年にかけて開設されていた東京理科大学大学院イノベーション研究科の橘川武郎ゼミナールで，ともに学んだ仲間たちである。同研究科は勤労者が夜間ないし土曜日に通学するシステムをとっており，ゼミの主宰者の橘川は学者であるが，他の執筆者たちは，富士フイルム，事業構想大学院，日本経営協会，大陽日酸，明治大学，日産自動車，デル・テクノロジーズ，エヌ・ティ・ティ・データ先端技術，みずほ情報総研，首都医校で働いているか，協和発酵キリンで働いていたかするキャリアをもつ（本書執筆時点）。これらの執筆者たちは，いずれも技術経営修士（専門職）ないし知的財産修士（専門職）であり，一部は技術経営や薬学の博士であって，研究者としての顔も有する。つまり，ビジネスの現場に詳しい研究者がイノベーションをめぐる諸問題に切り込んだ点に，本書の特徴があると言える。

【イノベーションとは何か：三つのとらえ方】

本書では，イノベーションについて掘り下げてゆく。そのためには，そもそもイノベーションとは何かを明らかにしなければならない。

大きく言って，イノベーションについては，二つのとらえ方がある。シュンペーター（Joseph A. Schumpeter）のとらえ方とカーズナー（Israel M. Kirzner）のとらえ方が，それである[1]。

シュンペーターは，『経済発展の理論[2]』，『景気循環論[3]』，『資本主義・社会主義・民主主義[4]』などの一連の著作において，「創造的破壊」を核とするダイナミックなイノベーション観を打ち出した。それは，① 新製品の開発，② 新製法の開発，③ 新市場の開拓，④ 新原料市場の開拓，⑤ 組織の革新，からなる新結合を重視する考え方であり，均衡を破壊する「ブレイクスルー・イノベーション」と概括しうるイノベーションのとらえ方である。

一方，カーズナーは，『競争と企業家精神[5]』において，不均衡の存在を前提として，そこから最適の均衡へ向かう競争プロセスを重視するイノベーション観を提示した。この考え方によれば，均衡の破壊ではなく，均衡を創造する累積的で漸進的なイノベーション，つまり「インクリメンタル・イノベーション」こそが重要な意味をもつ，ということになる。

もちろん，現実のビジネスの現場では，ブレイクスルー・イノベーションとインクリメンタル・イノベーションが，同時に発生しうる。しかし，このような二

1　以下のシュンペーターとカーズナーのイノベーション観に関する記述は，主として，安部（1995）による。ただし，同稿では，「イノベーション」という言葉は用いず，「革新」という言葉を使っている。

2　J. A. シュンペーター（1977）。

3　J. A. シュンペーター（1958）。

4　J. A. シュンペーター（1995）。

5　I. M. カーズナー（1985）。

分法の視角を導入することは，イノベーションの本質を理解するうえで有効だと考える。

これまでイノベーションについては，シュンペーター流のブレイクスルー・イノベーションとカーズナー流のインクリメンタル・イノベーションという二つのとらえ方が併存してきたが，最近になって，それらとはまったく異なる新しいイノベーション観が登場した。ハーバード大学のクレイトン・クリステンセンが1997年に刊行した名著 *The Innovator's Dilemma*（Harvard Business School Press，邦題『イノベーションのジレンマ[6]』）のなかで提唱した「破壊的イノベーション」（Disruptive Innovation）が，それである。

「破壊的イノベーション」とは，既存製品の持続的改善につとめるインクリメンタル・イノベーションに対して，既存製品の価値を破壊してまったく新しい価値を生み出すイノベーションのことである。インクリメンタル・イノベーションによって持続的な品質改善が進む既存製品の市場において，低価格な新商品が登場することが間々ある。それらの新製品は低価格ではあるが，あまりにも低品質であるため，当初は当該市場で見向きもされない。しかし，まれにそのような新商品の品質改善が進み，市場のボリュームゾーンが求める最低限のニーズに合致するレベルに到達することがある。その場合でも，既存製品の方が品質は高いが，価格も高い。それでも，新製品がボリュームゾーンの最低限のニーズにまで合致するようになると，価格競争力が威力を発揮して，新製品が急速に大きな市場シェアを獲得する。一方，既存製品は，逆に壊滅的な打撃を受ける。これが，クリステンセンの言う「破壊的イノベーション」のメカニズムである。

破壊的イノベーションは，ブレイクスルー・イノベーションとインクリメンタル・イノベーションに続く，「第3のイノベーションのとらえ方」だということができる。本書で検討するイノベーションの諸事例は，これら三つのイノベーションのいずれかに深くかかわっている。

【イノベーションをめぐり日本企業が直面する難題】

1980年代まで長期にわたって相対的高成長をとげてきた日本経済や日本企業が，1990年代以降失速したのはなぜだろうか。この問いに対する答えは，日本企

6　C. M. クリステンセン（2012）。

業が二つのイノベーションに挟み撃ちされるようになったからだと要約することができる。

一つ目は，ICT（情報通信技術）革命にともなうブレイクスルー・イノベーションである。順調に成長軌道をたどっていたころの日本企業は，ブレイクスルー・イノベーションとは対照的なインクリメンタル・イノベーション（累積的，連続的なイノベーション）を得意としていた。そのような状況は，日本的経営がフルに機能し出した第二次世界大戦後の高度経済成長期以降の時期に限定されることなく，第一次世界大戦前後から始まった日本経済の長期的高成長の時代全般に共通するものであった[7]。

インクリメンタル・イノベーションを進めるにあたって日本企業が採用したのは，先発企業が開発した製品に改善を加え，最終的にはより大きな市場シェアを確保する「後発優位」の戦略であった。「後発優位」の戦略が成り立ちえたのは，技術革新のスピードが相対的にゆっくりで，後発企業が先発企業にキャッチアップする時間的余裕が大きかったからである。

しかし，1990年代以降ICT革命は，ブレイクスルー・イノベーションを実現した先発企業が圧倒的な市場シェアを一挙に獲得してしまう，「先発優位」の時代を到来させた。画期的な技術革新に成功した先発企業が事実上の業界水準であるデファクト・スタンダードを確保してしまえば，そのスタンダードに参加しない他企業に対して競争優位を得ることができる，ネットワーク外部性が発生するようになった。その結果，デファクト・スタンダードを確保した先発企業が利益の大半を手にしてしまう「ア・ウィナー・テイクス・オール（勝者がすべてを持ってゆく）」という状況が，広汎に現出したのである。

一方，インクリメンタル・イノベーションを得意とする日本企業は，ブレイクスルー・イノベーションの担い手となった先発企業に対して，競争劣位に立たされることになった。「後発優位」戦略の有効性は，無くなったわけではなかったが，大幅に限定されるにいたった。

二つ目は，既に紹介した，クレイトン・クリステンセンが名著『イノベーションのジレンマ』のなかで提唱した破壊的イノベーションである。「付加価値製品の急速なコモディティ化（価格破壊）」，「日本製品のガラパゴス化」などの最近

7　この点について詳しくは，橘川（2019）参照。

よく耳にする現象は，この破壊的イノベーションと深くかかわり合っている。

ここで取り上げたブレイクスルー・イノベーションによる先発優位の発生源の多くは，シリコンバレーを含むアメリカ西海岸に位置する。一方，破壊的イノベーションの担い手は，韓国・台湾・中国等の企業であることが，しばしばである。日本企業は，先進国発のブレイクスルー・イノベーションと後発国発の破壊的イノベーションとの挟撃にあって苦戦を強いられているというのが，本書を執筆している2020年時点での実相なのである。

日本企業は，先進国発のブレイクスルー・イノベーションに対しても，後発国発の破壊的イノベーションに対しても，正面から対峙しなければならない。「2正面作戦」の遂行は容易ではなく，知恵をふりしぼることが求められる。この作業を成功裏に進めるためには，いま一度原点に立ち返り，ビジネスの現場からイノベーションのあり方を考え直さなければならない。これが，本書をわれわれが刊行した理由である。

【本書の構成】

本書では，(1) ビジネスの現場でイノベーションをめぐって何が起きているか，(2) イノベーションはどのようなメカニズムで起こるか，(3) イノベーションを実現するために必要とされる経営資源は何か，という三つの論点を掘り下げる。本書の第Ⅰ部「イノベーションのメカニズム」では (2) の論点を，第Ⅱ部「イノベーションと経営資源」では (3) の論点を，第Ⅲ部「イノベーションのフロンティア」では (1) の論点を，それぞれ取り上げる。

(1) の論点の検討を第Ⅲ部に配置するのは，そこで提示されるケーススタディが，いずれも現在進行形の事象を取り扱ったものだからである。これに対して，第Ⅰ部や第Ⅱ部での議論は，専門知識を有する分野で生じた過去の事象から析出したものが多い。本書では，時系列を考慮に入れた編別構成をとったのである。

第Ⅰ部「イノベーションのメカニズム」では，主としてブレイクスルー・イノベーションが議論の対象となる。**第1章「技術のブレイクスルー」（内海京久執筆）**は，青色LED（発光ダイオード）半導体材料開発のプロセスを詳細に検討し，飛躍的な技術進化をもたらした三つのブレイクスルーがどうして可能になったかを明らかにして，他産業・他事業へのインプリケーションを導く。**第2章「技術形成の隘路とその解決」（石川雅敏執筆）**は，遺伝子組換え技術を用いたバイオ産業の生産技術の開発事例を取り上げ，サイエンス型産業においてはリスク情報の事後的増加という固有の障壁があり，それが技術形成の隘路となりかねないこと，それを克服するためには何をなすべきかについて論じる。

第Ⅱ部「イノベーションと経営資源」では，ブレイクスルー・イノベーション，インクリメンタル・イノベーション，破壊的イノベーションのいずれもが議論の俎上に載せられる。**第3章「経営者：日本のイノベーター群像」（橘川武郎執筆）**は，1910年代から今日にいたる日本の代表的な革新的企業家の足跡を概観したうえで，イノベーションにはたす経営者の役割，およびそれを遂行するために求められる資質の核心に迫る。**第4章「資金とステークホルダー：スタートアップ期の軋みとその克服」（丸尾聡執筆）**は，ベンチャー企業の登竜門となっているマザーズ市場への株式上場企業やそれをめざす企業を対象にした実態調査から経営者とステークホルダーとの間に生じる軋みの実相を明らかにし，それを考慮に入れたうえで，スタートアップ企業がいかに資金調達を行うべきかについて考察する。**第5章「人材：技術者の採用と育成」（吉川康明執筆）**は，イノベーションの担い手となる技術者を確保するために企業は何をなすべきかという問いに答えを導くため，採用と育成に関して，情報の非対称性の縮小，自律性と自己否定との関係などの論点について検討する。**第6章「組織：部署間の相克」（渡辺昇執筆）**は，開発部門と製造部門とのあいだでコンセプトの受け渡しに失敗したため画期的な新製品の開発が頓挫するにいたった事例を手がかりにして，イノベーションを実現するために求められる組織面での条件について考察する。**第7章「知的財産：産学連携の進化」（金井昌宏執筆）**は，イノベーションを推進するためには，その源泉となる知的財産を活用することが重要であるとの認識に立って，共同研究成果の死蔵化という大きな問題をかかえる日本の産学連携の現状に対する改革案を提示する。

第Ⅲ部「イノベーションのフロンティア」でも，ブレイクスルー・イノベーション，インクリメンタル・イノベーション，破壊的イノベーションのいずれもが議論の対象となる。**第8章「自動車：エレクトロニクス化と開発・生産革新」（田村翼執筆）**は，エレクトロニクス化の急速な進展という自動車製造現場での大変化をふまえ，「トヨタ生産方式」による生産革新，「マルチプロジェクト戦略」による開発革新に続く，「第3の開発・生産革新」の方向性を展望する。**第9章「コンピューターシステム：サプライチェーンの新機軸」（中村英樹執筆）**は，コンピューターシステムの市場で多発する破壊的イノベーションのダイナミズムについて世界的規模で検証し，競争の基軸が，個別企業の戦略のあり方からサプライチェーン全体の編成のあり方にシフトしつつある実態を描き出す。**第10章「データセンター：直流化と経路依存性」（都野織恵執筆）**は，電力多消費型事業所であるデータセンターの直流化による節電の進展に光を当て，それが直流装置を内包するセンターのみにとどまるのか，それとも経路依存性の壁を超えて他のセンターにまで広がるのかについて検証する。**第11章「電子決済：デジタル化とバーチャル化」（高梨透執筆）**は，急速に進行する電子決済への流れを，デジタル化とバーチャル展開という複眼的視角からとらえ直し，中国における先行などの事象にも目を向けつつ，決済方式の革新が企業成長や市場拡大に及ぼす影響について掘り下げる。**第12章「医療機器：日本発のプロダクト・イノベーション」（坂場聡執筆）**は，過去（例えばオリンパスによる消化器内視鏡の開発）から現在にいたるまでのいくつかの事例を検討したうえで，医療機器の分野で日本発のプロダクト・イノベーションが成立するための条件をさぐる。

以上が，本書の構成の概要である。なお，**終章「イノベーションを実現する条件」（内海京久執筆）**では，本書全体のまとめとインプリケーションの提示が行われる。

参考文献

安部悦生（1995）「革新の概念と経営史」明治大学『経営論集』42巻1号。

カーズナー，I. M.，田島義博監訳・江田三喜男ほか訳（1985）『競争と企業家精神―ベンチャーの経済理論―』。

橘川武郎（2019）『イノベーションの歴史　日本の革新的企業家群像』有斐閣。

クリステンセン，C. M.，玉田俊平太監修・伊豆原弓訳（2012）『イノベーションのジレンマ　増補改訂版』翔泳社。

シュンペーター，J. A.，金融経済研究所訳（1958）『景気循環論（Ⅰ）』有斐閣。

シュンペーター，J. A.，塩野谷祐一・中山伊知郎・東畑精一訳（1977）『経済発展の理論（上）』岩波書店。

シュンペーター，J. A.，中山伊知郎・東畑精一訳（1995）『資本主義・社会主義・民主主義』東洋経済新報社。

第Ⅰ部
イノベーションのメカニズム

第 1 章

技術のブレイクスルー

内海　京久

1. はじめに

本章では，イノベーションの均衡から創造的破壊への変化（Schumpeter, 1926），すなわちブレイクスルー・イノベーションの発生プロセスに着目し，その技術進化のメカニズムについて検討する[1]。インクリメンタル・イノベーションでの技術進化との違いは，新しいコンセプトの技術による飛躍的な性能向上と，非連続性ゆえの技術障壁の高さとその解決の難しさである（Dosi, 1982; Foster, 1986）。すなわち，既存技術延長上の最適化による性能向上が飽和傾向になりがちであるのに対して，新たなコンセプトの技術を持ちこむことで，既存技術の性能向上レートを飛躍的に凌駕する可能性に大きな期待を抱くことができる。その反面で，新しいが故に未知のトレードオフに直面しやすいことや，それを解決し得る制御変数が未発見であることから，大きな障壁にぶつかりやすいというのが，ブレイクスルー・イノベーションの開発初期の特徴と考えられる。この障壁を突破することができれば，飛躍的に性能向上し既存技術を凌駕する可能性も高まるが，突破できなければ，ブレイクスルー・イノベーションになり得ない。従って，本章では，この新技術開発初期の障壁の突破を「技術ブレイクスルー」と呼び，ブレイクスルー・イノベーション成功の重要なポイントとしてフォーカスする。

しかしながら，技術ブレイクスルーを望んでも，人や金をつぎこめば誰もが実現できるわけではない。さらに，学術の場でも技術ブレイクスルーの発生メカニ

1　ブレイクスルー・イノベーションにおいて技術進化を検討するのは，シュンペーターの提示した5つの創造的破壊の領域（① 新製品の開発，② 新製法の開発，③ 新市場の開拓，④ 新原料市場の開拓，⑤ 組織の革新）のうち，① から ④ が技術進化によって実現されるからである。

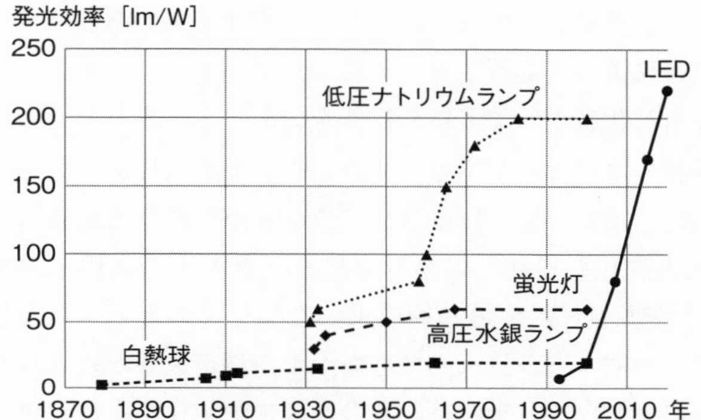

（出所） Gendre（2005），電球工業会報 No.523 p.29 － 30，LED 照明推進協議会〈http://www.led.or.jp/led/led_efficiency.htm〉より筆者作成。

図 1-1　代表的な照明の発光効率の推移

ズムは明らかではなく，技術開発の現場では成功者の経験や勘を頼りに，実務者が良かれと思う方法で技術開発をしているため，その成功の可能性は必ずしも高くないのが実態である。では，そのような技術ブレイクスルーはどのように生まれるのだろうか。本章ではその発生のメカニズムを，事例研究によって解明することを目指す。

事例研究として，青色 LED 半導体材料開発を選択した。その理由は，新たな照明デバイスとして既存の照明の発光効率を短期間に凌駕するといった飛躍的な技術進化があり（図 1-1），近年を代表するブレイクスルー・イノベーションの成功事例であることと，開発初期に三つの障壁と，それを突破した技術ブレイクスルーがあったためである。

本章では，まず技術ブレイクスルーについて概念を整理した上で，青色 LED 半導体材料の技術開発の詳細事例を述べて，技術ブレイクスルーの発生メカニズムの概念とその関係性について考察を行う。

2. 技術ブレイクスルーとは何か

製品・サービスの多くのイノベーションの背景には，技術進化が必須である。

インクリメンタル・イノベーションは，新たな均衡すなわち性能目標へ向けた技術の最適化や改善によって実現する。そして，ブレイクスルー・イノベーションは，飛躍的な技術進化によって既存の性能を大きく上回ることで実現する。

従来，技術進化のプロセスで中心的に用いられてきた枠組みは，連続性と非連続性である。Dosi（1982）は，技術進化の道筋を技術軌道と定義し，既存技術を超える新たな技術進化の道筋への移行を技術パラダイム転換と呼んだ。Foster（1986）は，投入資源量に対する技術成果の変化をS字カーブで表した。ある技術軌道において，初期は資源投入してもなかなか技術成果が得られないが，あるタイミングを境に急激な成長を遂げ，その後成長が飽和する様子がS字カーブである。このことによって，既存および新たな技術進化をより視覚的に理解しやすくなったと言える。

ここで，連続的な技術進化とは，既存技術やそれらの依拠する科学理論体系で議論される技術変数の組み合わせと数値の最適化の探究が進むこと（Klein and Rosenberg, 1986; Foster, 1986）であり，ある技術軌道上での進化と言える。一方の非連続的な技術進化とは，既存の技術や科学理論体系からは演繹的に推論し得ない新たな技術変数の組み合わせと数値の最適化の探究が進むことであり，既存の技術軌道とは異なる，新たな技術軌道へのパラダイム転換とその進化と言える。

非連続的な技術進化は，既存の技術軌道では到達し得ない製品性能を達成するブレイクスルー・イノベーションの源泉となることが期待される。このため，連続的な技術進化が飽和すると，新たに非連続的な技術進化が生まれることは，これまで多く議論されてきた（Schumpeter, 1926; Nelson and Winter, 1982; Christensen, 1997; Anderson and Tushman, 1991）。しかしながら，これらの技術進化の議論には大きな限界があると言える。それは，新たな技術軌道が生まれた後で，どのように飛躍的な進化を遂げたのかという視点が抜けていることに起因する。すなわち，適切な新しい技術が萌芽すれば，資源投入量と時間によって急速な性能向上を遂げるといった暗黙の前提を基に議論されているように見える。しかし，果たして本当にそうなのであろうか。技術開発を経験した現場感覚からすれば，新しい技術はコントロールできる変数やその関係性の知識に乏しく，そのための膨大な試行錯誤がゆえに性能向上の歩みは遅く，むしろ障壁にぶつかって長期間進展がないということが多い。このような新技術萌芽時の障壁による低空飛行の突破，すなわち技術のブレイクスルーがどのように発生するのかについて，先行研究では説明されていない。このため，現場で技術開発を担うエンジニアも経験則に従いながら，目の前の問題解決に没頭しているにすぎないというのが現状である。

そこで，本章ではブレイクスルー・イノベーションにおいて，新技術開発初期に迎える障壁の突破，すなわち「技術ブレイクスルー」がどのように実現されるのかについて，具体的な事例研究と考察によって明らかにする。

3. 青色LED半導体材料の技術開発

【青色LEDの技術ブレイクスルー】

LED（Light Emitting Diode，発光ダイオード）とは，電球に代わる高効率な発光手段として近年広く世の中に普及した半導体デバイスである。白熱灯などと違いLEDは短波長，すなわち一つの色しか再現できないため，一般的な照明やディスプレイとして使用するには，光の三原色である赤，緑，青を実現する必要があった。赤色と黄緑色のLEDは1960年代までに開発されたが，青色のLEDの実現は困難を極め「20世紀中には不可能」と言われていた。しかし，1993年の高輝度の青色LED商品化を皮切りに，その明るさや消費電力の少なさといった性能は飛躍的に向上し，2000年代の携帯電話やテレビの液晶バックライト，2010年代の家庭用照明など，既存の白熱電球や蛍光灯の市場を制覇していった。これはまさにブレイクスルー・イノベーションの典型例と言える。

LEDは一般的に，基板上で層状に形成された半導体材料と，電気配線，酸素や水分を防ぐための保護透明カバーによって構成されている。この半導体材料は，プラスの電気的特性を持つp型半導体とマイナスの電気的特性を持つn型半導体を接合した構成（pn接合）になっていて，電圧をかけると発光する。実際には半導体の層は幾重にも積層され，半導体の種類によって発光波長，電気的特性，発光効率や寿命などが決まる。

この中で青色LEDを実現するために最も重要なのは，窒化ガリウム（以下GaN）を主成分とする半導体材料であった。このため，GaNの結晶成長技術の開発が青色LEDを実用化する上で重要なポイントとなっていた。ところが，青色

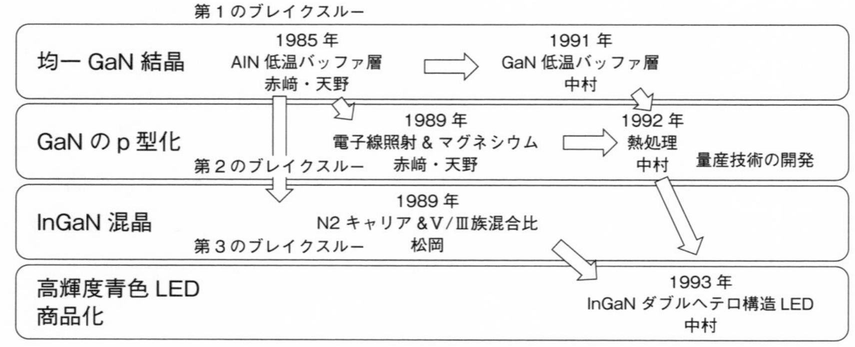

（出所）「2005年版　科学技術白書」より筆者作成。

図 1–2　青色 LED 半導体材料開発における三つの技術ブレイクスルー

LED を発光させることのできる GaN 結晶を得るには，以下の三つの高い障壁が存在していた。

①　均一 GaN 結晶：高品位で均一な GaN 結晶をつくること

②　GaN の p 型化：プラスの電気的特性を持たせること

③　InGaN（窒化インジウムガリウム）混晶：発光波長を制御すること

1970 年代から 80 年代にかけて，米 RCA，蘭フィリップスをはじめ，松下や三洋などの大手電機メーカーは，GaN の結晶成長技術を開発したが，それらの三つの高い障壁を突破できず，輝度が低く寿命が短い青色 LED しか作ることができなかった。このため，GaN 以外に有望と思われた材料への転向や，開発そのものからの撤退をしていった。ところが，1980 年代後半に起こった三つの技術ブレイクスルーによって，青色 LED の実用化の道が開けた（図 1–2）。

三つの障壁のうち，①は1985年に赤﨑勇（当時名古屋大学教授）と天野浩（当時名古屋大学大学院修士課程）による窒化アルミ（以下 AlN）低温バッファ層で実現され，欠陥の少ない結晶によって電気特性が飛躍的に向上し，その後の p 型化，InGaN 混晶への基礎にもなった。②は 1989 年に赤﨑と天野によるマグネシウムドープGaNへの電子線照射で実現され，すでに実現されていたn型との組み合わせによって，発光効率が飛躍的に向上した。③は 1989 年に松岡隆志（当時 NTT）による窒素キャリアガスと原料ガスのⅤ/Ⅲ族混合比で実現され，発光波長の調整によって純粋な青色の実現が可能になった。

その後，中村修二（当時日亜化学工業）が量産技術を開発し[2]，1993 年に世界初の高輝度青色 LED を商品化した。これらの功績に対して，2014 年度ノーベル物理学賞が赤﨑，天野，中村の 3 名に授与された。

【青色 LED の開発成功に関する先行研究】

青色 LED は，それまでの照明市場を短期間に凌駕する急速な進化をしたため，イノベーションの成功事例としての関心も高く，多くの先行研究でその成功要因が分析されてきた。藤井（2002）は，青色 LED の GaN 結晶成長技術開発の事例を分析し，成功のきっかけは偶然によるものとしながら，それに必要な偶然の経験は確率論的偶然性に依らず，正当性獲得戦略によって主体的に統制されることを示した。また，Lecuyer and Ueyama（2003）は，青色 LED の前史からその歴史について詳細にレビューした上で，その成功が「Material」「Market」「Competitive」の三つの Logic によると分析した。山口（2006）は，青色 LED 技術開発の経緯を詳細に記述した上で，その成功は科学者や技術者の暗黙知から生まれた既存の科学パラダイムの破壊によるものとした。また，この生成のプロセスについて，① 最終解は既存技術の延長線上にはない，② 根本たる科学的知見まで戻る，③ 事業化の責任者が「共鳴場」に参加して暗黙知を共有，の三つを提示した。これらの先行研究の貢献は，青色 LED 成功の大きな枠組みが示されたことと言える。

また，Dupuis and Krames（2008）は，高輝度 LED の技術進化の重要な要件として，1990 年代初頭に結晶成長技術が LPE（液相エピタキシャル成長）や VPE（気相エピタキシー）から MOCVD（有機金属気相成長）へ移行したことを指摘している。青色 LED の成功要因の一つとして，プロセス技術の革新を提示したことがこの論文の貢献である。品川ら（2014）は，青色 LED 技術開発に関わる論文の数はロジスティック曲線を描いて増加するため，成功の背景に科学的知識の爆発が存在するとし，その因子の一つとしてプロセス技術の革新を挙げた。これらの先行研究では，プロセス技術の革新が成功の鍵であったことを提示している。

さらに，清水（2016）は，青色 LED 実現のポイントについて，本命と考えら

2　中村が 1991 年に開発した GaN 低温バッファ技術，1992 年に中村の部下であった岩佐成人（日亜化学工業）が開発した熱処理による p 型化は，三つの技術ブレイクスルーを基に改善した量産技術と言える（中村ら，1991；1992；1993；中嶋，2003；テーミス，2004）。

れていなかった技術へのバッファが重要であり，そのための要件として①新規参入の重要性，②大学の役割，③組織のスラックを挙げた。同様に，藤井（2017）は，青色LEDのGaN結晶成長技術開発の経緯を詳細に分析し，既存の延長でない技術は，技術パラダイムからの逸脱故に辺境から生まれることを示した。これらの先行研究では，必ずしも主流の技術開発に解があるわけではないことを提示している。

このように，青色LEDがなぜ実現したのかについて多くの議論があった。しかしながら，いずれの先行研究も青色LEDの技術開発の経緯を記述した上でその成功要因を提示しているものの，技術ブレイクスルー発生のプロセスは充分に議論されていない。そこで，青色LED実現の中心となったGaN半導体の結晶成長技術開発のプロセスを，論文，書籍，インタビューによって調査，分析し[3]，なぜ技術ブレイクスルーが発生したのかを明らかにする。

【均一GaN結晶の成長】

青色LEDの開発がスタートした1960年代後半から1970年代にかけ，GaN以外に炭化ケイ素（以下SiC）やセレン化亜鉛（以下ZnSe）といった他の材料も研究されていた。SiCは発光効率の良いLEDを作るのに必須のpn接合を作ることができた。しかし，SiCは間接遷移型であり原理的に発光効率が低いことが知られていた。ZnSeは結晶成長に必要な基板として良質なガリウムひ素（以下GaAs）を使用できたこと，結晶を加工しやすいこと，直接遷移型であったことから，多くの研究者から本命視されていた。GaNは直接遷移型であったものの，均一な結晶を成長させること，pn接合に必要なp型の電気特性をもたせることが困難な材料と考えられていた。

当時松下電器東京研究所に所属していた赤﨑は，精密な結晶成長をコントロール可能なMBE（分子線エピタキシー）法を選択し，GaN結晶を1974年に日本で初めて作製した。しかし，当時のMBE装置は完成度が低く，多量の不純物を含むため材料研究やデバイス作製には不適切であった。1978年には，HVPE（ハイ

3　事例研究の参考文献として，赤﨑（2013），天野（2005），天野（2015），テーミス編集部（2004），中嶋（2003），Amano, *et al.*（1986），Amano, *et al.*（1989），Maruska and Tietjen（1969），Matsuoka, *et al.*（1990），Pankove, *et al.*（1971）を用いた。また天野（名古屋大学教授）とは2020年1月31日11：10–11：20，松岡（東北大学教授）とは2016年2月8日10：30–13：00，鬼頭（名古屋大学教授）とは2016年10月14日13：00–15：00にインタビューを実施した。

ドライド気相成長）法を用いて当時世界最高効率のMIS型[4]の青色LEDを開発し，8000個の青色LEDを試作した。しかし明るさが暗く寿命も短いため，実用に耐えるものではなかった。

そこで赤﨑は，解決すべき課題を「欠陥が非常に少ない均一GaN結晶の成長」とした。pn接合による青色LEDに必要な電気的特性を得るために，まずは均一なGaN結晶を成長させることが優先と考えた。

1979年，赤﨑はGaN結晶成長の手法について検討し直し，MOCVD法に着目した。この方法は原料を全てガスで供給するため，流量制御によって結晶成長速度を任意に変更できること，p型化のための不純物ドープや混晶の組織制御が容易であることが特徴であった。また，結晶成長に用いる基板は，格子定数[5]の差は大きいが，GaNの成長条件であるアンモニア気流中で1000℃の温度に耐えられるサファイアを選択した。

1981年，赤﨑は松下電器から名古屋大学へ移籍し，本格的にGaN結晶成長に取り組み始めた。高い品質のGaN結晶を成長させるため，サファイア基板の温度，ガスの混合比率と流量，成長時間といった効果の高い技術変数の選択と，それらの様々な組み合わせ・数値から最適な条件を探索した。ところが，結晶内に欠陥が非常に多く存在し，目標の均一なGaN結晶には至らなかった。

均一な結晶が成長しない原因は，基盤のサファイアとGaNの格子定数のギャップが約15％あることと，熱膨張係数の差が大きいことであった。これにより結晶が規則正しく成長せず，十分な電気的特性も得られなかった。当時の結晶成長の主流の考え方は，「平滑できれいな基板上に精密に原子を成長させること」であり，原子一個一個を人工的に制御して並べるものと考えられていた。従って，欠陥のない均一な結晶を作るには，欠陥のきっかけとなるものを基板上から取り除き，平滑できれいな状態にしておくことが常識であった。

その後，天野の実験は3年間で合計1500回にも及んだが，均一なGaN結晶は得られなかった。ところが1985年のある日，天野が毎日使っている結晶成長装置の電気炉の調子が悪く，目標の1000℃に対し850℃程度までしか結晶成長温度が上がらなかった。天野は電気炉を修理して早く本来の実験を始めたかったという。

この時AlN低温バッファ層のアイデアをひらめいた。電気炉の温度が上がらな

4　MIS型とは，p型半導体を用いず，n型半導体とi型半導体でLED発光させる方式。

5　結晶構造における原子間距離。基板と結晶の格子定数が近い方が，均一な結晶が成長しやすい。

いという偶然のきっかけから，同研究室の別グループにいた澤木宣彦（当時名古屋大学助教授）の「汚い結晶表面でも良い場合がある」という言葉を思い出した。そこで同じように汚い結晶表面のバッファ層を形成した後にGaN結晶を成長させてみようと考えた。これは当時の常識から外れた方法であったが，澤木のボロンリン（以下BP）結晶成長の経験談から，先にサファイア基板上へまばらな結晶の「核」をつけておくと，GaN結晶は通常の垂直方向ではなく平面方向に成長するため結晶欠陥を減らせると考えたのである。バッファ層の材料はAlNにしようと考えた。それは，一緒に実験していた小出康夫（当時名古屋大学大学院博士課程）の作るAlNが天野のGaNより表面が平坦だったためである。

そこで，まず低温の600℃でAlNを短時間成長させて結晶の核をサファイア基板上に成長させ，その後に1000℃で従来と同じようにGaNを成長させた。この結果，GaN結晶の欠陥が大幅に低減し，結晶性，電気的特性，光学的特性を飛躍的に向上させることに成功した。これまでのGaN結晶の特性を大幅に上回る画期的な成果であり，まさに第一の技術ブレイクスルーであった。

【GaNのp型化】

AlN低温バッファ層によって均一なGaN結晶を得た赤﨑と天野にとって，次の技術開発目標は「GaNのp型化」であった。p型化とは半導体にプラスの電気的性質を持たせることである。「Ⅲ/Ⅴ族半導体に2価原子を混ぜればp型化する」という既存技術に則り，1985年から1988年の約4年間に渡り亜鉛をGaNにドープ（注入）するための条件探索を行ったがp型化しなかった。GaNは結晶成長するとn型（マイナスの電気特性）であり，Ⅱ族原子を混ぜてプラス化（p型化）しようとしても，自己補償効果[6]により原理的に電子が供給されてマイナス化（n型化）してしまうというのが，当時の常識であった。

p型化の実験のさなか，1987年に天野はインターンシップのためNTT武蔵野通信研究所へ行き，GaAsのカソードルミネッセンス（以下CL）の実験をした。CLとは半導体試料に電子線を当てた時の発光波長や強度を見ることで，結晶に含まれる不純物や欠陥の濃度がわかる計測方法である。インターンシップの最後に名古屋大学で作製した亜鉛がドープされたGaN結晶のCL実験を行った。する

6　Mandel（1963）により，原理的に2価原子を混ぜてプラス化（p型化）しようとしても，電子が供給されてマイナス化（n型化）してしまうと考えられていた。

と電子線を照射すると発光強度が増していくという不思議な現象に気づき，LEEBI（低速電子線照射）効果と名付けた。この時GaN結晶中の亜鉛原子が活性化してp型化したかもしれないと期待し，念のため確認したが，p型にはなっていなかった。

その後，1988年に天野は助手になり，講義に使用する教科書を探すためフィリップス著の『半導体結合論』を読んでいた。その中のグラフを見て，これまで検討していた亜鉛よりマグネシウムの方がp型化しやすいことに気づいた。そこですぐに材料を手配し，マグネシウムをドープしたGaN結晶の成長実験を鬼頭雅弘（当時名古屋大学大学院修士課程）へ指示した。その結果，マグネシウムは亜鉛より添加効率が高いこと，1000℃付近で温度影響がないこと，濃度調整が容易であることを確認し，きれいな結晶を作ることができるようになったが，p型にはならなかった。

1989年，その結果を見た天野は，マグネシウムを混ぜたGaNに電子線を照射するとp型化するのではないかとひらめいた。以前亜鉛を混ぜたGaNに電子線照射してもp型化しなかったが，マグネシウムであればp型化するのではないかと考えた。天野はすぐに定例ミーティングの場で鬼頭に実験を指示した。大学の機器では電子線の強度が不十分であったため，1986年から共同開発を行っていた豊田合成株式会社のRHEED装置を借用した。実験の結果，電気抵抗が大幅に減少しp型であることを確認できた。

天野は自己補償効果などで極めて困難と言われたp型GaNを実現したことで，未踏と言われたGaN系半導体の実用化の可能性を示す，二つ目の技術ブレイクスルーを実現した。

【InGaN混晶】

1987年，NTTの松岡は通信用半導体レーザー（InGaAsP/InP）を開発した後，青色半導体レーザーを作るため，厚木電気通信研究所から茨城研究所へ自ら移った。まずは，発光波長制御可能な青色LEDを作製することとし，窒化インジウムガリウム（以下InGaN）に着目した。インジウムとガリウムの混晶による発光波長制御は，それまで取り組んできた通信用半導体レーザー開発での常識であり，これを技術開発目標に設定した。そこですでに赤﨑らにより公知となっていたMOCVD法によるAlN低温バッファ層を用いて，GaNの結晶成長技術を約1

年かけて習得した。

次に，難易度の高いInGaNの前に窒化インジウム（以下InN）の結晶成長に着手した。ところがなかなか結晶化できず，条件探索を繰り返していた。ある時，部下の佐々木徹が原料ガスを反応管へ流すためのキャリアガスとして窒素を使用しているのを見て，気づきがあった。当時，キャリアガスには不純物除去が容易な水素ガスを使用するのが常識であった。しかし，佐々木は不純物混入の重要性を理解しておらず，安価で取り扱いやすい窒素を使用していたのである。松岡は，そこで水素キャリアガスがInNの窒素原子の原料となるアンモニアの分解を阻害している可能性を疑い，窒素を使用してみることとした。結果，InNの結晶化に成功したが，結晶性がまだ極めて悪かった。

ある時松岡は，GaAs，GaN，InNといったⅢ/Ⅴ族 半導体の気相・固相間の平衡蒸気圧のデータを見て，InNの平衡蒸気圧が従来のGaAsやGaNに比べて桁違いに高いことに気づいた。これによると，結晶成長温度を1000℃の場合，窒素の原料であるアンモニアガスの圧力を10万気圧と非常に高圧にする必要があり，設備的に不可能な領域であることがわかった。一方で，結晶成長温度を下げると圧力を下げることはできるが結晶化の反応が進まず，トレードオフの壁に直面した。

そこで松岡は，反応温度が低くてもガスが分解することがあるという化学の文献から，アンモニアの流量を桁違いに増加させる方法をひらめいた。平衡蒸気圧を下げるために結晶成長温度を低温にすることで反応性が低くなっても，窒素の供給量が多ければ反応量を補えると考えたのである。従来の結晶成長技術において，Ⅴ/Ⅲ族ガス混合比（インジウムやガリウムといったⅢ族原子の原料ガスと窒素等のⅤ族原子の原料ガスであるアンモニアの混合比率）は100程度であった。これに対して，アンモニアの流量を桁違いに多くしてⅤ/Ⅲ族ガス混合比を10万以上とすることを考えた。これは従来の常識から大きく外れた条件であった。

ところが，実際にアンモニアの流量を増やそうとしても，桁違いに大きいため実験装置が対応していない。このため新たに実験装置を製作した。サファイア基板の温度を500℃としてアンモニアの流量を調整し，Ⅴ/Ⅲ比を16000から16万以上まで増加させていくと，InNの非常に均一で平滑な結晶を得ることができた。そこで，InGaNの結晶成長はInNの結晶成長方法を基に，結晶成長温度と原料ガス流量を変化させて実験した。この結果，InNと同様の方法で結晶成長できることがわかり，結晶成長温度を下げてV/Ⅲ族ガス混合比を２桁以上上げる条件で，見事InGaNの結晶を得ることができた。このように松岡は，青色LEDを実用化する上で重要な発光波長制御をInGaN混晶によって可能とし，三つ目の技術ブレイクスルーを実現した。

4. 技術ブレイクスルー発生のメカニズム

【技術ブレイクスルーの発生プロセス】

青色LEDの技術開発では，三つの高い技術障壁が存在し，それらを突破するための技術ブレイクスルーによって実用化と性能向上が急激に進んだ。では，それらの技術ブレイクスルーはなぜ発生したのであろうか。この疑問を解くために，まず技術ブレイクスルーの発生プロセスを概念化することとする。

均一GaN結晶は３年，GaNのp型化は４年，InGaN混晶は２年の間，それぞれの技術課題に対して来る日も来る日も失敗を重ねていた。その後，ある時突然解決方法を見出して，その成功の結果を受けて新たな結晶成長技術を確立していった。このことから，三つの技術ブレイクスルーはいずれも，既存技術での「行き詰まり」の後，解決方法の「生成」により限界を突破し，新技術が「再構成」されていったと整理できそうである。

では，解決方法はどのように「生成」されたのであろうか。均一GaN結晶では，天野がAlNの低温バッファ層のアイデアを着想し，実際に実験して効果を確かめた。p型化は，天野がMgドープされたGaNへの電子線照射のアイデアを着想し，実験によって効果を確かめた。InGaN混晶は，松岡がアンモニアガスの混合比を桁違いに上げる方法を着想し，実験装置を準備して確かめた。これらの事実から，新たな解決方法は技術開発をしていた研究者自らの着想，すなわち「インスピレーション」から得られたと言える。

ここで特徴的なのは，新たな解決方法のアイデアを自らの頭による着想から得たということである。この現象をより深く理解するために，一般的にアイデアの着想で議論されることが多い「セレンディピティ」と区別して理解しておいた方がよい。「セレンディピティ」とは解決方法が意図しないで偶然に実現され，そこからの洞察によって具体的な方法を明らかにする現象である（宮永，2006；志

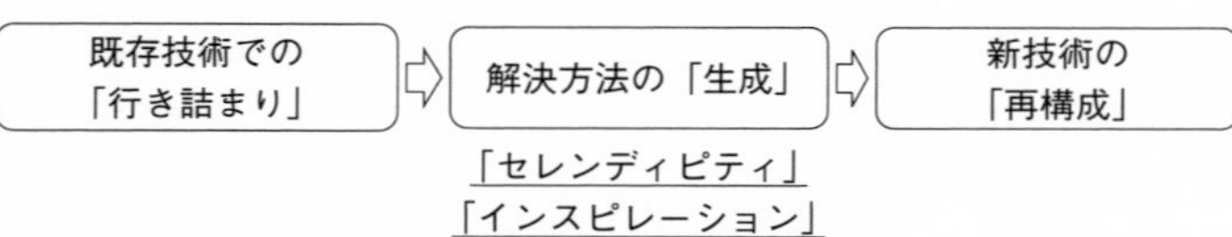

（出所）内海（2017）より筆者作成。

図 1-3　技術ブレイクスルーの発生プロセス

賀，2015)。これが成立するポイントは，あくまで解決方法は研究者の意図に反して偶然に実現することであって，その現象を見逃さないところにある[7]。セレンディピティによって新たな解決方法が得られた有名な事例は，「導電性高分子[8]」「光触媒[9]」などである。

一方の「インスピレーション」は，解決方法を“偶然の実現”に頼らず研究者自ら着想することである。現実の技術開発の現場では，それまでの技術蓄積を基に自らの頭で解決方法を着想し，実際にやってみることで成功の結果を得て解決策を見出す場合が少なからずある[10]。なぜなら，半導体材料のような複雑な素材とプロセスの組み合わせで性能を発揮する技術の開発において，それらの無数の組み合わせを絨毯爆撃的に全て実行することが事実上無理であることや，偶然に正解が実現する確率が極めて低いことが挙げられる。

以上の議論から，技術ブレイクスルーとは，既存技術での「行き詰まり」の後，解決方法の「生成」を経て，新技術が「再構成」されることを指す。そして，新たな解決方法の「生成」のパターンには，「セレンディピティ」と「インスピレーション」の二つがあるが，青色 LED の三つの技術ブレイクスルーは「インスピレーション」によって発生したと言えそうである（図 1-3）。

7　技術進化における偶然の作用について，伊丹（1986）は偶然の必然化のプロセスと効率化の論理に言及した。志賀（2015）は「偶然による実験代行」により意外な結果が示され，そこからの真理探究によって解決方法を得られるプロセスを示した。

8　白川秀樹による導電性高分子の合成技術（2000 年ノーベル化学賞）。1967 年にポリアセチレン薄膜が，留学生の実験の失敗によってもたらされた（白川，2001）。

9　藤嶋昭による光触媒技術。1967 年に光電気化学の実験で酸化チタン電極のテスト中に，偶然光をあてると酸素が発生することを発見した（藤嶋，2012）。

10　Arthur（2009）が研究者による解決方法の着想の存在に触れているが，そのメカニズムには言及していない。野中（1990）は，個人レベルを含めた知識創造の一般的枠組みによって，暗黙知から形式知への変換プロセスを「分節化」と呼び，「メタファー」「アナロジー」「モデル」というプロセスを提示している。しかしながら，その中身と論理が具体的に示されていない。

【インスピレーションの発生モデル】

技術ブレイクスルーの発生プロセスは概念化できたが，解決方法のインスピレーションがどのように生まれたのかについては依然疑問が残る。三つの技術ブレイクスルー事例のインスピレーションの発生経緯を整理すると，いずれも実験室での「内部技術蓄積」の後，「外部技術蓄積」からの類推によって新たな「キー技術変数」を獲得することで，解決方法を着想しているようである（表1–1）。

では，「内部技術蓄積」の後，なぜ「キー技術変数」が獲得され，解決方法となり得るのであろうか。その疑問に答えるためにはまず，「内部技術蓄積」の状態に着目する必要がある。三つの技術ブレイクスルーのインスピレーションが起こる直前の実験室では，単一の技術課題に対して数年間という長い時間をかけて，研究者が属する実験環境（固有な材料，装置，方法論）に基づく膨大な技術蓄積をしているが，解決することができないという極限状態にある。このため，このまま既存の技術変数の実験検討だけでは解決できず，他に解決のための「未知の技術変数」の存在を潜在的に考え得る状態にあったと推測できる。これを，「空白のある地図の確定」と呼ぶこととする。そこへ，空白に合致する技術変数が現れた時，それまで取り組んでいた現象のメカニズムが頭の中で完成し，新たな解決方法を着想する。この技術変数が解決のための「キー技術変数」であり，青色LEDの事例では，演繹的思考では得られず，また常識的には使用されない変数で

表1–1　三つの事例におけるインスピレーション発生のポイント

	インスピレーション	内部技術蓄積	キー技術変数	外部技術蓄積
均一GaN結晶（天野）	低温成長したAlN薄膜層をバッファ層として，GaNを成長させる	3年かけて，自ら基板やガス流速など，様々な試行を凝らした実験を1500回行った	結晶の核	澤木の過去の実験結果
GaNのP型化（天野）	マグネシウムを注入したGaNに，電子線照射する	4年かけて，自らGaNをとことんきれいにして，p型化原子の様々な注入条件を実験した	電子線照射	NTTインターンでのLEEBI現象
InGaN結晶（松岡）	成長温度を下げて，アンモニアガスの流量を大幅に増加させる	2年間で自らガス流量や温度などを様々に変化させて実験した	アンモニアガス流量	他の化学反応についての文献

（出所）　筆者作成。

あった。このような技術変数の獲得には，あるきっかけで外部の技術蓄積を連想し，そこからの類推によって得られるといった複雑な思考経路を辿るため，誰もが容易にインスピレーションを起こせるわけではないと言える。

次に,「キー技術変数」はどのように現れたのだろうか。三つの事例では，外部での技術蓄積の情報を連想し，そこで効果的であった技術変数を自らの課題へ類推することによって「キー技術変数」を獲得している。この時獲得した「キー技術変数」は，研究者が属する技術分野で知られる既存の知識や考え方からは適用し得ない常識外れの変数だが，その外部技術蓄積の事例では例外的に効果が見られるものであった。これを「常識の例外」と呼ぶこととする。

三つの事例を改めて確認すると，均一GaN結晶成長の事例では「結晶表面が汚くても良い場合がある」という「常識の例外」を連想し，結晶の「核」という「キー技術変数」を類推した。GaNのP型化の事例では，亜鉛ドープGaNへの電子線照射による発光強度増大という「常識の例外」を連想し，GaN結晶中にドープした原子を活性化する方法として電子線照射という「キー技術変数」を類推した。InGaN混晶の事例では，低温でも少量のガスが分解反応することがあるという「常識の例外」を連想し，アンモニアガスの流量という「キー技術変数」を類推した。このように，外部技術蓄積での“例外性”によって，既存技術からは推論できず，常識からは思いもよらない，しかし効果のあるキー技術変数が得られると言えるのではないだろうか。

以上から，解決方法のインスピレーションの発生モデルを以下に表す（図1–4)。

①　「空白のある地図」と「キー技術変数」から「インスピレーション」が発生
②　実験による仮説検証（内部での技術蓄積）から「空白のある地図」が確定
③　「常識の例外」（外部での技術蓄積）の連想から「キー技術変数」を類推

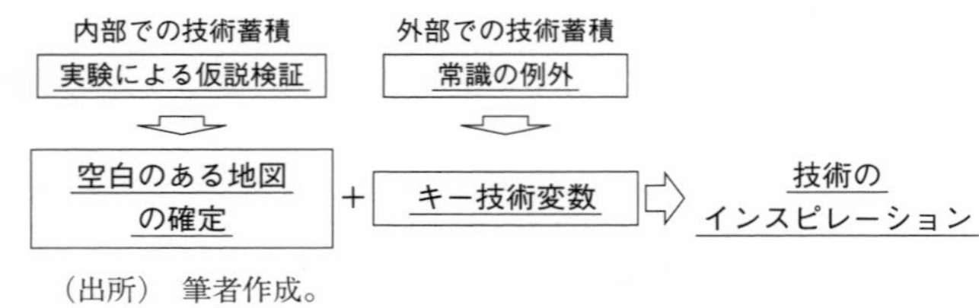

（出所）　筆者作成。

図 1–4　技術のインスピレーション発生モデル

5. おわりに

本章では，ブレイクスルー・イノベーションの発生プロセスに着目し，技術開発初期に迎える障壁の突破，すなわち「技術ブレイクスルー」がどのように実現されるのかについて，その発生メカニズムを青色 LED 半導体材料開発の事例分析によって明らかにした。その結果，青色 LED のブレイクスルー・イノベーションの発端には三つの技術ブレイクスルーがあり，結晶成長技術の高い障壁を突破したことがわかった。そして，それらの技術ブレイクスルーは，技術開発の「行き詰まり」の後，解決方法の「生成」による障壁突破によって発生することを示した。この中で特に重要な解決方法は，「セレンディピティ」または「インスピレーション」によって生成し得るが，青色 LED の三つの技術ブレイクスルーの事例は，全て「インスピレーション」によるものであった。すなわち，これらの解決方法は，偶然によって実現したのではなく，研究者による着想に対する実験検証によって実現したことに特徴があった。また，解決方法のインスピレーションは，内部技術蓄積による「空白のある地図」と外部技術蓄積の「常識の例外」から得られた「キー技術変数」とが結合することで発生した。ここで，「空白のある地図」とは，研究者による膨大な技術蓄積にも関わらず解決することができないという極限状態にあり，他に解決のための「未知の技術変数」が存在するのではないかと潜在的に思える状態である。これによって，新たなキー技術変数を外に求め，そして外から得られた技術変数が求めていたものかどうかわかることで，解決方法を生成できたと考えられる。また，「常識の例外」とは，既存の科学理論からの演繹では導き得ず，いずれも常識外れだが，その外部技術蓄積の事例では例外的な効果が認められることである。これによって，既存技術からは演繹的に推論できない新たなキー技術変数を獲得することができたと考えられる。

本章で得られたインプリケーションは以下と言えるだろう。まず，ブレイクスルー・イノベーションの技術進化の急激な立ち上がりは，開発初期の障壁を突破する技術ブレイクスルーを経てから起こる。技術ブレイクスルーなくして，ブレイクスルー・イノベーションは起こらない。また，技術ブレイクスルーは，研究者によるインスピレーションから生まれ得る。セレンディピティは技術開発の現場ではよく知られた概念だが，偶然に頼っているだけでは技術開発に現実味が出ない。研究者が頭で着想するインスピレーションも重要な技術開発の概念であることが整理された。そして，それは単なる「思いつき」ではなく，技術蓄積に裏付けされた新たな組み合わせによって生まれることも示された。このことから，技術ブレイクスルー発生のメカニズムは，インクリメンタル・イノベーションにおいて，新たな均衡を目指すために既存技術の障壁を突破するための技術進化にも通ずる可能性がある。

今後の課題としては，他のブレイクスルー・イノベーションの事例において本モデルが適用できるかどうかの確認が挙げられる。また，いくつかの事例で定性的には構成概念が妥当であったとしても，その外的妥当性の検討としての定量分析も今後欠かせない。また，組織内部の慣性や経路依存性を超えて，外部蓄積からどのように新たな因子を結合させ実行していくのか，および内部での技術蓄積の行き詰まりの見極めと外部選定のマネジメントといった実務的な課題についても，引き続き検討が望まれる。

参考文献

赤﨑勇（1992）「私とブレークスルー　GaN のヘテロエピタキシー―Empirical philosophy―」『応用物理 60 周年記念特集号　応用物理とブレークスルー　応用物理』第 61 巻　第 4 号，382 頁。

赤﨑勇（2013）『青い光に魅せられて 青色 LED 開発物語』日本経済新聞出版社。

天野浩（2005）『窒化ガリウム青色発光デバイスの開発における情熱，苦闘そして克服』武田計測先端知財団。

天野浩（2015）『天野先生の「青色 LED の世界」』講談社。

伊丹敬之（1986）「イノベーションにおける偶然と必然」，今井賢一編著『イノベーションと組織』東洋経済新報社。

志賀敏宏（2015）「セレンディピティによるイノベーションの事例研究とモデル提案」『経営情報研究』多摩大学研究紀要，第 19 号。

品川啓介・玄場公規・阿部惇（2014）「科学知識の爆発とプロセスイノベーション：青色発光ダイオード製品開発研究の定量分析」『研究　技術　計画』Vol.29，No2/3，200-213 頁。

清水洋（2016）『ジェネラル・パーパス・テクノロジーのイノベーション　半導体レーザーの技術進化の日米比較』有斐閣。

白川秀樹（2001）『化学に魅せられて』岩波新書。

テーミス編集部（2004）『青色発光ダイオード―日亜化学と若い技術者たちが創った―』テーミス。

中嶋彰（2003）『「青色」に挑んだ男たち―中村修二と異端の研究者列伝―』日本経済新聞社。

野中郁次郎（1990）『知識創造の経営』日本経済新聞社。

藤井大児（2002）「イノベーションと偶然性」『組織科学』Vol.35，No.4，68-80 頁。

藤嶋昭（2012）『光触媒が未来をつくる』岩波ジュニア新書。

宮永博史（2006）『成功者の絶対法則 セレンディピティ』祥伝社。

山口栄一（2006）『イノベーション破壊と共鳴』NTT 出版。

Anderson, Philip and Michael L. Tushman (1991) "Managing Though Cycles of Technological Change", *Research Technology Management*, 34-3, pp.26-31.

Amano, H., N. Sawaki, I. Akasaki and Y. Toyoda (1986) "Metalorganic vapor phase epitaxial growth of a high quality GaN film using an AIN buffer layer", *Jpn. Appl. Phys. Lett.* 48, p.353.

Amano, Hiroshi, Masahiro Kito, Kazumasa Hiramatsu and Isamu Akasaki (1989) "P-Type Conduction in Mg-Doped GaN Treated with Low-Energy Electron Beam Irradiation (LEEBI)", *J. Appl. Phys. Lett.*, 28-12, pp.L2112-L2114.

Arthur, Brian W. (2009) *The Nature of Technology: What It Is and How It Evolves*. New York: Simon & Schuster/Free Press.（有賀裕二監修，日暮雅通訳（2011）『テクノロジーとイノベーション　進化/生成の理論』みすず書房。）

Christensen, Clayton M. (1997) *The innovator's dilemma: When new technologies cause great firms to fail*, Boston, MA: Harvard Business School Press.

Dosi, Giovanni (1982) "Technological paradigms and trajectories", *Research Policy*, 11, pp.147-162.

Dupuis, Russell D. and Michael R. Krames (2008) "History, development, and applications of high-brightness visible light-emitting diodes", *J Lightwave Technol*, 26, pp.1154-1171.

Foster, Richard N. (1986) *Innovation: The Attacker's Advantage*, New York: Summit. Books.（大前研一訳（1987）『イノベーション　限界突破の経営戦略』TBS ブリタニカ。）

Kline, Stephan J. and Nathan Rosenberg (1986) "An Overview of Innovation", in R. Landau and N. Rosenberg (ed.), *The Positive Sum Strategy: Harnessing Technology for Economic Growth*, Washington D.C.: National Academy Press, pp.275-304.

Lécuyer, Christophe and Takahiro Ueyama (2013) "The Logics of Materials Innovation: The Case of Gallium Nitride and Blue Light Emitting Diodes", *Historical Studies in the Natural Sciences*, 43-3, pp.243-280.

Mandel, G. (1963) "Self-Compensation Limited Conductivity in Binary Semiconductors. Ⅰ. Theory", *Phys. Rev.* 134A, pp.1073-1079.

Maruska, H. P. and J. J. Tietjen (1969) "The Preparation and Properties of Vapor- deposited Single-crystalline GaN", *Appl. Phys. Lett.*, 15, pp.327-329.

Matsuoka, T., H. Tanaka, T. Sasaki and K. Katsui (1990) "Wide-Gap Semiconductor (In,Ga) N", *in Inst. Phys. Conf. Ser.*, 106, pp.141-146.

Nakamura, Shuji (1991) "GaN Growth Using GaN Buffer Layer", *J. Appl. Phys. Lett.*, 30, pp. L1705-1707.

Nakmura, Shuji, Takashi Mukai, Masayuki Senoh and Naruhito Iwasa (1992) "Thermal Annealing Effects on P-Type Mg-Doping GaN Films", *J. Appl. Phys. Lett.*, 31, pp.L139-L142.

Nakmura, Shuji, Masayuki Senoh and Takashi Mukai (1993) "p-GaN/n-InGaN/n-GaN Doubule-heterostructure Blue-light-Emitting Diodes", *J. Appl. Phys. Lett.*, 32, pp.L338-341.

Nakamura, Shuji, Naruhito Iwasa, Masayuki Senoh and Takashi Mukai (1992) "Hole Compensation Mechanism of P-Type GaN Films", *J. Appl. Phys. Lett.*, 31, pp.1258-1266.

Nelson, Richard R. and Sidney Winter (1982) *An evolutionary theory of economic change*, Cambridge: MA, Belknap press, Harvard University.（後藤晃・角南篤・田中辰雄訳（2007）『経

済変動の進化理論』慶應義塾大学出版会。）

Pankove, J. I., E. A. Miller and J. E. Berkeyheiser (1971) "GaN Electroluminescence Diodes", *RCA Review*, 32, pp.383–385.

Rosenberg, Nathan (1982) *Inside The Black Box: Technology and Economics*, Cambridge: Cambridge University press.

Schumpeter, Joseph A. (1926) *Theorie der wirtschaftlichen entwicklung*, 2. Aufl. Dunker & Humblot.（塩野谷祐一他訳（1977）『経済発展の理論』岩波文庫。）

Gendre, Maxime F. (2005) "Two centuries of Electric light Source innovations", Eindhoven University of Technology, Department of Applied Physics, 2005. Eindhoven Institute for Lighting Technology Research and Education. Accessed September 30, 2020. 〈http://www.einlightred.tue.nl/lightsources/history/light_history.pdf〉

第2章

技術形成の隘路とその解決

石川　雅敏

1. はじめに

本章では，イノベーションの実現の条件として「技術形成の隘路」の解決の必要性について論じる。「技術形成の隘路」とは，技術形成における経路依存性（David, 1985）が強まることによって古い技術が選択されやすく，新たな技術の選択の幅が非常に狭まり，イノベーションが起こりにくくなった状態を意味する。技術形成の隘路が発生すると，累積的な技術改良を進めにくくなり，インクリメンタル・イノベーションを興しにくくなるという問題が生じる。

第二次世界大戦後，欧米企業は世界に先駆けて技術パラダイム（Dosi, 1982）が大きく異なるブレイクスルー・イノベーションを起こし，画期的な新技術を数多く生み出してきた。一方日本企業は，序章において橘川が述べているように，欧米企業が生み出したブレイクスルー・イノベーションをさらに改良してインクリメンタル・イノベーション（累積的，連続的なイノベーション）を行うことに成功し，大きな経済成長を遂げてきた。しかしながら，パソコンのOSである“ウインドウズ”の場合のように，ブレイクスルー・イノベーションの中には，強い経路依存性を保持した技術要素が含まれているために，技術形成の隘路が形成され，日本が得意とするインクリメンタル・イノベーションによって欧米企業の先行技術を改良した新たな，より生産性が高い技術を開発・普及させることが難しい場合も発生している。

本章では，初めに遺伝子組換え技術を利用したバイオ産業における食品加工酵素の生産技術の開発事例を取り上げ，バイオ産業においてブレイクスルー・イノベーションの後に経路依存性によって技術形成の隘路が発生していることを紹介する。次に，遺伝子組換え技術を用いた家畜飼料用酵素の生産技術の開発事例を用いて「技術形成の隘路」を解決し，インクリメンタル・イノベーションを起こした事例について報告する。

本章の構成は，以下の通りである。第2節では，生命科学の発展によって1970年代に発生した遺伝子組換え技術というブレイクスルー・イノベーションが1980年代に入って食品分野へ応用されるようになったが，遺伝子組換え技術の安全性に対する社会の関心の高まりによって，遺伝子組換え技術を用いた食品加工酵素の新たな技術開発が行いにくい技術形成の隘路が生じたことを紹介する。第3節では，遺伝子組換え技術を用いた食品加工酵素の技術開発で隘路が発生した状況において，旭硝子（現AGC）が分裂酵母という新たな要素技術を用いた遺伝子組換え酵素の生産技術の開発を行い，この生産技術を家畜飼料用酵素の開発に応用することに成功した事例を紹介する。第4節では，「技術形成の隘路」が形成されているにも関わらず，旭硝子が遺伝子組換え技術を用いた家畜飼料用酵素の生産技術のインクリメンタル・イノベーションに成功した要因を検討する。その上で技術形成の隘路を解決し，日本企業が本来得意なインクリメンタル・イノベーションを起こすために求められる条件について考察する。最後に第5節では第1節〜第4節をまとめ，サイエンス型産業における技術形成の隘路に関する今後の研究課題について述べたい。

2. 食品加工酵素の生産における遺伝子組換え技術の技術形成の隘路[1]

食品加工の分野では，発酵食品の生産に古くから利用されてきた麹などの微生物からアミラーゼなどの食品加工に有用な酵素を分離抽出し，食品の生産に利用されてきた。当初は自然から単離された微生物を用いていたが，やがて紫外線照射やニトロソ化合物を用いて微生物の突然変異を加速させて，食品加工に適した酵素をより効率よくスクリーニングする方法が開発された。これらの食品加工酵素は，自然から単離された酵素とともに“古典的技術”によって開発された食品加工酵素と呼ばれている。古典的技術を用いた食品加工酵素の生産技術では多種多様な微生物が酵素の生産で用いられている（中森，2009）。

1　本章の一部は石川（2019a）に発表した。

ワトソンとクリックによるDNAの二重らせん構造の発見（Watson and Crick, 1953）を契機として，1960年代に欧米を中心に遺伝子を分子レベルで研究する分子生物学が進展した。微生物の遺伝子を人工的に変異させる遺伝子組換え技術はアメリカのスタンフォード大学のコーエン教授とカリフォルニア大学のボイヤー教授によってその基礎的知見が研究され（Cohen *et al.*, 1973），1970年代にジェネンテックとスタンフォード大学との共同研究によって遺伝子組換え微生物を用いた有用物質の生産に関する実用的なブレイクスルー・イノベーションが発生した（Hughes, 2013）。

遺伝子組換え技術は患者に対するリスク＆ベネフィットが明確な医薬品分野を中心に，まず産業上の応用が検討された。例えば，糖尿病の治療に使われていたブタ膵臓由来のインシュリンは抗原性が高く，繰り返し投与することが難しいという欠点があった。このため，より安全性が高いヒトインシュリンを遺伝子組換え技術を用いて，大腸菌で生産する技術の開発が試みられた（Hughes, 2013）。

1980年代に入ると，遺伝子組換え技術は食品分野への応用も検討されるようになった。チーズの生産では，仔牛の胃から抽出されるレンネット（キモシン）という食品加工酵素が牛乳を凝固させるために伝統的に利用されていた（中島, 2018）。このレンネットを遺伝子組換え大腸菌を用いて生産する技術の開発が検討された。遺伝子組換えレンネットは1990年にアメリカのFDAから承認され，遺伝子組換え技術を用いた食品加工酵素として世界で最初に実用に供された（Flamm, 1991）。

遺伝子組換え技術などのバイオテクノロジーを応用した食品（バイオテクノロジー応用食品）の実用化の高まりを受けて，2001年に国連食糧農業機関（FAO）と世界保健機構（WHO）は日米欧の専門家を集めて，バイオテクノロジー応用食品の安全性に関する一般的なガイドラインを作成した[2]。国内でも1991年に「組換えDNA技術応用食品・食品添加物の安全性指針」が制定された。2004年には国連食糧農業機構（FAO）と世界保健機構（WHO）の合同専門家会議が定めたガイドラインに準じて遺伝子組換え技術を用いて生産された食品加工酵素に対する具体的な安全性の判断基準が制定された[3]。

ガイドラインでは遺伝子組換え技術を用いて生産された食品加工酵素に対する

2　"Evaluation of Allergenicity of Genetically Modified Foods" Report of a Joint FAO/WHO Expert Consultation on Allergenicity of Foods Derived from Biotechnology, 22–25 January 2001.

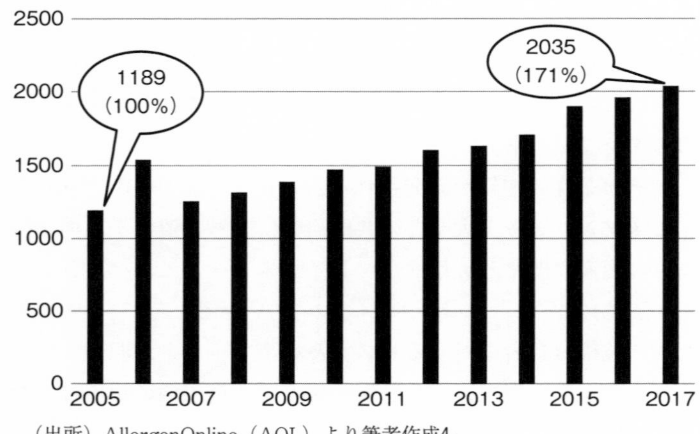

（出所）AllergenOnline（AOL）より筆者作成[4]。

図 2-1　食品アレルゲンの登録総数

安全性の判断基準の一つとして，アレルギー誘発性に関する評価が推奨された。遺伝子組換え食品に対する社会の関心の高まりを受けて，2001 年以降食物アレルゲンの研究はアレルギー分野の研究者によって活発に行われた。こうした研究によって収集された食物アレルゲンに関する情報はデータベース化され，一般に公開されている。アメリカのネブラスカ-リンカーン大学の AllergenOnline（略称：AOL）は最も早くから作成されたアレルゲンの公開データベースの一つである。

AllergenOnline のデータをまとめると，図 2-1 に示すようにデータベースの公開が始まった 2005 年以降，アレルゲンの登録の総数は年々増加を続けている。

先に述べたように，古典的技術を用いた食品加工酵素の生産では多様な微生物を用いて改良研究が行われている。多様な微生物を利用することによって，熱安定性がより優れ，生産性が良い酵素の生産技術が新たに開発できる可能性が多くの基礎研究によって報告されている（中森，2009）。

しかしながら，遺伝子組換え技術を用いた生産技術において国の食品委員会の審査を受け，安全性が確認され，実用化された食品加工酵素は，図 2-2 に示すよ

3　遺伝子組換え微生物を利用して製造された添加物の安全性評価基準（平成 16 年 3 月 25 日食品安全委員会決定）

4　AllergenOnline〈http://www.allergenonline.otg/〉（2018 年 10 月 8 日閲覧）。

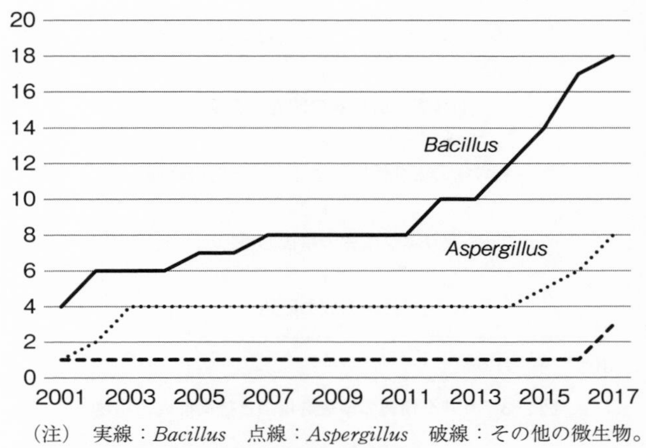

（注）　実線：*Bacillus*　点線：*Aspergillus*　破線：その他の微生物。
（出所）　食品安全委員会資料より筆者作成。

図 2–2　国内で食品加工用酵素の生産に承認された微生物の累積数

うに枯草菌の仲間である *Bachillus* 属と麹の仲間である *Aspergillus* 属の微生物に集中しており，その他の種類の微生物については利用が進んでいない。

社会の遺伝子組換え技術への関心の高さが高まるにつれて，図 2–1 のようにアレルゲン情報というリスク情報が事後的に増加することによって，使用実績が蓄積された微生物を利用する方が一般消費者における安全性イメージの面でも有利であるという意識が企業に広がった。そのため食品加工酵素では図 2–2 に示されるように *Bacillus* や *Aspergillus* 以外の新たな微生物を用いた生産技術の開発が積極的に進みにくい環境が発生していると考えられる。

新たな技術が選択されにくくなる経路依存性を生じさせる要因については，一般にネットワーク外部性（Katz and Shapiro, 1994），埋没費用（Baumol and Willing, 1981；Arkes and Blumer, 1985），収穫逓増（Arthur, 1989）などの因子が先行研究において指摘され，技術的要因や需要の要因など様々な要因が技術形成における経路依存性の発生要因として関与していることが先行研究で示唆されている。

食品分野における遺伝子組み換え技術では，これらの要因とは別に，国によって異なるリスク認知に対するバイアスの存在（永田・日比野，2008），リスク・コミュニケーションの不足（標葉，2016），マス・メデイアの影響（Hibino and Nagata, 2006；西澤，2006），制度的要因（吉田，2015）などが技術形成に影響を

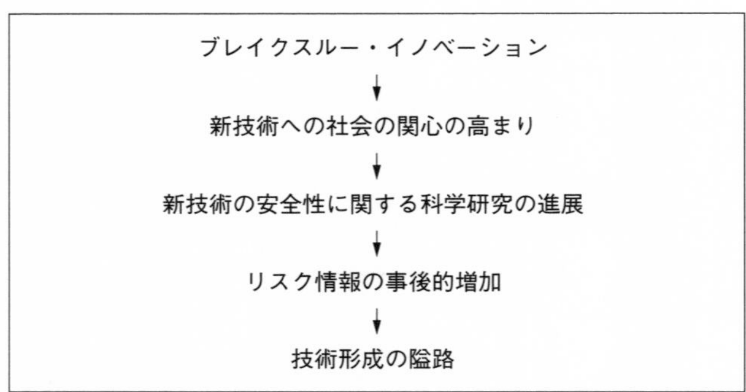

（出所）筆者作成。

図 2-3　リスク情報の事後的増加と技術形成の隘路

与えていることが報告されている（Hibino and Nagata, 2006；西澤，2006）。

本研究の結果は，食品分野のサイエンス型産業においては，これらの社会的要因とともにリスク情報の事後的な増加という科学研究の進展に由来する要因が技術形成における経路依存性を強化し，遺伝子組換え技術を用いた生産技術開発上の隘路の発生に寄与した可能性を示している。ここでリスク情報とは「技術に対して有害事象を想起させる科学研究由来の情報」と定義する。

遺伝子組換え技術を用いた食品加工酵素の生産技術における技術形成の隘路の出現にリスク情報の事後的増加が寄与したスキームを図 2-3 にまとめる。遺伝子組換え技術というブレイクスルー・イノベーションが発生すると，画期的な新技術に対して社会の関心が高まった。すると，新技術の利便性に注目が集まる一方で，新技術の安全性に対しても社会的な関心が高まった。社会的関心の高まりを受けて，大学等の基礎研究機関における科学研究が進展した。その結果，新技術に関係する可能性のある技術の安全性に関する新たな情報が事後的に増加した。

しかしながら，そのように集められた情報は断片的で，有害事象との関係性が曖昧な情報も含まれ，リスク情報が新技術の安全性に対して実際に関係するのか，また，リスク情報が新技術の安全性に対してどの程度影響しているのかについては，専門家の意見が分かれる場合もある。新技術の安全性に対するリスク情報の解釈が分かれることにより，新たな改良技術は開発されにくくなり，技術形成の隘路が発生しやすくなったと考えられた。

画期的なブレイクスルー・イノベーションに対して社会の関心が集まり，安全性に関する科学研究が進展することによって事後的に増加するリスク情報が，リスク認知のバイアスやリスク・コミュニケーションの不足などの社会的要因と組み合わさって技術形成の隘路の発生に寄与する可能性があることを図2–3は示していると考えられる。

3. 家畜飼料用酵素としての遺伝子組換えフィターゼの技術開発[5]

本節では，ブレイクスルー・イノベーションに伴うリスク情報の事後的増加によって発生した技術形成の隘路を解決してインクリメンタル・イノベーションを達成した事例として，旭硝子による遺伝子組換えフィターゼの生産技術の開発事例を紹介する。

1986年に旭硝子へ入社した熊谷博道は，当時日本でも注目を集め始めていた遺伝子組換え技術を用いた新たな「モノづくり」の事業機会の検討を中央研究所で行っていた。当初，熊谷は当時医薬品目的のタンパク質の生産技術として注目が集められていたCHO（Chinese Hamster Ovary）細胞を用いて，より生産性が高い技術を開発する事を検討した。しかしながら，CHO細胞に関しては他のグループも盛んに研究開発を進めており，なかなか差別的な新技術の開発は進まなかった。そこで熊谷はCHO細胞以外の細胞を用いた生産技術の開発を検討した。熊谷が注目したのは分裂酵母（*Schizosaccharomyces pombe*）という新種の酵母であった。酵母には出芽酵母と分裂酵母の二つの種類がある。出芽酵母はパンや酒類などの発酵生産に伝統的に利用されてきた酵母である（Giga-Hama and Kumagai, 1997）。これに対して分裂酵母は，1890年に東アフリカで発見された比較的新しい種類の酵母である。従来の酵母に関する遺伝子組換え技術の検討は主として伝統的な発酵技術で研究されてきた出芽酵母に集中しており，比較的新しく発見された分裂酵母について研究はまだ進んでいなかった。

熊谷は大阪大学の岡山博人教授らのグループが分裂酵母のタンパク質発現系で哺乳動物由来のプロモーターを機能させた研究に注目し，分裂酵母を用いたタンパク質の高発現システムの共同研究を行うこととした。共同研究の結果，熊谷ら

5　本節は熊谷博道氏からのヒアリング（2017年1月16日東京都新宿区にて実施）に基づく。本項の一部は石川（2019b）に発表した。

は分裂酵母においてサイトメガロウイルスのプロモーターが特に高い生産性を示す事を見出し，有用タンパク質を分裂酵母で高発現できる新しい発現系を作製することに成功した。熊谷は，この生産技術を社内にアピールするためには著名な学術雑誌に発表する事が重要と考え，1994年にBIO/TECHNOLOGY誌（現在のNature Biotechnology誌）に技術成果を発表した（Giga-Hama *et al*., 1994）。

熊谷らの研究はBIO/TECHNOLOGY誌という権威ある学術雑誌への論文掲載を契機として社内で認知され，1996年の旭硝子の新事業育成制度（NB制度）に採択された。本制度は，中央研究所などで生まれた新たな研究成果を基盤とした新事業の開発を支援する社内制度である。事業の進展段階に応じて設定された各ステージゲートには単年度黒字達成や累積損失の解消などのクリアすべき条件が設定され，条件を満たした案件が次のステージへ事業を発展させる事ができた（佐藤，2007）。熊谷らの研究はNB制度に採択された結果，プロジェクトメンバーが5名から10名に倍増し，分裂酵母を用いた生産技術の新事業開発が本格的に検討開始された。

熊谷らは分裂酵母を用いた生産技術をASPEX（Asahi Glass *Schizosaccharomyces pombe* Expression System）技術と名付け，1995年頃から国内外の製薬会社や食品会社を訪問し，技術紹介を行い，事業提携の機会を探索した。欧米の会社には1回2週間の出張で20社程度を訪問し，技術紹介を行った。そのような活動を4～5回繰り返し，100社ぐらいを訪問した1998年頃，アメリカのサンディエゴ市のDiversaが家畜飼料に添加する酵素フィターゼの新たな生産システムを探していることを知った。

アメリカでは家畜飼育施設の大型化に伴って，1990年代から飼育施設から大量に排出される家畜の排せつ物による環境汚染が問題視されるようになっていた。排せつ物によって湖沼や海洋が富栄養化し，藻類が発生して下流域の魚が大量死する事例が多く報告された。家畜の排せつ物と湖沼や海洋の環境汚染との因果関係に関する調査の結果，単胃動物の飼料中に過剰添加されているリン酸カルシウムが環境汚染の原因の一つになっていることが示された（Bohn, 2008）。家畜飼料の穀物に含まれるフィチン酸をフィターゼという酵素で分解し，穀物飼料中のリンを有効に利用することができれば，外部から飼料に添加するリン酸カルシウムの量を減らし，湖沼や海洋の富栄養化を抑制することができる可能性が示唆された。

しかしながら，家畜飼料用酵素としてのフィターゼの開発には一つの課題があった。家畜飼料の価格が安いために，家畜飼料に添加するフィターゼを普及させるためには高比活性のフィターゼを効率よく安価に大量生産する技術が必要だった。従来の“古典的技術”による微生物ではフィターゼの生産性は極めて低く，家畜飼料用酵素としてフィターゼを普及させることは難しい状況であった。

1999年にフィチン酸分解能を有する大腸菌の新規なホスファターゼ（6-フィターゼ）の遺伝子が同定され，単離された（Giga-Hama and Kumagai, 1997）。大腸菌の6-フィターゼは，従来知られていた古典的技術で開発されていた*Aspergillus*由来の3-フィターゼと比べ，はるかに活性が高く，かつ酸性領域で活性が強く，単胃動物の消化器中でフィチン酸を消化するのに適した酵素であった。大腸菌や*Aspergillus*などの既存の微生物による生産システムでは生産性が低いため，大腸菌由来の6-フィターゼの遺伝子をより生産性が高い他の微生物へ遺伝子組換え技術を用いて導入し，新たな遺伝子組換え6-フィターゼの生産システムを構築する必要があった。

1998年に熊谷がDiversaに対してASPEX技術を用いたタンパク質の新規な高生産システムを提示したのは，家畜飼料用酵素としてのフィターゼをめぐる状況がこのように大きく変化するタイミングであった。すなわち，環境汚染防止として家畜飼料用フィターゼの価値が高まるとともに，*Aspergillus*由来の3-フィターゼよりも高い活性を有する大腸菌由来の6-フィターゼが発見され，6-フィターゼのための新たな生産技術が探索され始めた時期であった。旭硝子とDiversaは大腸菌由来の6-フィターゼを分裂酵母において高発現する生産技術を共同開発する契約を1999年に締結した。

その後100L規模の培養設備を旭硝子の中央研究所内に新たに設置し，基本的な生産システムの研究が開始された。共同研究の結果，両社は従来の50倍の有用タンパク質生産性を有する商業的な生産システムを構築することに成功した。Diversaは，その後300トン規模にまで生産システムを拡大させ，世界最大のフィターゼの生産システムを構築した。

2003年にDiversaはFDAから遺伝子組換えフィターゼ（商品名：Phyzyme）について家畜飼料用酵素の承認を取得した。DiversaはDanisco Animal Nutrition (UK)[6]に分裂酵母で生産された遺伝子組換え6-フィターゼ（Phyzyme）の販売ライセンスを与え，Daniscoはアメリカでの販売を開始した[7]。Phyzymeは

表 2–1　国内で承認されている遺伝子組換え家畜飼料用酵素

酵素	会社	生産細胞として用いる微生物	承認日
フィターゼ	BASF ジャパン	*Aspergillus niger*	2003.3.27
フィターゼ	ロッシュ・ビタミン・ジャパン	*Aspergillus oryze*	2003.3.27
フィターゼ	**Danisco ジャパン**	***Schizosaccharomyces pombe***	**2016.3.29**
プロテアーゼ	DSM	*Bacillus licheniformis*	2018.4.10
フィターゼ	ヒューベファーマジャパン	*Komagataella pastoris*	2018.12.4
フィターゼ	Danisco ジャパン	*Trichoderma reesei*	2018.12.4
フィターゼ	BASF ジャパン	*Aspergillus niger*	2019.7.30
プロテアーゼ	DSM	*Bacillus licheniformis*	2020.9.1

（出所）　食品安全員会食品健康影響評価（リスク評価）リスク評価結果・肥料・飼料等（2020年 9 月 30 日閲覧）より筆者作成。

Aspergillus 以外の微生物で生産された世界で初めての遺伝子組換え 6-フィターゼであった。Danisco ジャパンは分裂酵母（*Schizosaccharomyces pombe*）で生産された遺伝子組換えフィターゼの承認を 2016 年に国内で受けた。その後日本においても様々な微生物で生産された遺伝子組換えフィターゼが家畜飼料用酵素として承認を受けている（表 2–1）。

旭硝子と Diversa が共同開発した遺伝子組換え 6-フィターゼは効率よくフィチン酸を分解し，家畜による環境汚染を低減できる遺伝子組換えフィターゼの先駆けとなった。現在では世界中で数多くの企業が遺伝子組換えフィターゼの開発を競っている（表 2–2）。旭硝子と Diversa が分裂酵母を用いた遺伝子組換えフィターゼの生産系を技術開発したことを契機として，遺伝子組換え微生物による家畜飼料分野の酵素生産における技術形成の隘路が解決された。遺伝子組換え技術が環境汚染の低減という社会的ニーズを解決することが理解され，多様な微生物を用いて様々な遺伝子組換えフィターゼを生産する技術についてインクリメンタル・イノベーションが続いている。

6　デンマークに本社を置く Danisco の飼料添加物の事業子会社。Danisco は Dupont グループに属している。旭硝子が開発した遺伝子組換えフィターゼを利用した飼料は日本では Danisco ジャパンが扱っており，世界では Dupont グループ各社が扱っている（表 2–1）。

7　旭硝子プレスリリース　2003 年 3 月 10 日。

表 2-2　世界における遺伝子組換えフィターゼの多様な生産技術開発

会社	利用されている微生物
BASF	*Aspergillus niger*
AB Vista	*Trichooderma reesei*
Adisseo	*Penicillium funiculosum*
Enzyvia	*Pichia pastoris*
Dupont（Danisco）	*Schizosaccharomyces pombe*
AB Vista	*Pichia pastoris*
Novozymes/DSM	*Aspergillus niger*

（出所）Greiner and Konietzny（2012）より筆者作成。

4．技術形成の隘路の解決に求められる因子

第2節では，初めにブレイクスルー・イノベーションが発生した後にリスク情報の事後的増加が構造的に発生することによって，先行技術への自己強化が生じ，技術の隘路が形成されやすくなる場合があることを説明した。そのような新たな技術開発を抑制するような構造が形成されると，技術を改良し，インクリメンタル・イノベーションを行おうとしても，企業は新たな技術軌道を選択することが難しくなる。そのため，日本企業が得意なインクリメンタル・イノベーションを起こしにくくなる可能性が示唆された。

遺伝子組換えフィターゼの開発は，そのようなリスク情報の事後的増加に対抗して新たなインクリメンタル・イノベーションを達成するための一つの解決策を示唆している。家畜飼料は価格が市場価値における大きな決定要素であり，比較的コストが高い酵素はむしろ利用しにくい成分であった。しかしながら，旭硝子は家畜飼料というニッチ領域において環境汚染防止という新たな社会的ニーズが欧米において発生しつつあることをDiversaを通じて知り，新たな生産技術システムを用いた6-フィターゼを開発することに成功した。その後，遺伝子組換えフィターゼは表2-2に示すように，様々な種類の微生物を用いて生産されるようになり，市場は拡大している。

旭硝子は技術開発の当初，有用タンパク質の生産技術では新たな微生物である分裂酵母を用いたASPEX技術を既存の医薬品用のタンパク質や食品加工酵素の生産技術として応用できないかを検討し，実際に国内外の製薬会社や食品会社へ技術紹介を行った。しかしながら，これらの会社では使用実績が蓄積されていたCHO細胞や*Bacillus*属や*Aspergillus*属の微生物を用いた生産技術が利用されており，使用実績がない，新たな微生物である分裂酵母を用いた生産技術はなかなか受け入れられなかった。

旭硝子のASPEX技術の実用化は，環境に優しい家畜飼料の開発を目的としていたアメリカのDiversaと巡り合ったことから始まった。従来の食品向け加工酵素の分野ではリスク情報の事後的増加とマス・メディアによるアジェンダ設定効果などの社会的要因が組み合わさって，遺伝子組換え技術の利用に対する安全性への懸念が大きかった。しかしながら，フィターゼでは，リン濃度が高い家畜排せつ物による河川や海洋の汚染を低減させるという社会的価値が欧米を中心として広く認められることによって，遺伝子組換えフィターゼの開発が進んだ（図2–4）。

すなわち，酵素を利用する飼料メーカーとともに，広く一般消費者に対して家畜の排せつ物に由来する環境問題という社会問題の解決をアピールすることによって，ブレイクスルー・イノベーションによる遺伝子組換え技術を用いた酵素の生産技術における技術形成の隘路を解決し，インクリメンタル・イノベーションを起こすことに成功したと捉えることができる。

Rip and Shot（2002）は，構造化された環境を解決するためには特定の領域に

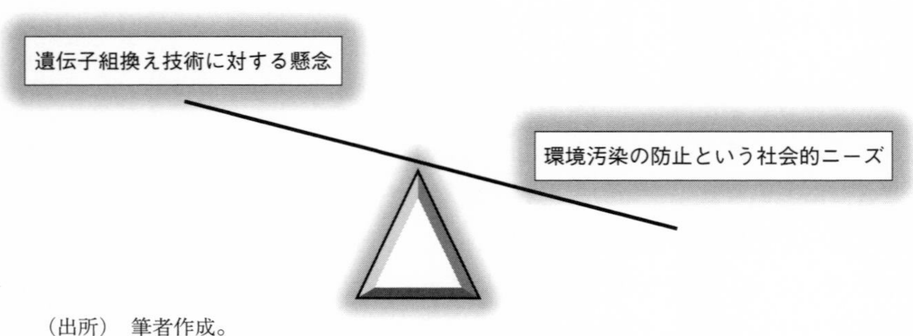

（出所）　筆者作成。

図2–4　遺伝子組換えフィターゼが有する社会的価値

おける市場性を利用したニッチ戦略が有効であり，一度構造が解消されると技術開発がスパイラル状に発展していくことを指摘している。家畜飼料用遺伝子組換えフィターゼの開発も分裂酵母の生産系が開発された後，*Aspergillus* や *Bacillus* 以外の多様な微生物を利用した新たな生産系が次々に開発されており，遺伝子組換えフィターゼのインクリメンタル・イノベーションの事例は，彼らが指摘したニッチ市場におけるスパイラル状の発展モデルと合致していると考えられる。

5. おわりに

本章では，サイエンス型産業の一つであるバイオ産業においてブレイクスルー・イノベーションが発生した後，画期的な新技術に対する社会の関心の高まりを受けて新技術の安全性に関する科学研究が進み，技術に関するリスク情報が事後的に増加することによって，技術形成の隘路が形成され，インクリメンタル・イノベーションが阻害される場合があることを，遺伝子組換え技術を用いた食品加工酵素の事例を用いて説明をした。

これに対して，旭硝子の熊谷らは食品加工酵素以外の市場を探索し，当時問題となりつつあった家畜の排せつ物による環境問題を低減する家畜飼料用酵素の開発というニーズをパートナーの会社から入手し共同開発を行うことによって，遺伝子組換え技術を用いた家畜飼料用酵素の生産技術のインクリメンタル・イノベーションを起こすことに成功した。ブレイクスルー・イノベーションの後のリスク情報の事後的増加によって強められた経路依存性による技術形成の隘路を解決し，新たなインクリメンタル・イノベーションを実現するためには，新たに誕生しつつある社会的ニーズにいち早く着目し，その社会的ニーズを満たすニッチ市場と技術とのマッチングを行うことが求められることを，旭硝子による家畜飼料用酵素の開発事例は示唆している。

ブレイクスルー・イノベーション後の科学研究の進展による技術形成の隘路の発生とその解決に関する今後の研究課題としては，二つのことが考えられる。一つ目は，サイエンス型産業におけるブレイクスルー・イノベーションの後に，リスク情報の事後的な増加による技術形成の隘路の形成はどの程度構造的に発生するのか？という点を明らかにすることである。サイエンス型産業では遺伝子組換え技術の後にも，ナノテクノロジーや人工知能などの技術においてブレイクスルー・イノベーションが発生した後，技術の安全性に関する社会的な関心が高まり，テクノロジー・アセスメントが積極的に行われ，技術の安全性に関する科学研究が積極的に行われている。

予見的なテクノロジー・アセスメントは技術の安全性評価に重要であるとともに，科学研究が進展することによってリスク情報の増加を引き起こす誘因になる可能性がある。生命科学以外のサイエンス産業においてリスク情報の事後的増加は同様に起こっているのだろうか？　そして，そのようなリスク情報の事後的な増加は，ブレイクスルー・イノベーションによって発生した技術の形成において隘路を発生させているのだろうか？　リスク情報の事後的な増加がサイエンス型産業における技術形成に与える作用を，サイエンス型産業の他の分野の技術についても検証していくことが必要と考えられる。

二つ目の研究課題は，技術形成の隘路を解決するために求められる要因およびプロセスをさらに明らかにすることである。本研究では，旭硝子の熊谷らは自社では ASPEX 技術を活かす用途を見つけることができず，社外に技術を活かすための潜在需要を求め，Diversa と出会うことによって新たなニーズを見つけることができた。しかしながら環境問題に対する社会の関心の高さは国や地域によって異なり，制度的な環境も異なっている。技術形成の隘路を解決するためには社会の変化をどのように探知し，判断するかという問題とともに，制度的要因をどのように判断するかについても考慮する必要があり，さらに詳しく検討を行う必要があると考えられる。

これらの研究課題の検討を進めていくことによって，サイエンス型産業のインクリメンタル・イノベーションにおける技術形成に対する科学研究由来のリスク情報の作用と技術形成の隘路の解決に必要な要因およびプロセスが，さらに明らかになっていくことが期待される。

参考文献

安部悦生（1995）「革新の概念と経営史」『経営論集』42巻，1号，53-78頁。

石川雅敏（2019a）「リスク情報の事後的増加と技術軌道の自己強化：アレルゲン情報と遺伝子組換え技術を用いた食品加工酵素の生産」『日本情報経営学会誌』39巻，2号，95-108頁。

石川雅敏（2019b）「科学的知識の不定性下の技術革新」，*Transactions of the Association for Organizational Science*，8巻，1号，1-6頁。

佐藤安雄（2007）「旭硝子における新事業―差別化技術が創出する新事業の展望―」，*Res. Reports Asahi Glass Co., Ltd.*，57巻，59-66頁。

標葉隆馬（2016）「政策的議論の経緯からみる科学コミュニケーションのこれまでとその課題」『コミュニケーション紀要』27巻，3月号，13-29頁。

中島春紫（2018）『日本の伝統　発酵の科学』講談社。

永田素彦・日比野愛子（2008）「バイオテクノロジーの規定因」『科学技術社会論』5号，73-83頁。

中森茂（2009）「技術の系統化調査報告第14集　酵素の生産と利用技術」国立科学博物館産業技術史資料情報センター。

西澤真理子（2006）「科学技術のリスク認知形成へのマス・メディアの影響と科学ジャーナリズムの現状」『科学技術社会論研究』4号，118-130頁。

吉田紗由美（2015）「技術における安全の社会的形成：遺伝子組換え食品を事例として」『日本情報経営学会誌』36巻，2号，98-112頁。

Arkes, Hal. R. and Catherine Blumer（1985）"The Psychology of Sunk Cost", *Organizational Behavior and Human Decision Processes*, 35, pp.124-140.

Arthur, Brian W.（1989）"Competing technologies, increasing returns, and lock-in by historical events", *The Economic Journal*, 99, pp.116-131.

Baumol, William J. and Robert D. Willing（1981）"Fixed costs, Sunk Costs, Entry Barriers and Sustainability of Monopoly", *Quarterly Journal of Economics*, 86, pp.405-431.

Bohn, Lisbeth, Anne S. Meyer and Soren K. Rasmussen（2008）"Phytate: impact on environment and human nutrition. A challenge for molecular breeding", *Journal of Zhejiang University Science*, 9, pp.165-191.

Cohen, Stanley N., Annie C. Y. Chang, Herbert W. Boyer and Robert B. Helling（1973）"Construction of Biologically Functional Bacterial Plasmids in Vitro", *Proc. Natl. Acad. Sci. USA*, 70, pp.2340-2344.

David, Paul A.（1985）"Clio and the Economics of QWERTY", *The American Economic Review*, 75, pp.332-337.

Dosi, Giovanni（1982）"Technological paradigms and technological trajectories", *Research Policy*, 11, pp.147-162.

Flamm, Eric L.（1991）"How FDA Approved Chymosin: A Case History", *Bio/Technology*, 9, pp.349-351.

Giga-Hama, Yuko and Hiromichi Kumagai（1997）*Foreign Gene Expression in Fission Yeast Schizosaccharomyces pombe*, Berlin Heidelberg: Springer-Verlag, pp.3-28.

Giga-Hama, Yuko, Hideki Tohda, Hirofumi Okada, Koji M. Owada, Hiroto Okayama and Kumagai, Hiromichi（1994）"High-Level Expression of Human Lipocortin in the Fission Yeast *Schizosaccharomyces pombe* Using a Novel Expression Vector", *BIO/TECHNOLOGY*, 12, pp.400-404.

Greiner, Ralf and Ursula Konietzny（2012）"Update on characteristics of commercial phytases", *International Phytase Summit 2012*, pp.96-107.

Hibino, Aiko and Motohiko Nagata（2006）"Biotechnology in the Japanese media: Comparative analysis of newspaper articles on genetic engineering in Japan and Europe", *Asian Journal of Social Psychology*, 9, pp.12-23.

Hughes, Sally S. (2013) *Gennentech The Beginning of Biotech,* London: The University of Chicago Press, Ltd., pp.75–98.

Katz, Michael L. and Carl Shapiro (1994) "Systems Competition and Network Effects", *Journal of Economic Perspectives,* 8, pp.93–115.

Rip, Arie and Johan W. Schot (2002) "Identifying loci for influencing the dynamics of technological development", In Sorensen, K. H. and Williams, R. (Eds.), *Shaping technology, guiding policy: Concepts, spaces & tools,* Cheltenham: Edward Elgar., pp.155–172.

Watson, James D. and Francis H. C. Crick (1953) "Molecular Structure of Nucleic Acids", *Nature,* 171, pp.737–738.

第Ⅱ部
イノベーションと経営資源

第3章

経営者：日本のイノベーター群像

橘川　武郎

1. はじめに

第Ⅱ部では，イノベーションと経営資源との関係について掘り下げてゆく。イノベーションを実現するためには，様々な経営資源を必要とする。ヒト，カネ，情報などである[1]。これらを束ねる経営者の役割も，忘れてはならない。

本章では，1910年代から今日にいたる日本の代表的な革新的企業家の足跡[2]を概観したうえで，イノベーションにはたす経営者の役割，およびそれを遂行するために求められる経営者の資質の核心に迫る。経営史学の視角に立って分析を進めるわけであるが，1910年代以降の日本経営史の全体像を論じるときには，解き明かすべき大きな論点が二つ存在する。

一つ目は，明治末期に産業革命を完了し成長軌道に乗った日本経済は，どうして長期にわたり世界史にも稀な高成長をとげることができたのか，という問いである。20世紀初頭に産業革命を完了した日本は，1910年代から1980年代にかけて，主要諸国のなかで最も高い経済成長率を維持した。この加速された成長は，1945年の第二次世界大戦における敗北によって，一時的には後退したものの，結果的にはそれをも乗り越えて，約80年間も継続した。それを可能にした要因を解明することは，重要な意味をもつ。

二つ目は，その長期的にわたる相対的高成長が，1990年代初頭のバブル景気の崩壊によって一挙に終息し，その後の日本経済の失速状態が今日まで続いているのはなぜか，という問いである。日本経済にとって1990年代は「失われた10年」

1　これらのほかにモノも経営資源に含めて捉えられることが多いが，モノはカネがあれば購入することができる。

2　この点について詳しくは，橘川（2019）参照。

だと言われたが，それが，いつの間にか「失われた20年」「失われた30年」になって，現在にいたっている。日本経済失速の真因を解明することは，日本経済再生の道を探るうえでも必要不可欠な作業だと言える。

これら二つの問いに関する答えを得るためには，イノベーションのあり方の変化に注目することが大切である。本書の序章でブレイクスルー・イノベーション，インクリメンタル・イノベーション，破壊的イノベーションの3概念を紹介したが，これらを援用すれば，1910年代から1980年代にかけてはインクリメンタル・イノベーションの時代，1990年代以降はブレイクスルー・イノベーションと破壊的イノベーションに挟撃された時代，と概括することができる[3]。本章では，これらの時代のそれぞれにおいて活躍したイノベーターたちの足跡を簡単に振り返ったうえで，イノベーションにはたす経営者の役割は何か，その役割を果たすためにはどのような資質が求められるかについて考察する。

2. インクリメンタル・イノベーションの時代：1910年代〜1980年代

【1910年代から終戦までのイノベーター】

日本の産業革命が完了したのは日露戦争（1904〜05年）が終結した直後のことであったが，1907年に始まった日露戦後恐慌は長期化した。しかし，1914〜18年の第一次世界大戦は，このような状況を一変させた。第一次大戦が，当時「欧州大戦」と呼ばれことからもわかるように，日本は，連合国（イギリス・フランス・ロシア）側に立って参戦したにもかかわらず，戦地から遠く離れたままだった。ヨーロッパの連合国向けの軍需品や食料品の輸出，ヨーロッパ諸国が撤収してビジネスチャンスが生じたアジア諸国向けの輸出，大戦景気にわくアメリカへの生糸輸出，のいずれもが急激に拡大するとともに，国内でも，ヨーロッパからの輸入への依存度が高かった重化学工業製品の国産化がある程度進展して，日本は，国際収支の危機から脱却することができた。第一次大戦期と大戦直後の復興需要が生じた1919年には，日本の経済成長率は，史上空前の水準まで急伸し，「大戦ブーム」，「戦後ブーム」が現出した。

3　この点について詳しくは，同前参照。

「大戦ブーム」と「戦後ブーム」は，あくまで第一次世界大戦とその後の復興という一時的要因によるものだったから，長続きすることはなかった。1920 年の反動恐慌を機に状況は再び暗転し，日本経済は，「慢性不況」の時代を迎えることになった。

ただし，ここで見落とすことができない点は，「慢性不況」下にあった 1920 年代の日本の経済成長率は，国際的にみれば，必ずしも低くはなかったことである。1910 年代から 1920 年代にかけての日本の平均経済成長率は，「総額」でも，「1 人当たり額」でも，当時，世界の経済発展をリードしていたアメリカのそれを，わずかながら凌駕していた[4]。日本経済が，不況色を強めながらも，国際水準を上回る成長を実現した背景には，都市化や電化の進行などもあって，この時期に国内市場が拡大したという事情があった。

1920 年代から始まった日本の経済成長率がアメリカ・イギリス・ドイツのそれを上回るという傾向は，第二次世界大戦前後の一時的中断をはさみながらも，長期にわたって継続し，定着した。その傾向が終了したのは，1990 年代のことだった[5]。

本節では，日本経済の相対的高成長の担い手となったイノベーターたちに目を向ける。ここではまず，主として第二次世界大戦以前の時期に活躍した二代鈴木三郎助（さぶろうすけ）・小林一三（いちぞう）・松永安左エ門（やすざえもん）・豊田（とよだ）喜一郎・鮎川（あいかわ）義介・野口遵（したがう）の 6 人を取り上げよう。

二代鈴木三郎助[6]は，東京帝国大学教授の池田菊苗が発明した「味の素」を事業化し，1909 年に販売を開始した。「味の素」はこれまでにない調味料だっただけに，事業化に当たっては，生産・販売など経営活動のあらゆる面で，試行錯誤が繰り返されることになった。二代鈴木三郎助は，弟忠治（ちゅうじ），長男三郎らの協力を得て努力を重ね，これらの問題を一つ一つ解決して，「味の素」の生産・販売体制の基礎を築いていった。日本発の代表的な発明品の一つにあげられることが多い「味の素」の事業化は，当該期の日本では例外的なブレイクスルー・イノベーションの実例だったと言える。

小林一三[7]は，三井銀行から箕面有馬電軌（のちの阪急電鉄）に転じ，都市化

4　安藤編（1979）24 頁参照。
5　以上の点については，同前 24 頁参照。
6　二代鈴木三郎助については，味の素株式会社（2009）など参照。

の旗手として，次々と新事業に進出した。鉄道開業以前に廉価で購入した土地を鉄道開業後高価で販売することによって，箕面有馬電軌は電鉄会社の不動産業経営の真のパイオニアとなった。1910年に開始した池田室町住宅地の分譲が，それである。近い将来確実に生じる外部効果（地価の上昇）を事前に内部化するこの方式は，電鉄業のあり方を大きく変えるイノベーションであった。

電鉄業と不動産業とを結合させ，都市化がもたらしたビジネスチャンスを活かすことに成功した小林一三の快進撃は，その後も続いた。1913年に創設した宝塚唱歌隊は宝塚歌劇団に発展し，1932年には東京宝塚劇場（のちの東宝）を創設した。1927年に阪急電鉄社長に就任し，1929年には，わが国初のターミナルデパートとなった阪急百貨店を大阪・梅田に開業したのである。

松永安左エ門[8]は，日本の電力業に「民営公益事業方式」，つまり「民間企業が活力を発揮することを通じて低廉で安定的な電気供給という公益的課題を達成する方式」を定着させた立役者である。九州電灯鉄道や東邦電力のトップマネジメントとして松永は，① 需要家重視の経営姿勢による需要拡大，② 水火併用の電源開発によるコスト削減，③ 資金調達面での革新によるコスト削減，などを実現し，「科学的経営」の担い手として高い評価を受けた。

松永安左エ門の先見性は，彼が1928年に提唱した，民営，発送配電一貫経営，地域別分割，独占の4点を特徴とする『電力統制私見』が，23年後の1951年の電気事業再編成においてほぼそのままの形で実現され，その後長く定着したことに端的な形で示されている。電気事業再編成によって生まれた9（10）電力体制[9]は，昨今の電力システム改革によって終焉を迎えたが，「民営公益事業方式」そのものは今後も継続してゆく。

豊田喜一郎[10]は，日本の代表的な発明家である豊田佐吉の長男として，父と力を合わせ，1924年に無停止杼換式豊田自動織機（G型）を完成させた。その後，繊維関連産業に代わる新産業への展開を模索するようになった豊田喜一郎が選択したのは，自動車製造事業である。彼の努力は実り，1936年にAA型乗用車と

7　小林一三については，老川（2017）など参照。

8　松永安左エ門については，橘川（2004）など参照。

9　1951年の電気事業再編成によって，民営，発送配電一貫経営，地域別分割，独占の4点を特徴とする9電力体制が生まれたが，同体制は，1988年の沖縄電力の民営化によって10電力体制となった。

10　豊田喜一郎については，和田・由井（2001）など参照。

GA 型トラックの生産が始まり，1937 年のトヨタ自動車工業の設立へとつながった。

鮎川義介[11]は，トヨタ自動車と並ぶカーメーカーであり 1933 年に誕生した[12]日産自動車の創業者である。鮎川はプレミアム[13]付き株式発行を大規模に行って，日産自動車だけでなく日本鉱業，日本炭礦，山田炭礦，日産護謨，日立製作所，日立電力，大阪鉄工所，共同漁業，日本合同工船，日本食料工業，日本捕鯨，中央土木，日産汽船，帝国土材工業，南米水産，合同土地などを傘下におさめた一大コンツェルン[14]を形成した。コンツェルン経営とプレミアム付き株式発行で急成長をとげた日産は，短期間のうちに，三井・三菱に続くわが国第 3 位の企業集団に躍り出た。その後鮎川は，徐々に事業の重心を日本国内から満州（中国東北部）に移し，満州開発のために心血を注いだが，敗戦によってその努力は水泡に帰した。

野口遵[15]は，電力を使った化学工業に携わり，次々と外国技術を導入して，石灰窒素，硫安，人絹の製造を開始した。とくに野口が，ドイツから最新技術であるハーバー・ボッシュ法を導入し，三井・三菱・住友に先んじて，日本における合成硫安の工業化に成功したことの意義は大きかった。野口もまた，日本窒素肥料を中心に，朝鮮窒素，長津江水電，朝鮮石炭工業，日窒証券，日窒鉱業，端豊鉄道，朝鮮鉱業開発，新興鉄道，朝鮮ビル，日窒火薬，朝窒火薬，朝鮮水産工業，朝鮮マイトなどを傘下におさめた一大コンツェルンを形成した。野口遵の革新的企業者活動として特筆すべきは，日本の植民地となっていた朝鮮半島へ進出し，そこで大規模な水力開発と電気化学コンビナートの建設を行ったことである。ただし，これらの事業や資産も，敗戦によってすべて失われた。

11　鮎川義介については，宇田川（2017）など参照。

12　1933 年に設置された戸畑鋳物自動車部が，いったん自動車製造㈱となったのち，1934 年に日産自動車㈱と改称した。

13　プレミアムとは，額面株式が額面金額以上の価額で発行されたときの超過額をさす。なお額面株式は，2001（平成 13）年の商法改正により廃止された。

14　コンツェルンとは，持株会社による複数の傘下企業の株式所有を通じて，同一資本で異なる産業部門の支配をめざす独占組織の一形態である。

15　野口遵については，中村青志（1978），大塩（1989）など参照。

【終戦から 1980 年代までのイノベーター】

1945 年 8 月の敗戦によって日本は，アメリカを中心とする連合国の占領下におかれることになった。占領政策の一環として遂行された財閥解体，独占禁止，労働改革，農地改革などの経済改革は，日本経済と日本企業のあり方に大きな影響を及ぼした。企業内で専門経営者の進出と経営者の若返りが進行したこと，労働組合が堅固な法的根拠を獲得するとともに社員・工員間の身分差別が廃止されたこと，主要な産業で寡占企業間の激烈な競争が展開されるようなったこと，個人消費支出の増大による国内市場の拡大をもたらす要因が整ったことなどは，戦後の日本経済と日本企業にとって，成長のための重要な初期条件となった。

1951～53 年に生産と消費の両面で第二次大戦以前の水準を回復した日本経済は，1950 年代半ばから 1970 年代初頭にかけて，それまでの世界史に類例をみないような高度成長をとげた。日本の主要産業は，高度経済成長のさなかの 1960 年代半ばごろから，国際競争力を強化した。その背景には，貿易自由化や資本自由化の進展にみられる開放経済体制への移行という事情が存在した。開放経済体制への移行にあたって日本の国内では，外国商品や外国資本の脅威を強調し，貿易自由化や資本自由化を「第二の黒船の襲来」とみなす論調が強まった。しかし，大型化投資や危機感にもとづく労使一体となった企業努力の結果，日本の労働生産性は欧米先進諸国のそれをしのぐ勢いで上昇し，日本企業の国際競争力は強化された。そして，戦後ほぼ一貫して赤字基調を続けてきた日本の貿易収支は，1964 年以降黒字基調で推移するようになった。

日本経済が実現した高度成長は，1973～74 年の石油危機によって終焉した。ただし，ここで注目すべき点は，石油危機後も 1980 年代いっぱいまでは，日本の経済成長率が，それ以前の時期に比べれば絶対的に低下したものの，欧米先進諸国の経済成長率に比べれば高水準を維持したことである[16]。この相対的高成長という事実に注目すれば，1970 年代半ばから 1980 年代までの日本の経済成長のあり方は，「低成長」と概括するよりは，「安定成長」とみなす方が適切であろう。

本節では，日本経済の相対的高成長の担い手となったイノベーターたちに目を向けているが，ここでは，主として第二次世界大戦後の時期に活躍した出光佐(さ)

16　以上の点については，橘川（2007）300–303 頁参照。

三・西山弥太郎・松下幸之助・井深大・盛田昭夫・本田宗一郎・藤沢武夫・土光敏夫の8人を取り上げる。

出光佐三[17]率いる出光興産は，日本中の主要都市が灰燼に帰した敗戦からわずか8年後の1953年，イギリス系石油会社（アングロ・イラニアン）の国有化問題でイギリスと係争中であったイランに，自社船の日章丸（二世）をさし向け，大量の石油を買い付けて国際的な注目をあびた。戦前，「大陸の石油商」と活躍していた出光佐三も，野口遵や鮎川義介と同様に，敗戦による海外資産・事業の喪失から逃れることはできなかった。ただし出光は，野口や鮎川と異なり，戦後も革新的企業家として不死鳥のようによみがえった。「日章丸事件」のあとも，徳山・千葉両製油所の建設，生産抑制を行った業界団体の石油連盟からの一時的脱退，ソ連からの石油輸入，石油化学工業への大規模な進出など積極果敢な経営行動を展開した出光佐三は，「大陸の石油商」から「民族系石油会社の雄」へみごとな変身をとげたのである。

西山弥太郎[18]は，1953年に川崎製鉄・千葉製鉄所の第1高炉を完成させた。当時のマスコミは，日本銀行総裁の一万田尚登が，川鉄千葉製鉄所の事業計画を嘲笑し，そんな計画を実行に移したら，川鉄は行き詰まり，千葉製鉄所の屋根にペンペン草が生えるだろうと揶揄したと，面白おかしく伝えていた。また，鉄鋼業界を主管する通商産業省も，業界秩序を維持する立場から，高炉を擁する川鉄千葉製鉄所の新設に，強い異論を唱えた。西山弥太郎は，これらの「官の圧力」を押し返して，川鉄千葉製鉄所第1高炉の火入れを実現したのである。西山による川鉄千葉製鉄所の建設は，民間設備投資の先導役の意味をもち，1950年代半ばから始まる高度経済成長を牽引する形になった。

松下幸之助[19]は，まさに「消費革命」の体現者であった。戦後の高度経済成長を彩ったのは「三種の神器」（白黒テレビ・電気洗濯機・電気冷蔵庫）や「3C」（カラーテレビ・クーラー・カー）と呼ばれた耐久消費財であったが，それら6品目のうち5品目を家電製品が占めた。その高度成長期日本の家電ブームをリードしたのが，ほかならぬ松下幸之助であった。日本最大の家電メーカー松下電器産

17　出光佐三については，橘川（2012）など参照。

18　西山弥太郎については，伊丹（2015），濱田（2019）など参照。

19　松下幸之助については，大森（1980），中村清司（2001），加護野編著（2016），米倉（2018）など参照。

業（現在のパナソニック）を一代で築き上げた松下幸之助は，量産量販体制の確立，事業部制の導入，適正利益の確保などを進め，「経営の神様」と呼ばれた。松下幸之助と松下電器が高度成長の主役になりえたのは，「良い商品をより多くの人に，できるだけ安い値で買ってもらう」という「松下商法」を貫いたからである。これは，1932年に幸之助が打ちだした「水道哲学」，つまり「『生産に次ぐ生産により』すべての物資を『水道のように』安い価格で提供することこそ，自分たち『産業人の使命』である」という哲学を実現したものであった。

井深大[20]と盛田昭夫[21]はソニーの創業者であり，本田宗一郎[22]と藤沢武夫[23]は本田技研工業（ホンダ）の共同経営者である。ソニーの前身の東京通信工業とホンダの前身の本田技術研究所は，いずれも1946年に，東京と浜松で「町工場」として設立された。その後，トランジスタラジオからカラーテレビへと展開したソニーと，オートバイから乗用車へと展開したホンダは急成長をとげ，早くも1960年代半ばには，「世界のソニー」「世界のホンダ」と呼ばれるまでになっていた。

井深・盛田と本田・藤沢が，他の一般的な経営者とは異なりイノベーターとして活躍しえたのは，なぜだろうか。その理由は，①新市場の開拓と製品の差別化により，競争優位を確保したこと，②早い時期から海外に目を向けたこと，③自前のブランドと販路を確立したこと，④リスク・テイキングな差別化投資を行ったこと，⑤資金的支援者[24]を得たこと，の5点にまとめることができる[25]。

土光敏夫[26]は，若いころから「タービンの土光」として名をはせた技術者であった。戦後は，石川島重工業（1960年から石川島播磨重工業）の社長（1950～64年）や東京芝浦電気（現在の東芝）の社長（1965～72年）をつとめ，両社の経営再建を成し遂げて，「財界名医」と呼ばれた。その後，経済団体連合会会長を経て，第二次臨時行政調査会会長・臨時行政改革推進審議会会長を歴任した晩年の土光は，「ミスター行革」として国民的信頼を得た。合理的精神とビジョン，バイタリティをあわせ持った改革者であった土光は，日本の将来に強い危機感をいだ

20　井深大については，一條（2017），武田（2018）など参照。
21　盛田昭夫については，森（2016）など参照。
22　本田宗一郎については，伊丹（2010），伊丹（2012），野中（2017）など参照。
23　藤沢武夫については，山本（1993）など参照。
24　ソニーの場合には三井銀行五反田支店，ホンダの場合には三菱銀行京橋支店をさす。
25　この点について詳しくは，橘川（2018）124-149頁参照。
26　土光敏夫については，橘川（2017），伊丹（2017）など参照。

きながら，1988 年に永眠した。

【なぜ長期にわたって成長できたのか】

本章の「はじめに」で提示した日本経営史全体にかかわる二つの問いのうちの一つ目は，「成長軌道に乗った日本経済は，どうして長期にわたり世界史にも稀な高成長をとげることができたのか」という問いであった。この問いに対しては，「インクリメンタル・イノベーションの帰結として，内需主導の長期にわたる相対的高成長が実現した」という答えを導くことができる。

日本経済の長期にわたる相対的高成長を可能にした必要条件は，継続的に国内市場が拡大したことであった。第一次世界大戦を契機に始まった大衆消費社会化は，第二次大戦時において一時的に停滞したものの，戦後になると，さらに急速に進行した。欧米においても大衆消費社会化は進行したが，日本の場合には，国民の可処分所得の拡大だけでなく，生活の洋風化も同時に進行したから，消費革命は，より大きくより深い形で進展した。さらに，1930 年代および戦後の高度成長期には，民間設備投資の活発化が内需の拡大を加速させた。この民間設備投資の増大こそ，日本の経済成長率を欧米先進諸国のそれよりも一段高いものにした，最大の要因だとも言える。こうして，日本経済は，1910 年代から 1980 年代にかけて，東アジアの他の諸国・諸地域の場合とは異なり，内需主導型の相対的高成長をとげたのである。

内需の拡大が相対的高成長の必要条件だったとすれば，その十分条件は，革新的な企業家活動に導かれた「日本企業の組織能力の高まり」に求めることができる。内需の拡大を経済の成長に結びつけるためには，「創って作って売る」という企業活動の基本を包括的に深化させることが必要であった。そのためには，企業内の開発部門と製造部門と営業部門が情報を共有し，緊密に連携して「改善」を積み重ねてゆくことが求められた。「改善」という言葉に象徴されるインクリメンタル・イノベーションこそ，日本経済の長期にわたる相対的高成長を可能にした十分条件だったのである。

もちろん，1910 年代～1980 年代の時期にも，池田菊苗による味の素の発明や，豊田佐吉・喜一郎父子による自動織機の発明など，ブレイクスルー・イノベーションも生じた。しかし，例外的なブレイクスルー・イノベーションを事業化した二代鈴木三郎助によって創設された味の素㈱のその後の総合食品メーカーとしての発展は，インクリメンタル・イノベーションの積み重ねだったと言えるし，豊田喜一郎が実質的に創業したトヨタ自動車の国際競争力を決定的に高めたのは，「改善」という言葉に適合するインクリメンタル・イノベーションの象徴であるトヨタ生産方式の構築・進化であった。総じて見れば，この時期には，ブレイクスルー・イノベーションは部分的現象にとどまり，インクリメンタル・イノベーションが支配的だったのである。

インクリメンタル・イノベーションの多くは，顧客のニーズに積極的に対応することからスタートする。顧客重視の姿勢は，都市化や電化の旗手となった小林一三や松永安左エ門から，「消費革命」の仕掛け人となった松下幸之助まで，本節で取り上げたすべての企業家に共通していた。その姿勢こそが，内需の深耕を可能にしたとみなすことができる。

一方で，この節で取り上げたイノベーターたちは，新たなビジネスチャンスを見出すと，積極果敢に投資を遂行する点でも共通していた。多大なリスクを承知したうえで，戦前，大陸へ積極的に進出した鮎川義介や野口遵，出光佐三にその姿を見ることができるし，西山弥太郎も，大型民間設備投資の先鞭をつけたという意味で，戦後の高度経済成長の牽引者となった。

しかし，この革新的企業家による積極果敢な投資の遂行という日本経済の長期成長を導いた要因は，やがて衰退してゆく。1980 年代の末に死去した土光敏夫が抱いた危機感が，1990 年代以降の時期には，現実のものとなってゆくのである。

3. 二つのイノベーションに挟撃された時代：1990 年代以降

【なぜ失速し，停滞したのか】

20 世紀最後の 10 年間であった 1990 年代は，日本経済や日本企業にとっての「失われた10年」だと言われた。日本経済と日本企業の低迷はその後も長期化し，いつしか「失われた 20 年」「失われた 30 年」という言葉を聞くようになった。

本章の「はじめに」で提起した二つ目の問いは，「長期にわたって相対的高成長をとげてきた日本経済が 1990 年代に失速し，その状態が長期化したのはなぜか」という問いであった。この問いに対する答えは，本書の序章ですでに言及したように，「日本企業がブレイクスルー・イノベーションと破壊的イノベーションという二つのイノベーションに挟み撃ちされるようになったからだ」と要約することができる。繰り返しになるが，「日本企業は，先進国発のブレイクスルー・イノベーションと後発国発の破壊的イノベーションとの挟撃にあって苦戦を強いられているというのが，本章を執筆している2020年時点での実相なのである」。

【投資抑制メカニズム】

バブル景気崩壊後，日本経済と日本企業が長期にわたって低迷を続けたことには，別の角度からの説明も可能である。それは，日本企業のあいだに，「投資抑制メカニズム」とでも呼ぶべき現象が広がったという説明である。

バブル景気崩壊後，経営者企業タイプの日本の大企業では，ROA（Return on Assets，総資産利益率）やROE（Return on Equity，株主資本利益率）を重視するアメリカ型企業経営への移行が盛んに追求されるようになった。1990年代に「ニュー・エコノミー」を謳歌したアメリカでは，企業が積極的に投資を行い，A（Assets，資産）やE（Equity，株主資本）を増やしながら，それを上回る勢いでR（Return，利益）を増大させて，ROAやROEの上昇を実現する戦略をとった。これとは対照的に，日本では，多くの経営者企業タイプの大企業が投資を抑制し，AやEを削減して，ROAやROEの上昇を図ろうとした。

厳密に言えば，バブル景気崩壊後の日本で，膨張した資産（Assets）を縮小しようとする行為自体は，間違ったものとは言えない。資産縮小を行ったうえで競争力を強化することにつながる投資を行うならば，ビジネスを再生させることができるからである。問題は，資産縮小により企業体質を強くしたにもかかわらず，成長戦略に見合うきちんとした投資を行わない日本企業が多かったことにある。

ROAやROEの上昇という同じ目標をめざしながらも，総じて言えば日米両国の企業は投資に対して正反対の姿勢をとったのであり，バブル景気崩壊後の日本では，投資抑制メカニズムがきわめて深刻に作用した。これが，バブル景気崩壊後，日本経済と日本企業が長期にわたって低迷を続けたことに関する，別の角度からの説明である。

【例外的なイノベーター】

ただし，1990年代以降の厳しい時代にも，例外的に積極的な投資を行い，革新を貫いたイノベーターが何人かは存在した。ここでは，稲盛和夫・鈴木敏文・柳井正・孫正義の 4 人[27] に光を当てる。

稲盛和夫は，1959 年に京都セラミックを設立し，セラミック積層パッケージの開発によって，同社の事業を飛躍させることに成功した。京都セラミックは，1982年には社名を京セラに改め，グローバル企業としての発展をとげるにいたった。

1985 年に電電公社の民営化と通信の自由化が実施されると，稲盛はリーダーシップを発揮して，新電電（NCC）設立の先陣を切った。1985 年に誕生した第二電電（DDI）が，それである。DDI は，2000 年には，国際電信電話の事業を継承したケイディディと，日本高速通信やトヨタ自動車が大株主であった日本移動通信とを合併して，㈱ディーディーアイとなった。同社は，2001 年に KDDI と社名変更して，今日にいたっている。

稲盛の活躍は，2010年代にはいっても続いた。2010年に経営破綻した日本航空の会長となり，鮮やかな手綱さばきで，短期間で経営再建をやりとげた。日本航空が東京証券取引所第 1 部に再上場をはたしたのは，破綻による上場廃止からわずか 2 年 7 カ月後の 2012 年 9 月のことであった。

鈴木敏文は，革新的なコンビニエンスストアシステムの構築によって，「小売の神様」と呼ばれた。日本のコンビニエンスストア事業は，アメリカをモデルとして出発したが，まもなく独自のシステム革新を実現し，やがてアメリカからモデルとされるようになった。独自のシステム革新の内容は，多品種少量在庫販売・年中無休長時間営業等の小売業務面，短リード小ロット・生産販売統合・商品共同開発等の商品供給面，情報ネットワーク・戦略的提携・フランチャイズ制等の組織構造面など，きわめて多岐にわたった。また，地域集中型の多店舗展開戦略（いわゆるドミナント戦略）を採用した点も，注目される。

日本のコンビニエンスストア業界のトップ・カンパニーで，一連のシステム革新を主導したのは，鈴木敏文率いるセブン-イレブン・ジャパン（設立は 1973 年）である。同社は，1990 年に経営危機に陥ったアメリカの親会社サウスランド社の救済に乗り出すとともに，1993年には経常利益で日本の親会社イトーヨーカ堂を

27　この 4 人は，本章の執筆時点（2020 年 9 月）で存命している。したがって，歴史的評価を下すには時期尚早であり，本章で取り上げた他のイノベーターたちの場合のように，代表的な評伝を注記することはしない。

凌駕した。セブン-イレブン・ジャパンは，「二重の逆転」を実現したのである。

柳井正と孫正義は，バブル景気崩壊後の日本で最も成功をとげた企業家である。

柳井正の事業が成長軌道に乗るようになったのは，父が設立していた小郡商事の社名を1991年にファースト・リテイリングと改めたころからである。1990年代以降の日本では，サプライチェーンが中国と連結する「メイド・イン・チャイナの時代」が本格化したが，その扉を開けたのは，柳井正率いるファースト・リテイリングのユニクロ・ブランドの衣料製品であった。ユニクロは，中国製品に対する「安かろう，悪かろう」のイメージを払拭し，「安くて良いもの」という信頼感を日本の消費者のあいだに植えつけた。ユニクロのビジネスモデルの先進性は，メイド・イン・チャイナの時代を開いた点から明らかである。

孫正義は，1981年に，パソコンソフトの卸売業を営む日本ソフトバンクを設立した。経営史学者の山崎広明によれば，それから2006年にいたる孫正義の事業活動は，(1)日本ソフトバンク設立から1993年度までの創業期，(2)1994～99年度のM&Aの積極的展開期，(3)「インターネット財閥から総合通信事業者へ」シフトした時期（2000～06年度），という三つの時期に分けることができる。それらを通観したうえで，山崎は，「孫正義の企業家としての行動で最も印象的なのは，意思決定のスピードの速さと財界の大物との類まれな強い交渉力である。それは特に1994年度以降の相次ぐ大型M&Aにおいて遺憾なく発揮され」た，と論じている[28]。2007年以降も孫正義は，世界的規模で企業買収や出資を展開し，活躍を続けている。

4. イノベーションにはたす経営者の役割

本章では，1910年代以降の日本に登場した主要なイノベーターの足跡を振り返ってきた。基本的には，経営者自身がイノベーションの担い手となるケース，逆の言い方をすれば，イノベーターがそのまま経営者にもなるケースが多かった。しかし，最近では，経営者自身が，イノベーションを行うわけではなく，イノベーションを育んだり促したりする役回りに徹するケースも，散見されるよう

28　以上の点については，山崎（2007）97-107頁参照。

になった。最後に取り上げた孫正義は，その代表的な事例である。

近年，イノベーションの直接的担い手と経営者との役割が分化するようになった背景には，イノベーションのあり方が複雑化しているという事情がある。それは，「長期にわたって相対的高成長をとげてきた日本経済が1990年代に失速し，その状態が長期化したのはなぜか」という二つ目の問いに対する答えとして指摘したように，「日本企業がブレイクスルー・イノベーションと破壊的イノベーションという二つのイノベーションに挟み撃ちされている」という事情である。

挟撃された状況を打破するためには，何をなすべきであろうか。日本企業は，先進国発のブレイクスルー・イノベーションに対しても，後発国発の破壊的イノベーションに対しても，正面から対峙しなければならない。そして，的確な成長戦略を採用し，拡大するローエンド市場と収益性の高いハイエンド市場を同時に攻略する「2正面作戦」を展開することが求められる。

「2正面作戦」を遂行するためには，社内の経営資源を最適な形で配分することが必要となる。また，「2正面」をそれぞれ担当する「2部門」のあいだの調整を行うことも，重要な意味をもつ。このような資源配分や部門間調整は，経営者が担うべき固有の責務だと言える。「2正面作戦」においては，経営者が，イノベーションの直接の担い手とは異なる，固有の役割を果たすことになるのである。

5. おわりに

イノベーションを実現するうえで経営者に求められる資質は，何だろうか。本章で取り上げた18人のイノベーターたちの行動から浮かび上がるその要諦は，「的確な成長戦略にもとづき投資をきちんと行う能力」ということになる。この能力は，経営者がイノベーションの直接的な担い手となる場合においても，経営者とイノベーションの担い手との役割が分化する場合においても，等しく求められる。

日本企業と日本経済が長期低迷から脱却するためには，蔓延する「投資抑制メカニズム」を克服することが，喫緊の課題となる。日本企業が活気をとりもどし，国内でニーズを深掘りして次々と破壊的イノベーションを起こすとともに，国際的な「先発優位」の獲得につながるようなブレイクスルー・イノベーションをも実現するためには，「投資抑制メカニズム」の克服が何よりも必要なのである。本章の第3節で光を当てた稲盛和夫・鈴木敏文・柳井正・孫正義の4人は，1990年代以降の時期にも例外的に「投資抑制メカニズム」に陥らず，的確な成長戦略をとり続けた革新的企業家だった。彼らのような存在が「例外的」でなくなったとき，日本におけるイノベーションの再生は達成される。

参考文献

味の素株式会社（2009）『味の素グループの百年―新価値創造と開拓者精神』。
安藤良雄編（1979）『近代日本経済史便覧［第2版］』東京大学出版会。
伊丹敬之（2010）『本田宗一郎　やってみもせんで，何がわかる』ミネルヴァ書房。
伊丹敬之（2012）『人間の達人　本田宗一郎』PHP研究所。
伊丹敬之（2015）『高度成長を引きずり出した男　サラリーマン社長西山彌太郎の夢と決断』PHP研究所。
伊丹敬之（2017）『難題が飛び込む男　土光敏夫』日本経済新聞社。
一條和生（2017）『井深大　人間の幸福を求めた創造と挑戦』PHP研究所。
宇田川勝（2017）『日産の創業者　鮎川義介』吉川弘文館。
老川慶喜（2017）『小林一三　都市型第三次産業の先駆的創造者』PHP研究所。
大塩武（1989）『日窒コンツェルンの研究』日本経済評論社。
大森弘（1980）「松下幸之助―家電王国を築き上げた内省的企業家―」下川浩一・阪口昭・松島春海・桂芳男・大森弘『日本の企業家（4）戦後篇』有斐閣。
加護野忠男編著（2016）『松下幸之助　理念を語り続けた戦略的経営者』PHP研究所。
橘川武郎（2004）『松永安左エ門　生きているうち鬼といわれても』ミネルヴァ書房。
橘川武郎（2007）「経済成長と日本型企業経営」宮本又郎・阿部武司・宇田川勝・沢井実・橘川武郎『日本経営史［新版］』有斐閣。
橘川武郎（2012）『出光佐三　黄金の奴隷たるなかれ』ミネルヴァ書房。
橘川武郎（2017）『土光敏夫　ビジョンとバイタリティをあわせ持つ改革者』PHP研究所。
橘川武郎（2018）『ゼロからわかる日本経営史』日本経済新聞出版社。
橘川武郎（2019）『イノベーションの歴史　日本の革新的企業家群像』有斐閣。
武田徹（2018）『井深大　生活に革命を』ミネルヴァ書房。
中村清司（2001）「松下幸之助―内省と発言―」佐々木聡編『日本の戦後企業家史　反骨の系譜』有斐閣。
中村青志（1978）「野口遵―巨大化学コンビナートの建設―」森川英正・中村青志・前田利一・杉山和雄・石川健次郎『日本の企業家（3）昭和篇』有斐閣。
野中郁次郎（2017）『本田宗一郎　夢を追い続けた知的バーバリアン』PHP研究所。
濱田信夫（2019）『評伝　西山弥太郎　天皇と呼ばれた男』文眞堂。
森健二（2016）『ソニー　盛田昭夫』ダイヤモンド社。
山崎広明（2007）「孫正義（ソフトバンク）の企業家活動」『企業家研究』第4号。
山本祐輔（1993）『藤沢武夫の研究』かのう書房。
米倉誠一郎（2018）『松下幸之助　きみならできる，必ずできる』ミネルヴァ書房。

和田一夫・由井常彦（2001）『豊田喜一郎伝』トヨタ自動車株式会社。

第4章

資金とステークホルダー：スタートアップ期の軋みとその克服

丸尾　聰

1. はじめに

本章では，イノベーションを仕掛け，それを実現する途上で遭遇する「軋み」に注目し，そこに資金調達の問題がどう関わるかについて考察をする。イノベーションの主体として，スタートアップ期の企業，中でも新興市場マザーズへの上場前後の企業を取り上げる。スタートアップ期の企業の「軋み」の遭遇メカニズムの仮説検証をしながら，スタートアップ期の企業にとって大きな経営資源の一つである「資金」の調達や，調達後の経営組織に「軋み」を誘発することを明らかにする。その上で，「軋み」の克服方法を処方箋として提示する。本章では，スタートアップ期の企業の「成長」を，短期間に売上の拡大を果たす変化とした。具体的には，株式上場を目指すスタートアップ期の企業が，投資家から要求される期待成長目標として，対前年度売上高増加率20％以上とした。また，スタートアップ期の企業の「軋み」とは，当該企業内や企業とステークホルダーの間において生じる様々な対立，争い，不和を指す。ここで「軋み」の代替指標を2種に設定した。一つは，「営業利益のマイナス」，もう一つは，「従業員数のマイナス」である。いずれの指標も，対前年度売上高増加率20％以上を記録した年度から2年以内に生じた場合に，「軋みに遭遇した」とした。

スタートアップ期の企業の創業期には，事業に必要な資源となる設備，店舗やシステムへの投資が必要となるし，それも一回で完備できるわけではないので，黎明期の期間，断続的に投資が続くことも少なくない。さらに，市場からの認知獲得のための広報活動への投資や，営業のための広告活動や販売促進活動への投資も小さくない。それらの投資がうまく回りだすと，さらに必要な投資のため運転資本が必要となる。手持ちの現金がないからなのはもちろんだが，さらに対前年度比20％以上の成長をしようとすると，仕入資金が必要となる上在庫も膨らむため，それをつなぐ資金が必要となる。事業実績も少ないから，仕入債務の条件も厳しいため，支払期間を短くするか金利分を追加支払する。売上債権についても，取引実績が少ない故に条件が厳しくなり，現金の回収が遅れる。ゆえに，運転資本を融資に頼ろうとしても，事業実績がないスタートアップ期の企業への資金調達市場からの信用力は低く，厳しい融資条件を突きつけられる。新興市場への上場前後の企業にとって，資金調達は最大の経営課題である上，その巧拙がイノベーションの成功の可否に直接影響を及ぼすといえる。他方で，東証第一部または第二部の上場企業は，資金を潤沢に保有しているのと同時に，市場から資金調達も可能である。以上より，スタートアップ期の企業は，資金調達の切迫性があり，その裏返しとして渇望感は想像以上に大きい。

イノベーションの対象とする事業の分析をする際に，大企業では，事業単独の財務情報を切り出して入手することが困難，という調査上の限界もある。上場企業でも，大括りの事業単位で開示しているほか，利益や人数などは開示されていない。直接ヒアリングをしても，社内で常時把握しているデータではないために別途調査を必要とするが，そこまでして提供する企業はほとんどない。他方で，スタートアップ期の企業は当該企業の事業が１事業であることが多いため，当該企業の財務データ＝事業の財務データそのものであることが多い。

スタートアップ期の企業が上場を目指す株式市場といっても，日本国内に東京だけでも4市場存在するほか地方にも存在する。東京の株式市場は，東証第一部，東証第二部，ジャスダック，マザーズである。日本では，そのなかでも，スタートアップ期の企業が開業して短期間のうちに株式上場を果し得る市場が，マザーズとジャスダックの２市場といわれている。しかし，ジャスダック市場は上場審査基準がマザーズ市場よりも厳しいため，近年はマザーズ市場への株式上場を第一に検討する企業が多い。そのため，マザーズ市場から東証第一部や東証第二部への市場変更という「昇格」が，スタートアップ期の企業の一つの流れとなりつつある。過去3年間の株式上場件数や株式市場変更件数を見ると，「スタートアップ期の企業の登竜門」としての存在になりつつある。そこで，本章で対象とするスタートアップ期の企業は，マザーズ市場への株式上場前後の企業とする。

スタートアップ期の企業の「軋み」に関連する文献は，一般的な経営課題の中で検討されたり，倒産した場合の要因の一つとして提示されることが多い。さらに，組織づくりの遅れや未整備を原因として分析され，内部統制や職掌，職務定義，さらには，理念やビジョンの浸透などを解決策などが提示されている。多くの先行研究[1]は組織内で課題も解決策も完結していることが多く，組織外さらには資金調達までに軋みの原因を遡り，かつ解決策を組織外へも求める提案をしている研究はない。

2.「成長」と「軋みの遭遇」との関係

成長時における軋みの遭遇にかかる「分岐」は，以下の四つに分けて捉えられる。

①「成長した企業」と「成長しない企業」
②「成長した企業」で，「軋みに遭遇する企業」と「軋みに遭遇しない企業」
③「軋みに遭遇する企業」で，「成長した企業」と「成長しない企業」
④「成長した企業」で，「軋みに遭遇する企業」と「軋みに遭遇しない企業」

多くのスタートアップ期の企業は，軋みに遭遇した時に，軋みを気にせずに「成長をする企業」となるか，軋みを克服するために「成長をしない企業」とに分かれる。前者の企業は，再び「軋みに遭遇する企業」になるか，何らかの方策により，軋みを克服して「軋みに遭遇しない企業」に分かれる。後者の企業は，軋みを克服するための内部充実等に取り組んだのちに，再び「成長をする企業」を目指すが，簡単には売上が伸びない。そのうちに，二度と「成長をしない企業」にとどまることが多い。また，「成長をした企業」のなかに，「軋みに遭遇しない」企業もわずかながら存在するし，元々「成長しない企業」も少なくない。

1　代表的な先行研究として，Eric G. Flamholtz, Yvonne Randle (2000) *Growing Pains: Transitioning from an Entrepreneurship to a Professionally Managed Firm,* Jossey-Bass（加藤隆哉訳（2001）『アントレプレナーマネジメントブック—MBAで教える成長の戦略的マネジメント』ダイヤモンド社）がある。それぞれ成長期の企業に生じた様々な混乱を「成長の痛み」と命名し，成長段階を7つに分解。それを乗り越えるために，スターバックス，マイクロソフト，サウスウエスト航空，フェデラル・エクスプレス，GE，デルコンピュータ，ナイキなどの企業事例調査に基づいて，処方箋を示している。

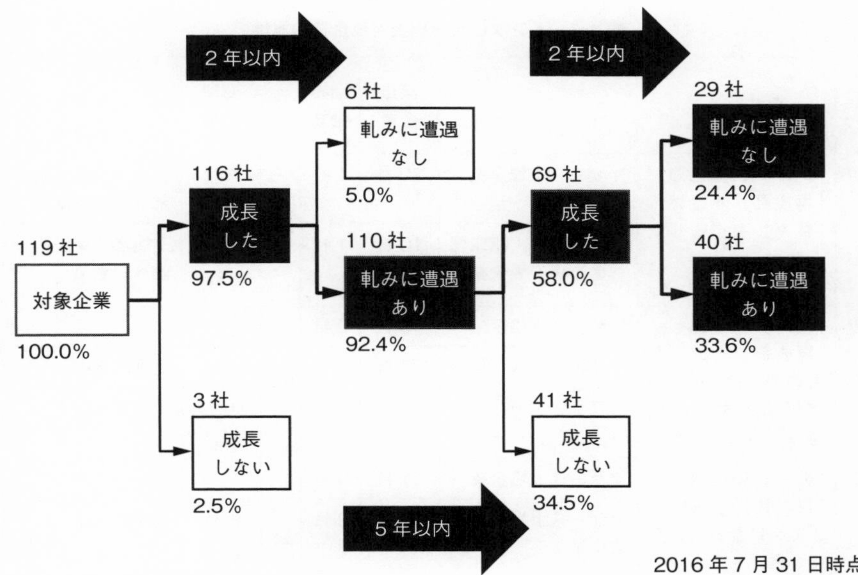

（出所）　調査結果をもとに筆者作成。

図4-1　成長・軋み・再成長のプロセスのツリー

これらを，マザーズ上場企業の業績データをもとに「成長する／しない」と「軋みに遭遇する／しない」のぞれぞれの「分岐」に基づいて整理した（図4-1）。その結果,「軋みに遭遇した」企業のその後の，各分岐の経路は，以下の3タイプに大別できる。

① 軋みに遭遇し，再成長を遂げ，軋みを克服した企業（29社。24.4%）
② 軋みに遭遇し，再成長を遂げたものの，軋みを克服するまでには至っていない企業（40社。33.6%）
③ 軋みに遭遇し，再成長を遂げるまでには至っていない企業（41社。34.5%）

各類型に対して，各2社計6社について5社はインタビュー調査を実施し，残り1社については，社長の著書や取材記事から，記述や発言を抽出した（表4-1）。

表 4-1　インタビュー調査対象企業の属性

	企業タイプ		該当企業	回答企業		対象企業	マザーズ市場への株式上場
1)	「軋み」に遭遇し，「再成長」を遂げ，「軋み」も克服した企業	マザーズ上場企業	29 社	1 社	➡	A 社	上場済，東証第一部へ変更準備中
		東証第一部，第二部への市場変更企業	10 社	1 社		B 社	上場済，東証第一部へ変更済
						G 社[2]	
2)	「軋み」に遭遇し，「再成長」を遂げたものの，「軋み」を克服するまでには至っていない企業	マザーズ上場企業	40 社	0 社			
		マザーズ上場を目指す企業	30 社	2 社	➡	C 社	上場準備中
						D 社[3]	上場を目指す
3)	「軋み」に遭遇し，「再成長」を遂げるまでには至っていない企業	マザーズ上場企業	41 社	0 社			
		マザーズ上場を目指す企業	30 社	2 社	➡	E 社	上場を断念
						F 社	

（出所）調査結果をもとに筆者作成。

3.「軋み」の遭遇メカニズム

「軋み」には，大きく分けて，五つの「軋み」がある。

①　社長と他の経営陣との間の軋み

②　社長と社員との間の軋み

③　社長と株主との間の軋み

④　社員間の軋み

⑤　その他のステークホルダー（銀行，顧客，取引先など）間の軋み

上記の五つの「軋み」の中で，社長が関与する「社長と株主との間の軋み」と「社長と社員との間の軋み」の二つに注目する。この二つの軋みに着目した理由

2　G 社からは，直接回答を得られなかった。しかし，社長が「軋み」に関する記述や発言を，著書や取材記事において度々行っているため，それを手掛かりに，情報を抽出し，考察を行った。

3　D 社は，直接回答を得られたが，C 社と共通する軋みの現象が多かったため，詳述をしていない。

は，以下の５点である。

① 五つの「軋み」の中で最も遭遇回数が多いこと，１社でも複数回遭遇していること
② 社長がそれら二つの「軋み」を克服することに，最も時間を費やしていること
③ 二つの「軋み」を克服した企業と克服していない企業との間に差が見られること
④ 二つの「軋み」の間にも関連性があると思われること
⑤ 二つの「軋み」が他の三つの軋みにも影響を与えていると思われること

「社長と株主との間の軋み」は，当該企業が「成長」をしているものの，対前年度よりも営業利益が増えなかった期のあとに起こる。具体的には，株主が社長にその説明を求めたものの納得できない時や，株主が社長の想定以上の成長や利益を強く要求した時を契機に遭遇することがある。社長が市場や社内の課題を冷静に分析することで出来ていて，解決策も明確で，すでにその解決策を実行に移している場合は，一時的な「軋み」で終わる。しかし，株主から見て，社長による課題分析が不十分，もしくは課題の解決策が甘いなどと認識されると，株主からの圧力はさらに高まり，株主と社長との間に大きな「軋み」が発生する。

「社長と社員との間の軋み」は，当該企業が「成長」をしているものの社員から見て不安，不満，不信につながるような，社内の雰囲気になっている時に起こりうる。それを放置しておくと退職者が増え始め，「成長」している期もしくはそれ以降の期に，前年度よりも従業員数を減らすことへつながる。社長が成長や営業利益の増加に向けて必死な分，一般に社員にかかる業務の負荷やそれに伴う様々な精神的な負荷は増える。社長が社員のその「負荷感の増加」に気づいて手を打てば，最小限の「軋み」で食い止めることができる。しかし，多くの社長はそこへの配慮や対応策がおろそかになる。「社長と社員との間の軋み」は，こうした社長の配慮や対応策をおろそかにすることを起点に大きく発展する。

「社長と株主との間の軋み」と「社長と社員との間の軋み」の二つの「軋み」は，対象とする相手が「株主」と「社員」という互いに接点のない対象であるため，社長とそれぞれの間で別個に発生する「独立した事象」と言えよう。

それぞれの「軋み」は，対象となる「株主」「社員」それぞれに対して，おろそ

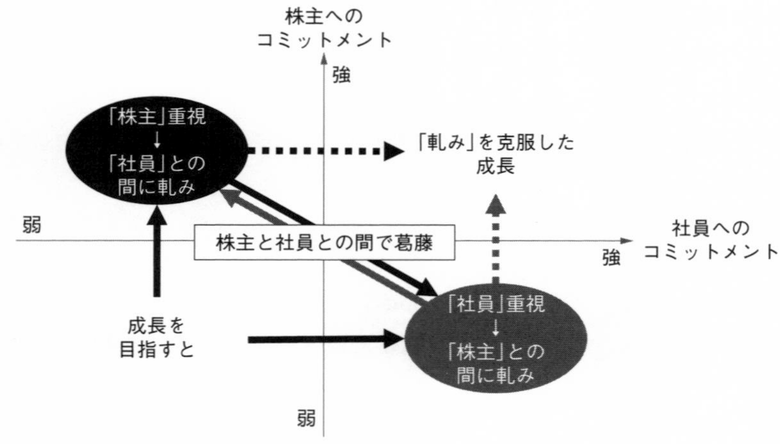

（出所）　筆者作成。

図 4-2 「社長＝株主間の軋み」と「社長＝社員間の軋み」との相克

かにはしてはいけないことがある。別の言い方をすれば，「株主」「社員」それぞれに対して，「明確にコミットメントすべきこと」がある。それは，「株主」に対しては「利益の増加を伴った成長」であるし，社員に対しては「成長に伴う業務負荷への配慮」である。一般の企業でもコミットすべきことかもしれないが，ことスタートアップ期の企業では，それが余計に強く要求される。

それぞれに対するコミットメント，すなわち「株主へのコミットメント」と「社員へのコミットメント」の2軸は独立ながら，スタートアップ期の企業の社長は二つのコミットメントを同時に成立させながら，経営の舵取りを進めなければならない。

そこで，「株主へのコミットメント」と「社員へのコミットメント」の2軸のマトリックスを用いると図 4-2 のように表現できよう。後述する6社のスタートアップ期の企業の成長の経緯も，二つの対象へのコミットメントという視点から，「成長の軋み」の遭遇メカニズムの解明と「成長の軋み」の克服方策の導出を試みる。

スタートアップ期の企業6社の社長の描く理想の成長のプロセスとは，「軋みなき成長」である。しかし，現実は理想とは程遠く，すべてのスタートアップ期の企業が「株主」または「社員」のいずれかへのコミットメントを強め，もう一方の対象との間に「軋み」を生じる傾向にある。その具体的な「軋み」を生じさせる前に「株主へのコミットメント」に引っ張られたケースと，「社員へのコミットメント」に引っ張られたケースとに，分けて見ることとする。

まず「株主へのコミットメント」に引っ張られたスタートアップ期の企業である，E社，F社について述べる。

E社は，社長の開発した商品がターゲット市場の専門家や業界の専門筋の間から高い評価を獲得する。類似商品のない中で流通に流れたことから，学校等からの推奨銘柄にも指定された。それを受けて自治体では，開発した商品や技術に対して奨励賞を表彰する。さらに，それを受けて自治体の財団のベンチャーキャピタルが出資を決定した。それに呼応するように，地方銀行のベンチャーキャピタルも追随して投資を決定し，株主数も資本も増加した。しかし，株主の期待に応えることを最優先に企画，開発，営業を独占する社長の行動が，「軋み」の原因となっていく。黙って業務に勤しむ社員のみだった時は良かったが，徐々にIT業界の経験者を採用すると，ひたすら指示を待ってプログラムをさせられることに耐えられなくなった社員が，経営方針の不透明を理由に不満を爆発させた。

F社は，創業以来の社長の営業力による，大手企業からの直受注が強みであった。顧客が顧客を呼び市場を独占する地位を確立しつつあった中で，投資家から注目される。独立系のベンチャーキャピタルを中心に，株主数も資本も増加した。大手顧客の中でも，EC化の流れに乗って，EC取引比率の拡大やシステムの機能の増強に対するニーズは常態化していた。売上はいくらでも上がっていく状況だったが，見積もり能力とプロジェクトマネジメント能力に問題があったため，すべて現場の社員にしわ寄せがいった。しかし，独自技術があるわけでもなく，顧客の無理難題も引き受け，社員の徹夜続きの勤務状況に何も手を打たない社長の姿勢に現場の社員の不満が爆発した。そして，受注が増えるたびに社員が退職する状況となった。

以上のように，「株主へのコミットメント」に対応したE社，F社であるが，結果として，社員の不満爆発や離職へつながることになった。

E社では，それまでひたすらプログラムをしていた社員が，経営方針の不透明を理由に離脱した。社長にとっては，右腕的な優秀な技術者を失い，新規開発の可能性も閉ざされた格好になった。社長の独断で市場や株主の期待に突っ走る経営スタイルを見つめ直すことにした。残った社員と向き合い，これまですべての業務に口を挟んでいたが，商品企画の蹴り出しのみを残して権限を移譲していった。また，新商品の企画も社員の声を聞くようにした。すると退職者は減少し，社員の主体性も向上することになった。しかし，これが必ずしも売上に結びつかず，株主からの忠告が入るようになる。

F 社では，受注が急増し始めた時点で，社員からは自転車操業的な経営のやり方に不満が噴出し，退職者が続出していた。当時の社長では退職者の連鎖を食い止められないと判断したCFOが株主を説得し，当時の社長を更迭し自ら社長に就任した。新社長は，とにかく社員全員と面談し，問題点のありかを見積もり能力の欠如と受注後のプロジェクトマネジメントへの経営陣の非関与にあると考えた。問題の解決を第一義に進めることを社員に約束し，マニュアルの作成，業務分担の明確化にも即対応した。そして残念ながら，社内の混乱が落ち着くまでは，受注を抑制することが必要と判断した。また，見積もり提示金額の誤りで赤字案件が完了し，売上も利益も低迷した。その結果，次第に株主からの不満と成長への圧力が強まった。

次に，「社員へのコミットメント」に引っ張られたスタートアップ期の企業である，A 社，C 社について述べる。

A 社は，導入した技術がターゲット市場にヒットし，成長のシナリオ通りに進むことを見込んで技術者を次々に採用した。応用技術の開発にも成功し，ターゲット市場からの評価も高まり，社員のモチベーションは高まっていった。しかし，創業事業の技術者が蓄積した負債の解消までには遠く，売上が伸びても利益の少ない企業体質に対して，株主からは上場の見通しの甘い経営を厳しく指摘される。

C 社は，開発した材料が自動車メーカーから高い評価を得る。燃料費の高騰と環境意識の高まりがさらに後押しをした。材料の性能向上を目指して高度な技術者をさらに採用した。自動車メーカーからの出資や技術者の出向を得ることができた。しかし，原油価格の暴落で一転し，自動車メーカーは資本も人材も引き上げると通告され，さらに販売先でもあった自動車メーカーとの取引を失った。また，他の株主から次の用途変更とそれに基づく新しい成長戦略の提示など，厳しい要求を突きつけられた。

以上のように，「社員へのコミットメント」に対応したA 社，C 社であるが，結果として，株主からの指摘やプレッシャーを受けることになる。

A 社は，株主から上場見通しの甘さを指摘された後，成長性の見込める新規事業による市場の開拓と拡大する市場に対応するため，設備や資材の輸入を開始した。これらの構想や実行を常に，経営陣だけで率先して行った。この間，創業社長を更迭し創業事業は売却した。新社長のもとで短期間で市場の独占を果たし，株主からの信頼を回復した。しかし，愛着のある創業事業を切られた社員はモチベーションを極端に落とした。新規事業を担当した社員も，経営陣の意思決定の不透明さに「手足」として働かされている感が宿り，不満が蓄積していった。

C 社は，原油価格の暴落を契機に，株主かつ人材供給源かつ販路だった自動車メーカーとの取引が一切なくなる危機に直面し，株主から成長戦略の見直しを迫られた。その後，社長が熟考に熟考を重ね，考えうる業界を回りながら，食品と航空機燃料への用途開発とそのための市場開拓に道をつけた。新たな用途を元に成長戦略を見直したことで，新たな株主からの開発資金の調達に成功した。その間，社員は待ち状態で，かつ要素技術は同一とはいえ急速な用途変更に追随できない社員は不満を噴出させた。さらにその中の数人は離職することになった。

以上，4 社の事例を見てきたが，「株主へのコミットメント」を実現している企業が「社員へのコミットメント」を実現しようとすると，「株主へのコミットメント」がおろそかになる。逆に，「社員へのコミットメント」を実現している企業が「株主へのコミットメント」を実現しようとすると，「社員へのコミットメント」がおろそかになる。

つまり，「株主」「社員」両方のコミットメントを，同時に両立させることは，容易ではないのである。「軋み」がすぐに解決しないのは，「株主へのコミットメント」と「社員へのコミットメント」という必須要件がトレードオフの関係にあるからであり，そのトレードオフの関係に気づかないことが多い。かつ，資金的な余裕もないために，どうしても対処療法的な対応を打つこととなり，さらに泥沼化する。これが，「軋み」の遭遇と，「軋み」が断続的に続くメカニズムである。

「成長時」とは，文字通り急成長を目指すため，短期間に多額の「運転資金」を必要とするが，スタートアップ期の企業はその資金供給源を「融資」に依存できず，「出資」に求めざるを得ない。そのために，出資する株主の期待する「成長」，すなわち「目標数値」へのコミットを強く迫られる。その数値は決して低くなく，急成長へのストレッチが必要となる。

他方で，急成長へ舵を切っても組織内がすぐに対応できるわけではなく，社員の疲弊やそれに伴う不安，そして不満につながる事象が起こり始める。これらの

「軋み」を克服するためには，残業の低減や報酬の改善など，社員の離脱防止策を打ち続けることも必要である。しかし，業務量の低減や報酬額の向上は，売上の向上や収益率の向上に対してマイナスに働くため，株主の反発を食らうことも多い。

これが，まさに「株主へのコミットメント」と「社員へのコミットメント」のトレードオフであり，このトレードオフの間で，経営者は悩み，もがき苦しみ，「軋みなき成長」への経営を模索することとなる。

成長時の資金調達は「成長のためのエンジン」になる一方で，成長に伴って遭遇する「軋み」が「成長のブレーキ」を生じさせるリスクを内包している，と言える。それは，同時に「成長の確実のコミットメント」を必要としたり，「さらなる成長目標の向上」を要求されるため，さらなる「軋み」を呼び込むリスクを高める。

これらの一連の「軋み」のプロセスの類型を，「軋み」を克服した2類型のスタートアップ期の企業の事例から導出した。類型にあたっては，縦軸に「社長から株主へのコミットメントの強弱（軸の上下で表現）」，横軸に「社長から社員へのコミットメントの強弱（軸の左右で表現）」をとるマトリクスの中で，各象限をどのように移動しながら「軋み」を克服したかの軌跡に基づき，「逆Z型企業」「N型企業」と命名した。

「逆Z型企業」とは，座標において，左下→右下→左上→右上の順に，変化していくスタートアップ期の企業を指す。ここでは，A社とB社の2社の事例が該当する。

A社は，初期に技術が評価されたことで，社員主導の開発を推進する。しかし，これが何年たっても売上に結びつかない。社員も売上が上がらないことが常態化すると，問題意識を持たなくなり，それが裏目となる。経営陣主導で新規事業を立ち上げて，収益化を果たす。市場独占にも成功し，株主の信頼回復の一方で，創業事業の社員は冷めてしまう。新規事業と創業事業の社員の間に「軋み」が生じ，事業再構築を行うとともに，新規事業の社員とはさらなる挑戦として，海外事業への展開を目論む。これまで経営陣主導の事業化を進めてきたが，今後の新規事業は社員の提案を起点にすると宣言し，その提案制度に基づいて若手社員から有望な新規事業の提案がされる。社員間の淘汰は進むものの，社員全員で経営する風土が徐々に醸し出されていく。社長も安定株主に対し，社員の経験蓄積や主体性の醸成までの猶予を強く要求し，社員協働の経営への理解をさせることに成功した（図 4–3）。

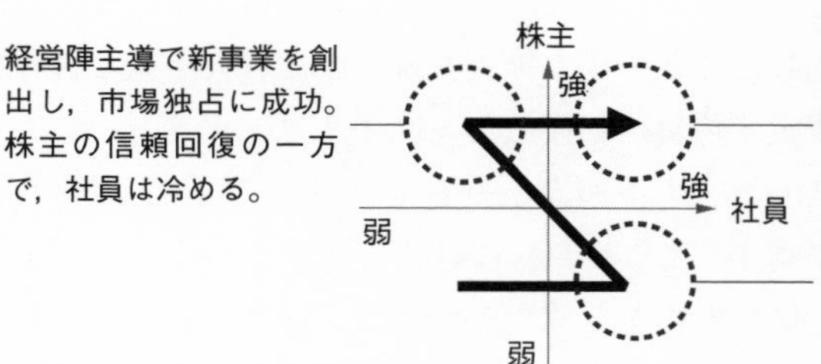

（出所）　インタビュー結果をもとに筆者作成。

図 4–3　A 社の「成長の軋み」の克服プロセス

B 社は，筆頭株主によって設立された，と言ってもよいベンチャー企業である。それだけに，特殊な事例かもしれないが，学ぶべき点が見出せるため，述べることとする。

競争優位性の高い技術を囲い込み権利化をしつつ，ターゲット顧客である大手製薬企業の CTO の参加する国際学会の発表に，B 社は PR 活動を集中した。社員にとっては，大学の研究者スタイルのままで働けることでモチベーション維持に寄与した。また，初期に技術が評価されたことで，社員主導の開発も推進できた。しかし，学会発表での PR が予想以上に早く売上に結びつく。すると海外製薬企業への売上急拡大のスピードについていけない社員が一部離脱することになった。一方，成長してから入社した社員はついてくる。さらに，上場を見据えて，売上拡大のため権利クローズから権利販売へ戦略転換し，新技術開発も顧客

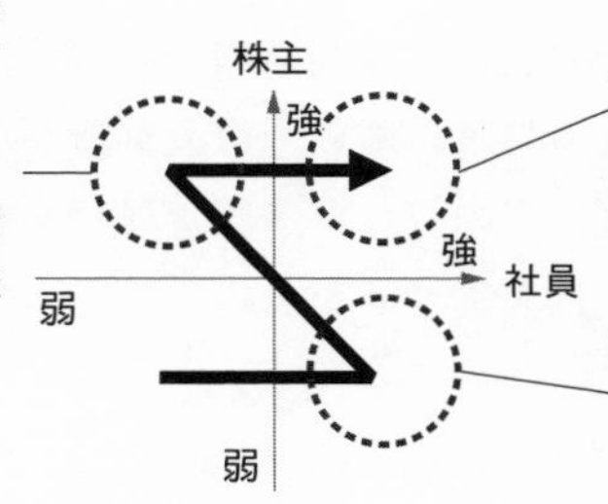

（出所）　インタビュー結果をもとに筆者作成。

図 4–4　B 社の「成長の軋み」の克服プロセス

との共同研究に転換する。2回の上場の間には，キャピタルゲインのことで，経営陣と社員に不信感が芽生えるが，すぐさま社員にもストックオプションを発行し，不信感が拡大することを食い止められた。上場後も顧客数が増加し，技術供与先との新技術開発も活発化したことで売上拡大を維持する。大手製薬の経験者を採用し，研究者体質から事業家体質へ転換した（図4-4）。

「N型企業」とは，座標において，左下→左上→右下→右上の順に，変化していくスタートアップ期の企業を指す。ここでは，G社の事例を該当する（図4-5）。

G社は，マザーズ市場に上場し市場から高く評価され，株価に見合った利回りを株主から強く要求されるようになった。当時，社長はある株主のことで数カ月間プレッシャーを受ける日々を過ごす。上場しても数年間は，株主からの要求に対して社長が一人で背負って，事業開発も資金調達も主導していた。そんな中で，売上増加とともに社員数も増加の一途をたどっていた。そのため，育てる社員の数倍の社員が入社してくるようになった。やがて，入社しても放置された社員から不満が噴出し，退職者が続出した。財務情報上は，退職者以上に入社する社員が多いため，従業員数がマイナスになることはなかったが，3年で社員全員入れ替わるような状態だった。

「2000年に東証マザーズへ株式上場を果たすと，社内にきしみが生じ始めました。上場決定時の社員数は45人でしたが，以後，毎年，中途採用者を中心に200人以上が入社してくるようになり，にもかかわらず退職率が約30%に届くという状態になってしまったのです[4]。」

この頃から，ベンチャーらしさが失われる中で社内に派閥ができ始め，社長は危機感を持ち始める。2003年に初めて役員合宿を行う。ここで現在もG社が掲げるビジョンがまとめられ，人事施策についても大英断がなされた。成長を犠牲にしても人材を育成する道を選んだのだ。トップ営業マンを人事本部長にコンバートし，退職者続出の問題解決に専従させた。

「この役員合宿では，人事においても大転換を図ることが決まりました。（中

---

[4] 曽山・金井（2014）「クリエイティブ人事 個人を伸ばす，チームを活かす」光文社，44頁より。

略）

人事本部の新設という組織改編も，その延長線の措置でした。幸い，2004年以降は業績も黒地に転じ，社内の雰囲気も少しずつ良くなっているように思われました。そんな中，私は本部長というポジションを任されることになったのです[5]。」

また当時，企業ビジョンを固めることになる。この考え方の延長で，全社員に事業開発，事業運営の機会と権限を提供する。社員起点の事業開発，社員による事業経営へ転換が奏功した。さらに，重要なことは，この制度や社員の意識転換を，株主にも説明し，株主に一定の理解を促したことである。

「その後の経営に大きく影響を与えたのは，『長く働く人を奨励する会社にしよう』という考え方です。この考えが，企業文化の土台が作られるきっかけとなりました。その頃までは，社員がよく辞める会社でした[6]。」

「人材に対するサイバーエージェントの価値観も明文化しました。『大事なのは採用，育成，活性化』。一見，非効率に見える場合であってもこの三つに対しては十分な投資をするという方針です。どんなに事業内容が変わっていっても，良い人材を採用し，きちんと育成をし，モチベーションを高く持って仕事ができるよう，組織を活性化させていけば，会社は成長できるという考え方から打ち出したものです[7]。」

「事業を自分たちで創っていく――その宣言を2004年11月の決算発表で行いました。『これからは黒字化した利益の30%は新規事業への投資に充てます』この発言は，会社がこれからも，引き続きゼロから新しい事業を創っていく企業であることを社内外に宣言したものでもありました[8]。」

「しかし，再び赤字を垂れ流すことになるのではないか，と恐れる投資家を安心させなければなりません。そのために，新規事業に投資する際の基準となるルールを作りました。それは，過去の失敗の経験を活かした自分たちの新規

5　曽山・金井（2014）「クリエイティブ人事 個人を伸ばす，チームを活かす」光文社，47頁より。
6　藤田（2013）「起業家」幻冬舎，66頁より。
7　藤田（2013）「起業家」幻冬舎，77頁より。
8　藤田（2013）「起業家」幻冬舎，87頁より。

事業の立ち上げルールであり，撤退のルールでもあります。このルールが，その後に与えた影響は計り知れません。これが現在に至るまでサイバーエージェントが大量の新規事業に挑戦し，その中から次々と事業が生まれる要因になったと言っても過言ではないからです[9]。」

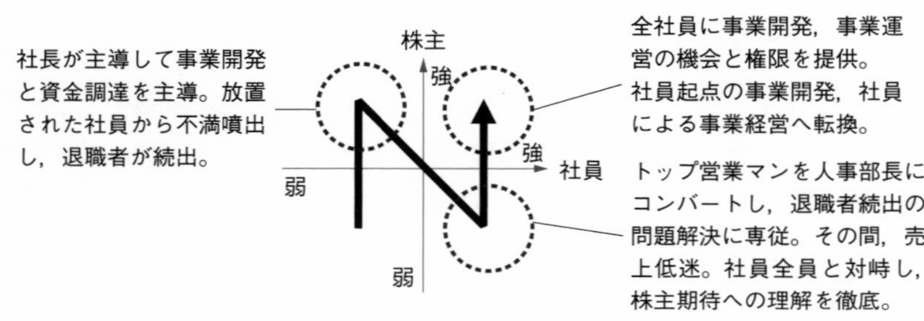

（出所）インタビュー結果をもとに筆者作成。

図 4-5　G 社の「成長の軋み」の克服プロセス

4.「軋み」の克服に向けて

「軋み」を克服するには，「資金」と「時間」という資源が必要である。「資金」とは，「軋み」によって生じた「業績の悪化」から回復するために必要な「運転資金」を事前に確保することである。それによって，「財務的なダメージ」をカバーすることと，「組織的なダメージ」から回復するために，人材の採用や育成のためにコストをかけることである。「時間」とは，「軋み」を生じている期間は「対競合」へも「対顧客」へも対策が打てなくなるため，その時間的猶予を持つことである。「対競合への時間稼ぎ」としては「競合に対する優位性」を早期に担保しておくことであり，「対顧客への時間稼ぎ」としては，「顧客に対する信頼性」を早期に確立することである。ここでいう「早期」とは，創業前の場合と創業後の場合とがある。

「軋み」が生じた際に，経営者個人が二つの軋みと対峙しながらも自らの精神と思考を安定させ続けるために必要なこととして，社長の「沈着冷静さ」があ

9　藤田（2013）「起業家」幻冬舎，88 頁より。

る。「沈着冷静さ」の背後には，「精神的な相談」と「法的な相談」をそれぞれ担う人が存在した。社長の「沈着冷静さ」を維持するために備えておくべきこととして，マインド面での支援者の存在とリーガル面での助言者の存在が大きい。

「軋み」がすぐに解決せず継続する構造的な背景として，「株主へのコミットメント」と「社員へのコミットメント」のトレードオフの関係があると述べた。この「トレードオフ関係」を根底から変える方法を考案し，それによって「軋み」を克服したスタートアップ期の企業も存在する。

「社員」の自発性による「持続性の高い成長」を目指し，「株主目線」を理解し意識して，社内において「起業家精神」を発揮する人材を増やす取り組みをすることである。ただし，そのような社員の育成には時間とコストがかかる。そのため，一時的には業績を下げる，または成長が止まることとなる。それを理解し，再成長への時間を許容する「株主」をターゲットにして，投資を呼び込む投資家へのプロモーションを行うことである。「社員の成長を見守る目線」を株主に持ってもらう，とでも言おうか（図4–6）。

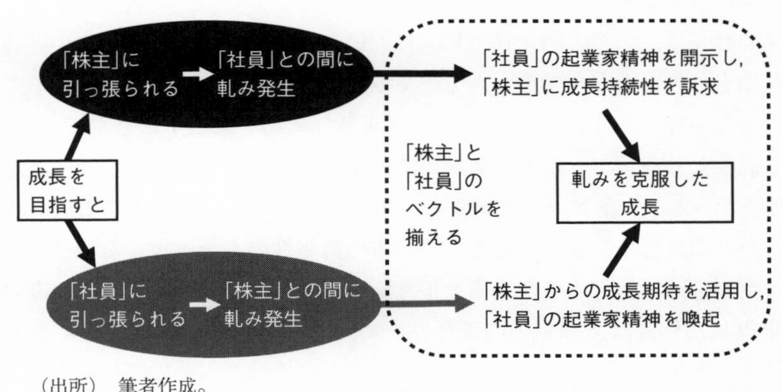

（出所）　筆者作成。

図4–6　成長と軋みの克服

以上のように，社員が「株主目線」を認識し自ら起業家精神を持つことと，株主が「社員目線」を認識し社員の成長を見守る姿勢を持つことの両方を，経営者が強く意識し，社員と株主の両方に事前に準備して仕掛けることによって，「株主へのコミットメント」と「社員へのコミットメント」のトレードオフの関係を「トレードオン」にさせることが可能となるのである。

5. おわりに

本章では，イノベーションの主体をスタートアップ期の企業とし，それらの企業が成長を実現する途上で遭遇する「軋み」に注目し，そこに，最大の資金調達先である「株主」との関係性の問題がどう関わるかについて，考察をした。

まず，「軋み」は，多くのスタートアップ期の企業にとって不可避なものであることが分かった。「軋み」を引きずりながら「成長」をする中で，「軋み」を克服して「軋みなき成長」を遂げる企業も少なからず存在する。逆に，「軋み」を克服するため，もしくは「軋み」を避けるため，「成長」を控える企業もある。さらには，「成長」を諦める企業もあることが分かった。

次に，スタートアップ期の企業が遭遇する「軋み」の背後で起こるメカニズムとして，「社長と株主との良好な関係」と「社長と社員との良好な関係」という，二つの関係性の維持が，トレードオフに働くことが分かった。スタートアップ期の企業の社長は，二つの関係性の相克に大いに悩むこととなる。二つの関係性の間を何度も往復しながら学習し，やがてトレードオフをトレードオンする方策を見いだせた企業のみが，スタートアップ期から卒業を果たすことができる。「軋みなき成長」に移行できると，東証第二部または第一部上場企業へと変貌を遂げる。他方で，トレードオフを回避するため，「社長と株主との良好な関係」と「社長と社員との良好な関係」のどちらか一方の関係性のみを重視する社長も少なくない。ただし，新興市場への上場を果たしても「軋み」は続く。特に後者の関係性を重視した社長は，株主との関係性をめぐる資金面での困難が続くことが多い。スタートアップ期の企業が成長を果たすためには，二つの関係性のトレードオフをトレードオンさせることが，極めて重要な条件と考える。

スタートアップ期の企業は，初期投資も必要な上，成長のための運転資本の増強が成長のエンジンとなるため，いくら資金調達しても資金が不足する傾向にある。さらに，間接金融による大型の資金調達も得られないことが多いため，成長を目指せば目指すほど直接金融を繰り返すこととなる。さらに，直接金融の担い手であるエンジェルやベンチャーキャピタルは，スタートアップ期の企業が上場を目指すのであれば資金提供を行う検討をする。スタートアップ期の企業側の社長にとって，株式上場は短期的には直接金融による資金調達の条件であり，長期的には資金調達の困難からの解放の条件となる。こうして，めでたく直接金融による資金調達を果たすと，直接金融の担い手からスタートアップ期の企業の社長へのプレッシャーが始まる。経営者として実績もない中で，商品市場においても雇用市場においても，信用を獲得するための活動が続く中で，株主からのプレッシャーを克服することは相当な困難を伴う。その困難の中で，「軋みなき成長」を果たすスタートアップ期の企業に見られる共通の因子は，「時間の確保」であった。

「軋み」を克服しようとすると，スタートアップ期の企業の社長は，業務の質や量の急激な変化に悲鳴をあげる社員への配慮を重視することが多い。その最たる打ち手が成長をいったん止めること，すなわち売上拡大をとめる「時間の確保」であり，社員の負荷を下げ，稼働率を下げる「時間の確保」であり，社員教育にかける「時間の確保」である。これらの「時間の確保」は，株主にとって短期的に見れば投資価値を下げる行為に見えるため，社長へ強力なプレッシャーをかけることとなる。しかも，社内体制を整えることも，さらなる「資金」が必要となるため，新たな株主を探すこととなる。

つまり，「軋み」に遭遇する要因は「資金調達」なのだが，その「軋み」の克服にも「資金調達」が必要となるのである。一見，悪循環に見える「資金調達」を回避する方法として，企業事例から三つの示唆が得られた。一つ目はスタートアップ期の初期に競合に対する追随の困難性や模倣の困難性を担保しておくこと，二つ目は優良な大口顧客を獲得して安定収益源としておくこと，三つ目は社員の教育や成長への組織づくりへの時間の確保の重要性を株主へ理解してもらうこと，である。これら三つの示唆は，この関係性のトレードオフをトレードオンする道を見出したスタートアップ期の企業にみられる共通の方策である。

最後にスタートアップ期の「軋み」を克服した企業の社長には，必ずメンター的な助言者がいたことも付言しておきたい。助言者の存在なくしては，次々に訪れる資金調達の困難に冷静に向き合い続けることはできなかった，と口を揃える。

参考文献

板倉雄一郎（2013）『社長復活』PHP 研究所。
板倉雄一郎（2002）『失敗から学べ！「社長失格」の復活学』日経 BP 社。

板倉雄一郎（1998）『社長失格』日経 BP 社。
小野寺隆（2005）『IT 社長大失脚—天国と地獄をみた男の告白—』サンデー社。
忽那憲治編，安田武彦（2005）『日本の新規開業企業』白桃書房。
国民生活金融公庫総合研究所（2002）『失敗から立ち直った起業家たち』中小企業リサーチセンター。
国民生活金融公庫総合研究所（2005）「2005 年版　新規開業白書」中小企業リサーチセンター。
国民生活金融公庫総合研究所（2006）「2006 年版　新規開業白書」中小企業リサーチセンター。
国民生活金融公庫総合研究所（2007）「2007 年版　新規開業白書」中小企業リサーチセンター。
国民生活金融公庫総合研究所（2008）「2008 年版　新規開業白書」中小企業リサーチセンター。
曽山哲人（2010）『サイバーエージェント流　自己成長する意思表明の仕方『キャリアのワナ』を抜け出すための 6 カ条』プレジデント社。
曽山哲人（2013）『最強の No.2（U25 SURVIVAL MANUAL SERIES)』ディスカヴァー・トゥエンティワン。
曽山哲人・金井壽宏（2014）『クリエイティブ人事 個人を伸ばす，チームを活かす』光文社。
日本政策金融公庫総合研究所（2009）「2009 年版　新規開業白書」中小企業リサーチセンター。
日本政策金融公庫総合研究所（2010）「2010 年版　新規開業白書」中小企業リサーチセンター。
日本政策金融公庫総合研究所（2011）「2011 年版　新規開業白書」佐伯印刷。
日本政策金融公庫総合研究所（2012）「2012 年版　新規開業白書」佐伯印刷。
日本政策金融公庫総合研究所（2013）「2013 年版　新規開業白書」同友館。
日本政策金融公庫総合研究所（2014）「2014 年版　新規開業白書」同友館。
日本政策金融公庫総合研究所（2015）「2015 年版　新規開業白書」佐伯印刷。
日本政策金融公庫総合研究所（2016）「2016 年版　新規開業白書」佐伯印刷。
野口誠一（1993）『失敗に財あり—倒産に学ぶ経営の心，再起の要諦』佼成出版社。
野口誠一（2003）『失敗に学ぶ経営者ハンドブック』致知出版社。
畑村洋太郎（2006）『起業と倒産の失敗学』文芸春秋社。
畑村洋太郎（2003）『強い会社を作る失敗学』日本実業出版社。
藤田晋（2013）『起業家』幻冬舎。
藤野英人（2013）『『起業』の歩き方：リアルストーリーでわかる創業から上場までの 50 のポイント』実務教育出版。
本郷孔洋（2016）『Entrepreneurship 101：失敗から学ぶ起業学入門』東峰書房。
三浦紀夫（2003）『倒産社長の告白』草思社。
南壮一郎（2013）『ともに戦える『仲間』のつくり方』ダイヤモンド社。
Flamholtz, Eric G. and Yvonne Randle（2000）*Growing Pains: Transitioning from an Entrepreneurship to a Professionally Managed Firm, Jossey-Bass*.（加藤隆哉訳（2001）『アントレプレナーマネジメント・ブック—MBA で教える成長の戦略的マネジメント』ダイヤモンド社。）

第5章

人材：技術者の採用と育成

吉川　康明

1. はじめに

イノベーションを実現するためには，様々な経営資源が必要であるが，本章ではヒトに焦点をあて，日本企業においてイノベーションを実現する人材をどのように採用，育成すればよいのかを明らかにすることを目的とする。さらに本章ではインクリメンタル・イノベーションに焦点をあてる。序章でも触れられている通り，日本の企業はインクリメンタル・イノベーションを得意としてきた。このため，日本企業にはインクリメンタル・イノベーションを実現可能な人材を採用し，育成する鍵が隠されているのではないだろうか。

多くの日本企業では組織の成長，発展と調和を主体とし，雇用の維持や「組織のロジック」に主眼が置かれている。高橋（1993）によると，「組織のロジック」とは，組織内のメンバーの行動や結果に対して，その組織のもつ優先順位，社会的選好順序を指す。そして「組織のロジック」に馴染めそうな人を採用し，採用後の実践や育成によって「組織のロジック」を体得させてきた。しかしながら，それによってどのようにイノベーションを実現してきたのかについては明らかにされてこなかった。

本章ではインクリメンタル・イノベーションを担う人材はどのような人材であり，どのように採用，育成したらよいかについて，事例研究によって明らかにする。

2. イノベーション人材とは

多くの日本企業では「組織のロジック」に主眼が置かれている。この「組織のロジック」は往々にして組織の維持，調和を主目的とされるため，インクリメンタル・イノベーションを起こす方向に機能しにくい。むしろ，組織の維持，調和を主目的とするが故に変化を志向するものに抵抗し，排除することが多々発生し，その結果，環境変化に取り残され，組織として維持できなくなってしまう。環境変化に適応し，成長へベクトルを向けるためには，組織も人材も成長に向く行動が求められる。その試みとして，文部科学省による「グローバルアントレプレナー育成促進事業」[1]では，日本におけるイノベーション創出の活性化のため，大学院生や若手研究者を対象に，海外機関や企業等と連携し，起業に挑戦する人材や産業界でイノベーションを起こす人材の育成プログラムを開発・実施する大学等を支援していた。

イノベーションを担う人材とはどのような特性をもっているのだろうか。先行研究に眼を向けると，大上・原口（2019）は「従業員個人の創造性の発揮」をイノベーションと定義した上で，「社会–政治的要因」「他者志向のモチベーション」をあげている。

清水（2019）は「イノベーションを実際に起こす人」に求められる資質として「自律的志向（オートノミー）」「新規性（イノベーティブネス）」「リスクテーキング」「積極的（プロアクティブス）」「競争的であり，アグレッシブ（コンペティティブ・アグレッシブ）」の5つに加え「意思決定するアニマルスピリッツ（決断力）」をあげている。

Dyer, Gregersen and Christensen（2011）は，破壊的イノベーターがもつ共通した姿勢として，「『現状を変えたい』という意思に燃えている」「果敢にスマートリスクをとり，失敗を犯し，何より失敗から素早く学ぶことが苦もなくできる」，行動パターンとして「発見力」と「実行力」をあげている。

西口・紺野（2018）は，問題を構成する複数の要素間のつながりを理解したう

1　文部科学省 グローバルアントレプレナー育成促進事業（EDGE プログラム）平成 26 年度～平成 28 年度より。

えで「何が求められているかを探求する力」をあげている。

福谷（2017）は，「筋のいい技術を育てる」「市場への出口を作る」ことによって「社会を動かす」ブレイクスルー・イノベーションや画期的な新結合を成し遂げた人材をイノベーション人材としたうえで，「技術革新プロセス」「事業化プロセス」「イノベーションのチームマネジメント」人材要件をあげている。

これらの先行研究からイノベーターに求められる資質をまとめると，表5–1の

表5–1　イノベーション人材に求められる資質・要件

	資質・要件	左記を踏まえた上でさらに必要とされる資質・要件	志向しているイノベーション
大上・原口（2019）	「社会–政治的要因」 「他者志向のモチベーション」		ブレイクスルー
清水（2019）	「自律的志向（オートノミー）」 「新規性（イノベーティブネス）」 「リスクテーキング」 「積極的（プロアクティブス）」 「競争的であり，アグレッシブ（コンペティティブ・アグレッシブ）」	意思決定するアニマルスピリッツ	破壊的
Dyer, Gregersen and Christensen（2011）	「『現状を変えたい』という意思に燃えている」 「果敢にスマートリスクをとり，失敗を犯し，失敗から素早く学ぶことが苦もなくできる」	発見力と実行力（行動パターン）	破壊的
西口・紺野（2018）	問題を構成する複数の要素間のつながりを理解し，何が求められているかを探求する力		ブレイクスルー
福谷（2017）	（目標設定プロセス） ・目的意識の強さ ・野心・名誉心 ・本質的な目標設定力 ・常識に囚われない柔軟さ ・専門知識の深さ ・経営方針との整合（方針に即した目標設定） （事業化プロセス） ・市場・顧客に関する理解，販売戦略 ・ビジネスモデル構築力 ・生産技術，生産設備の調達・統合や投資戦略の立案等	（チームマネジメント） ・チームの動機付け ・人材の選択・配置力 ・交渉・説得の能力，仕組み作り ・資源獲得力・研究のステルス化 ・事業家のパトロン獲得力	ブレイクスルー

（出所）　大上・原口（2019）；清水（2019）；Dyer, Gregersen and Christensen（2011）；西口・紺野（2018）；福谷（2017）を踏まえ筆者作成。

ようになる。これらを見るとイノベーション人材の定義は様々である。また，破壊的イノベーション，ブレイクスルー・イノベーションについて述べられている文献が多く見受けられる。さらに，これらの研究ではインクリメンタル・イノベーションを起こす人材とはどのような資質，要件かについては整理されていない。そこで本章では，インクリメンタル・イノベーション人材の資質，要件に焦点をあて，そのような資質，要件をもった人材を採用，育成するには何が必要かを明らかにする。

3. 日本における人材の採用・育成

インクリメンタル・イノベーションが得意と言われる日本の企業では，どのように人材の採用や育成を行っているのだろうか。

イノベーションの実現を阻害した最大の要因が「能力のある従業者の不足」にあるとする調査報告[2]もあり，企業内でイノベーション人材が採用，育成ができていないことが示唆されている。また採用選考における面接試験への依存といった人事制度などの諸制度，組織内の習慣，マネジメント行動，組織風土などがイノベーションを阻害する要因として挙げている[3]。しかし，日本企業でもイノベーションを実現してきた経緯があり，そこには過去の雇用慣行の枠組み，育成の枠組みがあったはずである。そこで，従来の日本における採用活動，育成活動はどのようなものであったかを先行研究から概説する。

【日本企業における人材採用】

日本企業における独自の雇用慣行として「終身雇用」「年功序列」「企業別組合」があげられる。このうち「終身雇用」「年功序列」が成立する要件の一つとして「新卒一括採用」がある。そのなかで総合職採用では，入社時には専門知識や多様な価値観は求められないことが多く，入社後のジョブローテーションで様々な業務経験を積み重ねていく仕組みである。他方技術職の場合，学生側にある程

2　科学技術・学術政策研究所「第４回全国イノベーション調査統計報告」。

3　大久保幸夫「イノベーションを阻害するもの」リクルートワークス研究所　研究所員の鳥瞰虫瞰 Vol.3。

度の専門知識があり，企業のニーズと一致することが求められる。

採用の手法については，総合職は母集団採用仮説による採用手法をとることを未だに前提とする企業が多いが，技術系採用では産学連携などで繋がりのある研究室からの紹介が多い。近年ではリファラル採用や「多様な入り口」による採用（服部 2017）などが，一見革新的な採用手法に見えるが，実際は母集団採用仮説や人材紹介業のビジネスモデルの延長と解釈できる。いずれにしろ，インクリメンタル，ブレイクスルー，破壊的，いずれのイノベーションを起こす人材の採用について述べられた先行研究は見当たらない。

【日本企業における人材育成】

中原（2006）によると，人材育成は人的資源管理（Human Resource Management: HRM）の一部としての捉えられていた歴史がある。HRM の考え方として，ヒトは管理の対象で，ヒトへの支出は削減したい資源でコストと見なされており，育成は現場の OJT に依存してきたことが特徴である。

現在でも人材育成における大きな施策の一つとして，部門や職場にかかわらず入社年次毎に階層別研修を実施している企業が見受けられる。また HRM と経営戦略がリンクせず，業種や企業の違いに関わらず同様の内容を教えるような研修を行ってきた。また，人事が教育を施す，という考え方も根強く，自己啓発のような外部で自ら学ぶことをよしとしない風潮もまだ根強い。

それでも企業をとりまく環境の変化や競争力の向上が求められるなか，ヒトの育成は競争力向上に必要と考えられてきた。これが戦略的人的資源管理（Strategic Human Resource Management: SHRM）への考え方に繋がる（山下 2007；上林 2012)。しかし，SHRM においてもイノベーション人材には言及されていない。

都留・守島（2011）は，製品アーキテクチャと人材マネジメントとの関係性において，日本企業は「インテグラル型＝内部育成重視・長期的視点の能力開発・インセンティブ付与」の補完関係があるとしている。これは「終身雇用」が前提と解釈できる。そのため，企業における職位によって求められる能力要件が定められ，これに基づき育成計画が立てられる。育成計画は事業方針，経営戦略といった企業の方向性，法律の改正やトレンドによっても改定される。いわば人事制度のインクリメンタルな改善活動の一環であるが，イノベーション人材の採用・育成を想定しているわけではない。

最近では日本経団連などがジョブ型雇用制度への転換を提唱[4]した。これはヒトから職務への主眼の転換であるが，従来から提唱されてきた制度であり（濱口 2009)，働き方の転換によってイノベーションが起こるかどうか，育成の形態がどのように変わっていくかは想定されていない。

4. LED 電球（アイリスオーヤマ）の事例[5]

【概要】

本章ではアイリスオーヤマ株式会社（以下，アイリスオーヤマ）を取り上げる。アイリスオーヤマでは既存商品では満たされないニーズに対して，コア技術を使って新商品を開発していくことを目的としており，典型的なインクリメンタル・イノベーションを志向している企業と言える。

アイリスオーヤマは，宮城県仙台市に本社をおく，生活用品や家電製品の企画，製造，販売を手がける企業である。ブロー成形を生業とし，熱で樹脂を溶かしてパイプ状にしたうえで，金型の中に空気を吹き込んで膨らませる工法を得意とし，いわばプラスチック成形をコア技術としている。この技術を利用し，漁業用ブイに始まり，育苗箱などのガーデニング用品，ペット用品，収納用品と取扱商品を拡げ，LED 電球ではトップシェアを誇るまでになった。これらの商品は「生活のなかにある不平，不満を見つけて開発する」という目的をもって開発された商品である（三田村 2012)。

また，東日本大震災での復興支援，コロナ禍におけるマスクの増産といった社会における危機に，経済合理性にとらわれずに顧客や取引先，従業員，社会のために動き，自らも危機に対して強い企業[6]として知られている。実際に 2011 年度の売上約が 2,400 億円に対して，2019 年度には約 5,000 億円の売上[7]をあげている。日本を揺るがすような大きな社会的な環境危機を乗り越えインクリメンタ

4　『週刊 経団連タイムス』2020 年 1 月 1 日中西会長記者会見。

5　大山（2016；2018；2020)，三田村（2012)，江崎（2019)，労働政策研究・研修機構（2017)，アイリスオーヤマ web サイト等（参考 web サイト参照）を参考に再構成したものである。

6　日経ビジネス（電子版）「元祖・心意気企業，アイリスオーヤマが「善行」ばかりする理由」男気企業～本性は危機でこそ現れる。

7　アイリスオーヤマ企業情報売上推移より。

ル・イノベーションを実践してきたアイリスオーヤマには，どのような人材の採用，育成のポイントがあるのだろうか。これを明らかにすることによって，イノベーションを実現するための示唆を得たい。

【沿革】

前身の大山ブロー工業において大山健太郎会長の父がブロー成形の機械を中古で調達し，水道栓の部品や学生鞄の握り手を下請けとして制作し始め生業とした。下請からメーカーへの脱皮を志向し，自社開発したのが漁業用ブイであった。当時は真珠養殖のブームであり需要が拡大していたが，主流であったガラス製のブイではガラスが割れる危険がある。さらにネットでブイを覆ってからロープで結びつける手間があった。これをプラスチック製にすることで割れる危険がなくなり，ロープ用の輪をつけることで手間の削減につながった。

表 5-2　沿革

1964 年	大山 健太郎（現代表取締役会長）が代表者就任
1967 年	漁業用ブイ　発売
1970 年	農業用育苗箱　発売
1981 年	ガーデン用品　発売
1989 年	仙台市に本社移転
1997 年	大連工場　竣工
2009 年	LED 電球発売（2011 年東日本大震災の影響で需要が急増）
2016 年	ROHM の照明事業買収
2018 年	販売台数でトップシェアをもつ （2019 年はパナソニックに僅差の２位）[8]

（出所）　筆者作成[9]。

その後，真珠養殖のブームが終焉に向かうと，当時手作業から田植え機に替わり始めていた田植えに着目した。田植え機に必要である育苗箱は手作りの木箱で賄われており，供給が追いつかず，さらに木は湿気に弱く１年で使えなくなっていた。そこで最適な水はけができるように底面の形状などを工夫して売り出した。

8　BCN AWARD（2019；2020）より。
9　大山（2016；2018；2020），三田村（2012），アイリスオーヤマ web サイトを参照した。

しかし，1973年に第四次中東戦争が勃発した。これにより原料である原油の高騰が起こり在庫を積み増し，値崩れを起こすようになってしまった。結果として創業以来の東大阪の工場を閉鎖し，希望退職を募ることになった。この経験から「好況の時に儲けることより，不況の時でも利益を出し続けることを大切にする会社」を企業理念とし，自社で問屋機能を持たせ，販路を自ら確保することにした。あわせてBtoBからBtoCへの業態転換をはかった。

【商品開発】

商品開発では，模倣品と競わずに新天地を探す戦略をとる。後発の模倣品によって値崩れを起こしたら，シェアを保つのではなく新商品を考える。発売3年以内の商品を新商品と分類し，売上高に占める新商品比率を50％以上とし，営業利益率10％の保持が求められる。これが新商品リリースサイクルの短さと数に繋がり，取扱商品数は16,000点以上に対して毎年1,000点以上の新商品をリリースしている。「選択と集中」によって定番品に頼るよりは，「選択と分散」を志向することをポリシーとする。このために工場の稼働率を70％程度とし，新商品生産の機会があればすぐに稼働できるようにしている。

変化への対応のためには，最短3カ月で新商品を開発できるようにしている。あらゆる部門の人材が情報共有をし，同時進行で仕事を進める「伴走方式」をとっている。この情報共有，密な連携の場，その新商品をプレゼンテーションする場が「新商品開発会議」である。「新商品開発会議」では，毎週月曜日に商品開発に関わるあらゆる部門の社員が一堂に会して，その場で情報を共有しスピーディな商品化に繋げる意図がある。一つの案件につき5～10分で社員が次々とプレゼンテーションする。午後の商談・業務に活かすために注力事業から順に始まる。プレゼンテーション資料は1枚で要点から話すことが求められる。社長，創業者も顔を出して即決する。社長，創業者に直接提案し，その場で判子を押すことでリスクを社員や管理職に負わせずにすみ，失敗しても提案者にペナルティーはない。「快適生活の需要創造」をキーワードとしているが，「ものづくりは目的でなく手段」を呑み込めていない提案は却下や再考となる。提案者のこだわりを優先させずに，現実のニーズに焦点をあてることを求めている。また，自ら考えるための手法として，敢えて欠点だけを指摘し再考を促している。いわば人材育成の道場としている。

【LED照明】

LED照明（電球）の嚆矢となったのは，2004年にLEDを使ったガーデニング用イルミネーションライトであった。当時はガーデニング用品のうちの1商品であった。また，日本の蛍光灯は3方式[10]が混在しており，海外製品が入ってこないため，極端に安い製品がない市場であった。

2009年に日本政府がCO_2排出量25%削減を表明したことを受けて，LED電球の自社生産を決定した。当時の市場価格は6,000円前後だったが，2,000円台で販売できる商品の開発が命じられた。さらに大山会長は2009年11月に「3月に販売しろ」と命令を下した。これは3，4月の新生活への需要へのチャンスロスを防ぐという狙いがあった。

アイリスオーヤマでは価格や発売日を最初に決めて，実現するための知恵を絞るのが「流儀」である。それでも商品開発メンバーは実現に対して半信半疑であった。そこでイルミネーションライトで培ったノウハウをベースに工夫や改善を積み上げることにした。回路の構造や部品を一から見直し，さらに筐体に用いるアルミの量を抑えられる形状や工法を考案した。それでもトラブルの連続であった。白熱電球ほどではないがLED電球でも熱は発生する。この熱でLEDや電源回路が劣化し，性能や寿命が落ちることになった。そこでいかに熱を逃がすかがポイントになっていた。この問題を解決するために，他社の競合商品と同じ環境下で，同じ負荷をかけて競合商品と同様の結果が出れば成功，出なければ見直すという試験を何回も行い，再設計，改善を繰り返した。

開発者たちは製造工場があった大連で，他社であれば100人体制で行うところをたった6人で開発を進めた。この4カ月の間にできるテストをすべて実施したが，LED電球を作るのは初めてだったため想定しうる試験をすべて行い，もし実現できなかったら退職するぐらいの不退転の覚悟で進めていった。

4カ月後，「1年で元が取れるLED電球」として，小売価格2,300〜2,500円で販売開始した。しかしこれでも爆発的に売れたわけではなく，引き続き研究開発を進めていた。そこで常務であった大山繁生のアイデアをもとに，電球のボディにプラスチックを採用すること[11]で，販売価格の削減と，半分に軽量化すること

10　グロー式，ラピッド式，Hf式の3種類が混在している。

11　他社はアルミ製である。

ができた。またLEDの放熱と電源部の放熱を分離させることにより密閉器具にも取り付けやすくし，2010年11月に実売1,980円で販売を開始した。その後，2011年東日本大震災による節電が日本全体での課題となったため，震災から約2カ月後の5月，LED照明の受注量は前年の3~5倍に達した。

【採用】

新卒採用では「スタンダード」「インターンコンプリート」「マネジメントセクション」「エンジニア」に加え，「プレゼンテーション」「アスリート」「グローバル」「システムエンジニア」「WEBデザイナー」の5つのコース[12]を加えている。これは「尖った強み」を持つ学生を採りたいという意図である。グローバルやWEBデザイナーやシステムエンジニアというのは，今後強化しなければならない事業分野の拡大のためで，今まで採用できていなかった学生を採るための工夫である。

また，男子学生の場合，従来は営業職への配属が慣例だったため，体育会系の元気のあるタイプばかり採用することになっていた。そこで営業配属の原則を取り払い，今まで採用しなかったタイプの人材を採用することにした。

採用時点ではマッチングで不安のあった新入社員でも，採用担当者の画一的な判断基準で良し悪しを決めるよりも，まず入社させて組織の中でトレーニングするほうが良いという考え方に改めた。

採用基準は，「1に人柄，2に意欲，3に能力」としている。人柄が悪い人はそれほどいないため，およそ8割が合格する。『入りたい』と思う人は比較的意欲が高いため，あまり問題がないと考えている。能力が最後である理由として，学歴や入社試験の成績からは人柄も意欲も伝わらないことがあげられる。能力があっても意欲がない人はのちに組織が困る。能力と意欲があっても人柄が悪いともっと困る。従って，人柄と意欲が能力よりも優先される。中途採用は行っているが，いわゆるヘッドハンティングはしていない。

【育成】

育成のコンセプトとして，リーダー人材になるために次の三つの要件を示して

12　2017年度採用の場合。

いる。

① 明確なビジョンを示す。トップの言葉を自分の言葉で言い換える力を指す。
② メンバーをエンパワーし，目標の達成を支援する
③ 自ら学び，共に教えあうチーム作り。リーダーシップはコミュニケーション力と言い換えられる

ビジョンをメンバーに伝えるのも，メンバーのやる気を引き出して動機づけをするのも，根源はコミュニケーションにあると考えている。コミュニケーション力を高めるための施策として，机の上にパソコンを置かずディスカッションを行っている。いち早く集まり，終えたら即解散，という素早い情報伝達を意図している。

【人事制度】

社員の努力をより反映させるために，夏冬の賞与以外に「決算賞与」を春に営業利益を基準に4%を支給している。人事評価への透明度を重視し，全員が納得する人事とする意図があり，実績評価，アセスメント研修の結果，多面評価の結果から総合的に判断している。アセスメント研修では対象の社員に論文を書かせている。論文は外部機関が評価し，役員，幹部，同階層の社員の前で内容と前年の成果を1人につき6~7分で発表している。多面評価（360度評価）は従業員全員に年1回実施し，結果は得点化され，得点によってランキング化され，本人に伝えている。被評価者は「評価は他人がするもの」という意識をもたせるようにするのと同時に，上司の常識は部下の非常識になっていることを防いでいる。評価が下位10%の幹部社員にはイエローカード制度がある。イエローカードがたまると降格もありえ，コーチングの対象とし，幹部社員であることの自覚を促す狙いがある。同時に若手人材の抜擢も進めている。能力，意欲，実力があればチャンスを与える制度としている。

組織のあり方として「トップダウンで言われたことをそのまま行動に移す組織から，全員が自律的に動ける組織へ」という自律性のある組織をつくる狙いがある。具体的には「自ら考え，行動できる人材」「受け身ではなく，能動的に動ける人材」「自ら課題を設定し，解決に向けて行動できる人材」である。

5. 考察

【インクリメンタル・イノベーション人材に求められる要件】

アイリスオーヤマの事例から，インクリメンタル・イノベーション人材とは，「生活者目線で不満や不便を解消するモノづくりをする」というユーザーインの発想を基本としたうえで，以下の三つを満たす人材と考えられる。

(1) 「自律性」: 自律的に問題（不便）を発見し，解決しようとする力

(2) 「自己の否定」: 価値基準を自らに求めず，現状に安住しない意欲

(3) 「精神的，身体的なタフさ」: 精神的，身体的な負荷を乗り越えていく前向きさ

(1) 「自律性」: 自律的に問題（不便）を発見し，解決しようとする力。

「問題（不便）を発見し，解決しようとする力」は，アイリスオーヤマに限らず企業の中で広く求められる能力であり（例えば，高津 2008；松澤・杉浦・大岩 2008)，一般的にロジカルシンキング，クリティカルシンキングといった研修を行うことで，育成をはかっている企業は多い。それは業務を遂行するにあたり様々な問題，課題を解決する必要があるためである。しかもその問題が顕在化されているとは限らず，潜在化している問題をも発見し，それらの原因を追及し特定し，論理的に解決策へ導くことが早急に求められるからである。

アイリスオーヤマでは，従来の既存商品では満たされないニーズ＝不便を問題と設定したうえで，コア技術を使って商品を開発するユーザーインの発想が求められる。この問題を全社員で共有化し，一丸となって取り組む際に，周囲を巻き込みながら問題を解決することが必要ではあるが，上司や経営者からの指示を仰ぐだけではなく，自ら動いて行動する「自律性」が求められる。アイリスオーヤマでは，組織のあり方として「トップダウンで言われたことをそのまま行動に移す組織から，全員が自律的に動ける組織へ」という自律性を醸成させる意図があり，「新商品開発会議」でもこの自律性が求められる。人が行動するには動因

13　動因（drive）とは，人が行動するための内的要因を指す。

(drive)[13]が必要であり，「自律性」はその一つである。

⑵ 「自己の否定」：価値基準を自らに求めず，現状に安住しない意欲。

「自己の否定」については，福谷（2017）による「常識に囚われない柔軟さ」が近い。ユーザーインの発想で新商品を開発していくためには，開発者がもつ既存の価値観や常識への捉われは足枷以外の何ものでもない。このため，現状に安住せず，外部からの評価によって自己の常識や価値観，知識を一旦否定し，常にブラッシュアップしていくことが求められると考えられる。多くの研修において取り上げられる問題発見の手法である，MECE，SWOT 分析は，分析者の知見をもとにしているため，従来の価値観や常識からの脱却を志向できず，ユーザーインの発想にたどり着かない。「新商品開発会議」の場での指摘による「自己の否定」こそが，ユーザーインの発想へ自らの思考に導く。

⑶ 「精神的，身体的なタフさ」

毎週の「新商品開発会議」を乗り切るためには，相当なスピード感をもって業務にあたる必要がある。また「自律性」のみならず「自己の否定」にも対応するためには，精神的にも肉体的にも相当な負荷がかかると考えられる。LED の事例でもあったように籠りきりで開発作業を行ったり，不退転の決意で望んだりすることは，精神的，身体的にタフでないとできない。何日も根気よく実験データを収集し，徹夜作業になりかねない状況を乗り越えていくようなタフさが必要である。また「自己の否定」を内省することは，人によっては自らの自尊心を傷つける恐れがある。しかしそれでも前向きに進むようなタフさが必要であると考えられる[14]。

【アイリスオーヤマにおける採用】

経営から育成，採用まで一貫してビジョンを明示できるかが重要である。SHRM の視点からも重要なポイントであるが，なかなかできていないのが現状である。経営から採用まで１本の筋を通し，それが見えるようにする「筋の可視化」が，その筋に沿って成長する人材を採用するためには重要と言える。新卒者を重

14　一方で心身の不調に至らないような配慮や施策が労務管理の観点から必要である。

視した採用は従来の日本の雇用慣行に沿ったものである。しかし，入社時の専門知識や多様な価値観をもとに入社後の育成や業務経験，評価で昇進させ，年功序列を成り立たせないことで，従来の雇用慣行と一線を画している。終身雇用は維持しても，その中身に差をつけていると言える。従来は年齢という客観化した数値だったが，それに代わるものとして可視化された評価があり，誰にでも納得できるようにしている。

また，採用後の育成を重視し，新卒者への門戸を広く開けている。マネジメントコースといった従来の枠組みを残しつつ，従来の枠組みでは賄えないような「尖った人材」を採用しようとしている。多様な価値観をもつ新卒者を入社させ，組織に刺激を与える，という意味合いもあるだろう。なによりも新卒者は職務経験には乏しいが，職務に近い経験や専門知識や志向をもっていれば成長の方向性のベクトルの修正が比較的軽微で済む。新卒者であれば職務経験に近いところで過去に「自己の否定」で「自律性」が揺らいだ経験を学習し，乗り越えることができる可能性がある。それが尖った人材といえる。

【アイリスオーヤマにおける人材育成】

「新商品開発会議」は，育成の重要な場の一つとして次の四つの機能をもっている。

(1)　個人の育成状態を披露し，気づきを与える
(2)　育成の方向性を修正し，ユーザーインの発想に立ち返らせる
(3)　育成にとって必要とされる成長のマイルストーンを確認し，次の段階に進む
(4)　情報の非対称性を低減する

(1)　個人の育成状態を披露し，気づきを与える

経営者だけでなく事案に係るすべての関係者が参加する場において，個人の育成状態が共有される。また，発表に対するフィードバックによって個人や上司に気づきを与えることができる。そのフィードバックをもとに次回の発表に臨む必要があるため，漠然と発表することができず，次回までに何を求められているかを常に自省することが求められる。

⑵　育成の方向性を修正し，ユーザーインの発想に立ち返らせる

開発者がユーザーインの発想を理解していたとしても，考慮を進めていくうえで知らずして隘路にはまり，ユーザーインの発想から離れていってしまうのを修正し，立ち返らせるための場となっている。事例においても「育成道場」の場と明言されていることからも覗える。

⑶　育成にとって必要とされる成長のマイルストーンを確認し，次の段階に進む

開発者が端的に発表することで，現在の立ち位置と成長の方向性がわかる場である。経営者だけでなく，会議に参加しているメンバーが，発表者の現在地と今後のマイルストーンを確認することによって，次の発表へ向けて新たな段階の育成が進む。

⑷　情報の非対称性を低減する

「新商品開発会議」の場で経営者が最終的な決断をすることによって，従業員と経営者の間にある情報の非対称性（Akerlof 1970）が低減される。また，社内政治を排しバイアスがなくなることで，提案者と決裁者の間に流れる情報の非対称性も低減される。提案者の提案が上司を経ることで，いつの間にかユーザーインでなくなることを防止し，結果的に「筋の可視化」を施すことができる。責任はすべて経営者とし，失敗しても提案者にペナルティーを負わせないことで，提案者が提案をすることへの不安や上司や組織による歪曲，横取りといった失望感を排する効果もある。自らの力での提案ができる場があることで，モチベーションを上げることが可能になる。

「新商品開発会議」が人材育成の場として機能するためのバックアップ施策が「多面評価」である。「新商品開発会議」におけるフィードバックはあくまでメンバーのコメントによるフィードバックである。これをさらに補強するために数値による客観的な指標として「多面評価」を実施していると考えられる。「多面評価」は，自分が対象として評価によって気づくことの能力を育成する施策の一つであり，数値のフィードバックにより自分の立ち位置が数値として表れ，それが客観的な指標として活用されている。

【インクリメンタルなイノベーション人材，採用・育成の姿】

インクリメンタル・イノベーションを担うのはどのような人材で，このような人材を採用し，育成するためにはどのような要件が求められるのだろうか。

アイリスオーヤマの事例研究の結果，求められる人材像は，「自律性」「自己の否定」「精神的，身体的なタフさ」の三つの特性を兼ね備えたものである。「自律性」とは自律的に問題（不便）を発見し，解決しようとする力である。「自己の否定」とは，価値基準を自らに求めず，現状に安住しない意欲である。また，「精神的，身体的なタフさ」は上記二つの要件の実行に必須な特性である。

また，経営全般から人材の採用，育成，商品開発まで，矛盾のないビジョンを示す「筋の可視化」が重要である。そのビジョンに則った採用，育成がインクリメンタルなイノベーション人材を育成するためには必要であろう。

新卒採用では，育成を前提として専門性や多面的な観点をもった「尖った人材」を採用することが重要である。

育成においては，「新商品開発会議」の場で，ユーザーインの発想に立ち返らせる育成の方向性の修正，気づきを与えることで個人の育成状態を把握するこ

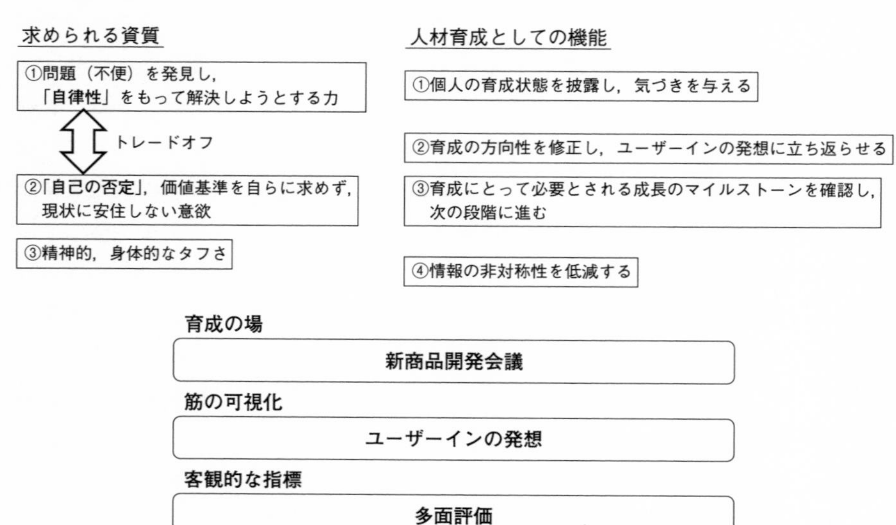

（出所）　筆者作成。

図 5–1　イノベーション人材のイメージ図

と，同時にマイルストーンを確認し，次の段階へ進むように促すよう機能することが重要である。さらに，従業員がもつ失敗への恐れや不安や社内政治を排することで，提案者と決裁者との間に流れる情報の非対称性を低減させる手当てが必要である。（図 5-1）

しかし，「自律性」をもって問題発見，解決まで行動することと，「自己の否定」とはトレードオフの関係にあると言える。「自己の否定」によって自らの判断基準を失い「自律性」を奪うことになるからである。「自律性」を求めるのであれば，自ら動けるような価値基準をもっていることが必要だが，その価値基準が組織とヒトとの間でズレてしまうことが往々にしてある。このズレを修正するためには，「自己の否定」が必要であり，そのための場が「新商品開発会議」，数値的な指標が「多面評価」である。「多面評価」はあくまで外部からの客観的な数値である。この数値の結果に対して衝撃を受ける可能性もあるが，これを謙虚に受け止めさせるためには，評価の客観化による公平さを組織として志向していることを見せることも必要である。

⑥. おわりに

アイリスオーヤマの事例研究から，日本企業でインクリメンタル・イノベーションを実現する人材は，問題発見，解決までの「自律性」と，自らがもつ常識を疑える「自己の否定」を合わせもっていることがわかった。これらを育成するためにはビジョンや事業戦略の「筋の可視化」を行ったうえで，「新商品開発会議」といった育成の場を設定することが必要であることが示唆された。

さらに，採用においては従来の雇用慣行の枠組みを残しつつ，ビジョンや事業戦略に則り，求めている人材を明示した上で門戸を広く開け，尖った人材，特定の分野で成長やトレードオフを解消させた経験および結果をもっている人材を採用していくことが求められる。その前提として組織に求められるのは「筋の可視化」であった。

本章では，問題発見から解決の「自律性」と自分の常識や価値観を疑える「自己の否定」との両立を，インクリメンタル・イノベーションを実現する人材の新たな要件としたが，その更なる掘り下げや，他の事例での検証が今後の課題である。

参考文献

江崎康弘（2019）「急成長するアイリスオーヤマの現在―独自のビジネスモデルで家電市場を席巻する―」『経営センサー』東レ経営研究所，216号，24-28頁。

大上浅海・原口恭彦（2019）「社会-政治的要因が組織における個人イノベーションに与える影響に関する研究：他者志向のモチベーションの視点から」『日本経営学会誌』42巻，15-26頁。

大嶋淳俊（2008）「企業における自律型人材育成プラットフォームの構築に関する一考察」『情報文化学会誌』15巻1号，54-60頁。

大山健太郎（2016）『アイリスオーヤマの経営理念　大山健太郎　私の履歴書』日本経済新聞出版社。

大山健太郎（2018）「アイリスオーヤマのイノベーション」『アジア経営研究』24巻，3-14頁。

大山健太郎（2020）『いかなる時代環境でも利益を出す仕組み』日経BP社。

上林憲雄（2012）「人的資源管理論」『日本労働研究雑誌』621号，38-41頁。

清水洋（2019）『野生化するイノベーション～日本経済『失われた20年』を超える～』新潮選書。

高津浩明（2008）「マネジメント力向上をねらいとした問題発見能力開発などの試み」『工学教育』56巻1号，100-103頁。

高橋伸夫（1993）『ぬるま湯的経営の研究』東洋経済新報社。

高橋伸夫（2005）『〈育てる経営〉の戦略　ポスト成果主義への道』講談社選書メチエ。

都留康文・守島基博（2011）「東アジアにおける製品開発と人材マネジメント：日本・韓国・中国企業の比較分析」Fukino DP Series，24巻，一橋大学東アジア政策研究プロジェクト。

中原淳（2006）『企業内人材育成入門』ダイヤモンド社。

西口尚宏・紺野登（2018）『イノベーターになる～ヒトと組織を「革新者」にする方法』日本経済新聞出版社。

服部泰宏（2017）「日本企業の採用における『多様な入り口の設定』の発生：質的比較分析（QCA）に基づく先行要因の探求」『日本知的資産経営学会誌』3巻，22-38頁。

濱口桂一郎（2009）『新しい労働社会―雇用システムの再構築へ』岩波新書。

福谷正信（2017）「イノベーション人材の要件抽出と評価・選抜活用」『日本労務学会誌』18巻2号，18-29頁。

松澤芳昭・杉浦学・大岩元（2008）「産学協同のPBLにおける顧客と開発者の協創環境の構築と人材育成効果」『情報処理学会論文誌』49巻2号，944-957頁。

三田村蕗子（2012）『アイリスオーヤマ　一目瞭然の経営術』東洋経済新報社。

山下剛（2007）「HRMと人的資源概念の変容―その〈組織目的と個人目的の統合〉に対する含意―」『日本経営学会誌』20巻，75-88頁。

労働政策研究・研修機構（2017）「チャンスの平等を担保して透明かつ公正な評価を実施―納得の高い人事制度で能力・実績に見合った処遇を　アイリスオーヤマ株式会社」『Business Labor Trend』2017年11月号，52-59頁。

Akerlof, G. A.（1970）"The Market for 'Lemons': Qualitatice. Urcertainty and the Market Mechanism", *Quartely Journal of Economics*, 84（3）, pp.488-500.

Amabile, T. M.（1988）"A Model of Creativity and innovation in organization", *Research in Organizational Behavior*, 10, pp.123-167.

Dyer, J., H. Gregersen and C. M. Christensen（2011）*The Innovator's DNA: Mastering Five Skills of Disruptive Innovation",* Harvard Business Review Press.（櫻井祐子訳（2012）『イノベーションのDNA―破壊的イノベータの５つのスキル―』翔泳社。）

Wolfe, R. A.（1994）"Organizational Innovation: Review, Critique and suggested research directions", *Journal of management studies,* 31（3）, pp.405-431.

参考 web サイト

アイリスオーヤマ新卒採用 web サイト〈https://www.irisohyama.co.jp/kyujin1/newgraduates/recruit/course/〉（2020 年 9 月 30 日閲覧）。

アイリスオーヤマ「アイリス物語」web サイト〈https://www.irisohyama.co.jp/story/〉（2020 年 9 月 30 日閲覧）。

アイリスオーヤマ「アイリスオーヤマがよくわかる６つのキーワード」web サイト〈https://www.irisohyama.co.jp/about/keyword02/〉（2020 年 9 月 30 日閲覧）。

アイリスオーヤマ企業情報売上推移〈https://www.irisohyama.co.jp/company/results/〉（2020 年 9 月 30 日閲覧）。

@人事 2016 年 12 月 22 日「『自分の可能性を拡張できる会社』アイリスオーヤマの採用戦略とは」～採用の流儀～「アイリスオーヤマ」編（後編）〈https://at-jinji.jp/blog/5610/〉（2020 年 9 月 30 日閲覧）。

HR ビジョン 日本の人事部「HR カンファレンス 2017―春」開催レポート『企業の未来を担うリーダー育成～日立製作所・ヤフー・アイリスオーヤマの取り組み～』〈https://jinjibu.jp/hr-conference/report/r201705/report.php?sid=959〉（2020 年 9 月 30 日閲覧）。

大久保幸夫「イノベーションを阻害するもの」リクルートワークス研究所　研究所員の鳥瞰虫瞰 Vol.3〈https://www.works-i.com/column/works03/detail031.html〉（2020 年 9 月 30 日閲覧）。

科学技術・学術政策研究所「第 4 回全国イノベーション調査統計報告」〈https://www.nistep.go.jp/archives/30557〉（2020 年 9 月 30 日閲覧）。

企業家倶楽部 2020 年 4 月号「ユーザーインの体現者 アイリスオーヤマ会長 大山健太郎」〈http://kigyoka.com/news/magazine/magazine_20200225_6.html〉（2020 年 9 月 30 日閲覧）。

週刊 経団連タイムス　2020 年 1 月 1 日中西会長記者会見〈https://www.keidanren.or.jp/journal/times/2020/0101_02.html〉（2020 年 9 月 30 日閲覧）。

日経電子版　2017 年 3 月 21 日「リーダーのマネジメント論『人事は不公平』に挑むアイリス流の 360 度評価　アイリスオーヤマ社長　大山健太郎氏（中）」〈https://style.nikkei.com/article/DGXMZO14160010W7A310C1000000/〉（2020 年 9 月 30 日閲覧）。

日経ビジネス（電子版）「元祖・心意気企業，アイリスオーヤマが「善行」ばかりする理由」男気企業～本性は危機でこそ現れる〈https://business.nikkei.com/atcl/gen/19/00172/062300006/〉（2020 年 9 月 30 日閲覧）。

日本能率協会「階層別研修の現状と企業が抱える課題　特別レポート」〈https://event.jma.or.jp/sol_kaisoubetsu_report〉（2020 年 9 月 30 日閲覧）。

BCN AWARD 部門別 受賞企業 LED 電球・蛍光灯〈https://www.bcnaward.jp/award/section/detail/contents_type=279〉（2020 年 12 月 15 日閲覧）。

文部科学省 グローバルアントレプレナー育成促進事業（EDGE プログラム）平成 26 年度～平成 28 年度〈https://www.mext.go.jp/a_menu/jinzai/edge/1400289.htm〉（2020 年 9 月 30 日閲覧）。

第6章

組織：部署間の相克

渡辺　昇

1．はじめに

燃料電池自動車（FCV）[1]は，水素を燃料とする次世代自動車の一つである。これは電気自動車（EV）[2]に比べ，航続距離[3]が圧倒的に長い。そして，FCVが走行中に排出するのが水のみでCO_2を排出しないことから，EVと同様にガソリン車に比べて環境負荷が小さい。このFCVの燃料である水素を充填する設備が水素ステーション（以後，水素ST）であり，端的に言えば，ガソリンスタンドの水素版である。2020東京オリンピックでは，水素社会を世界にアピールするために，燃料電池バスと水素STの導入などの取り組みが進められている。

水素STはMETI[4]の補助事業として，技術実証を経て，現在，商用実証時期に位置付けられる。本章の舞台は，技術実証から商用実証に丁度切り替わった2013年度（商用実証の第1期）に現実に起こった事例である。

水素STは，ディスペンサー，蓄圧器，圧縮機，プレクーラーの4種の主要機器で構成されている。従来の水素STは，四つの主要機器を別々に配置し，その構成機器間をケーブルや配管で接続するコンセプト（バラバラST[5]）であった。これに対し，当時の水素STメーカーであるTNSC[6]の開発部隊は，コストダウン

1　FCVとはFuel Cell Vehicleの略。

2　EVとは，Electric Vehicleの略。

3　航続距離とは，燃料を満タンにした状態から走り続けることができる距離のこと。EVである日産LEAFの実質的航続距離が100 km程度に対し，FCVであるトヨタのMIRAIのそれは，500 km程度と圧倒的に長い。

4　METIとは，経済産業省のことでMinistry of Economy, Trade and Industryの略。

5　主要機器別のコンクリート製基礎とそれらの機器間を接続する配管やケーブル用のコンクリート製ピットが必要となる。

6　TNSCとは大陽日酸株式会社の略。

と設置面積削減を実現するため，ディスペンサーを除く3種の主要機器を一つのユニットにまとめたパッケージST[7]という新コンセプトを創造し，2013年度に実際に受注した。

なお，2013年度に国内に新設された水素STは，全てバラバラSTであったが，2014年度以降，国内に新設されている全てのFCV用の水素STがパッケージSTとなっていると言っても過言ではない。従って，1年ではあるものの，他社に先駆けて2013年度にパッケージSTを世に出すチャンスを受注という形で獲得した上で，開発部隊から製造部隊に“パッケージST”という新コンセプトの受け渡しを行った。この具体的受け渡し方法は，受注金額の元となるパッケージSTの図面とそのレイアウト図，及び，製造原価の計算根拠等の資料を製造部隊に渡すというものだった。しかし，実際に完成したのはバラバラSTであった。つまり，製造部隊は受注後に納入する水素STの図面及び製造原価を書き換えたのである。こうしてTNSCは，開発部隊と製造部隊の間において，新規性を持ったコンセプトの受け渡しに失敗した。ここで言うコンセプトの受け渡しの失敗とは，コンセプトの新規性を減衰させたことを意味する。これを換言し，新規性を失うことなくコンセプトの受け渡しを実現することを「適正なコンセプトの受け渡し」と定義する。

一方，パッケージSTを3種のイノベーション[8]の中のどのイノベーションに位置付けるべきか。バラバラSTに対し，パッケージSTは，設計思想が全く異なった[9]別の水素STとして，ブレイクスルー・イノベーションと捉えることも可能かもしれない。しかし，四つの主要構成機器を一つのユニットにまとめただけのようにも見えるため，従来のバラバラSTの改良改善の延長線上に位置するインクリメンタル・イノベーションと捉える方が，しっくりくるように思われる。従っ

7　主要機器を一つのユニットにすることで，コンクリート製基礎を一つにすると共に，機器間を接続する配管やケーブル用のコンクリート製ピットを必要最低限に削減することが可能であることから，バラバラSTに比べ，コンクリート製基礎及びコンクリート製ピットの製作コストが小さくなると共に，必要とする設置面積も小さくなる。

8　3種とは①シュンペーター流ブレイクスルー・イノベーション，②カーズナー流インクリメンタル・イノベーション，③クリステンセン流破壊的イノベーション，のことである。

9　この全く異なった設計思想とは，例えば，水素を供給する配管設計において，圧力損失を考慮し，可能な限り直線状の配管レイアウトを追求するバラバラSTに対し，狭い空間の内部に水素配管を収納するため，圧力損失が大きくなることを受け入れて，L字やS字状に配管を加工・配置しつつ，バラバラSTと同様の水素充填速度を満足させるという設計思想の違いである。

て，本章においてパッケージSTをインクリメンタル・イノベーションと定義する。

一般的に，ブレイクスルー・イノベーションと比較すると，インクリメンタル・イノベーションの方が，容易に実現できるように思われているのではないか。しかし，インクリメンタル・イノベーションを創造することは，決して容易なことではないと感じる。事実，インクリメンタル・イノベーションに定義したパッケージSTは，製造部隊の行動により潰れた。

本章では，一企業の中で，一般的には発生しえない事例と思われる「適正なコンセプトの受け渡し」に，なぜ失敗したのか。TNSCの水素STの失敗事例等を現場の視点で分析し，その失敗のメカニズムを明らかにすると共に，コンセプト変更への“流れ”を如何に阻止するか，その解決策について論じることとする。

2. 先行研究の検討と問いの設定

藤本・安本（2000）13頁により，自動車開発の論理が他産業でも通用するかという視点で研究がなされている。そして，産業の体系的な枠組みとして三つの視点が提案されている。一つ目は，「製品 - 部品間の相互変化」の視点である。これは，部品設計の変化と製品全体の設計の変化の間の関係のことである。二つ目は，「製品 - ユーザー間関係の複雑さ」の視点である。ここでいう複雑さとは，自動車の場合，走る・曲がるといった機能だけでなく，乗り心地，カッコよさのように，ユーザーが評価基準を持っていることを指している。端的に言えば，ユーザーにとって自動車の評価基準が微妙で多義的であることを“複雑”と表現している。三つ目は，「製品開発 - 工程開発の連結」の視点であり，製品設計（製品技術）と工程設計（生産技術）は技術的に分離可能かどうかということである。

二つ目の視点において，“複雑”の典型である自動車の開発には，製品の内部構造や技術的機能の専門家としての製品技術者としての能力と，製品とユーザー・インターフェース（例えば外観や人間工学面）の専門家である工業デザイナーとしての能力の双方を併せ持つ，「重量級プロダクト・マネジャー（以後，重量級PM）」が開発リーダーとなる傾向があることを指摘している。この重量級PMは，当然ながら，機能部隊間の調整（内部的統合）と同時に，製品コンセプトの創造，守護及び翻訳（外部的統合）の役割を担っている。一方，製品が“複雑”ではない場合，外部的統合（工業デザイナーとしての役割）の重要性が低くなることから，重量級PMは不要で，受け身的な調整役に徹し，その責任範囲が狭い「軽量級プロダクト・マネジャー（職能別組織）（以後，軽量級PM）」で十分と位置付けている。（藤本・安本（2000）13頁）

では，水素STという製品は“複雑”なのか。答えとしては“複雑ではなく単純”ということになる。そもそも，水素STは，高圧ガス保安法に定められた技術上の基準を満たすことを前提に，水素を安全に満タンとなる量を3分程度の間にFCVに充填できればよく，「水素を充填する時の気持ちよさ」のような外部的統合は不要である。つまり，二つ目の「製品-ユーザー間関係の複雑さ」の視点から，水素STは，“単純”と位置付けられ，軽量級PMで十分な製品ということになる。そして，TNSCの事例では，事実，重量級PMは存在せず，軽量級PMが設置されていた。

藤本・安本は，“複雑”な製品の場合，コンセプトのズレが社内で生じやすいために，そのズレを補正するための重量級PMが必要だということを示唆しているが，“単純”である水素STにおいても，コンセプトのズレが発生した。つまり，製品が“複雑”であるかどうかが重量級PMを必要とするか否かの判断基準ではないということになる。従って，水素STの事例を用いて，重量級PMを必要とする要件について再検討する必要があると考え，次の問いを設定した。

問①：なぜ，適正なコンセプトの受け渡しに失敗したのか

問②：適正なコンセプトの受け渡しを実現するためには，どうすべきなのか

問③：適正なコンセプトの受け渡しを実現し続けるためには，どのような仕組みが必要か

これら三つの問いに対する解をTNSCの実証研究から導き出すこととする。

3. 実証研究

単純な水素STで適正なコンセプトの受け渡しに失敗したTNSCの事例を調査している過程で，同じく単純な製品である冷凍機で適正なコンセプトの受け渡しを実現した事例を確認した。そこで，この二つの事例の比較検証を行い，適正な

コンセプトの受け渡しを成功に導く方策を明らかにする。

【水素 ST の失敗事例】

(1)　パッケージ ST の開発と適正なコンセプト受け渡しの失敗の経緯

水素 ST の主要顧客は，石油系企業と都市ガス系企業である。そして，双方共に，既存のガソリンスタンドや天然ガススタンドの敷地内に水素 ST を併設することを前提としていた。併設の理由は，スタンドの要員が水素 ST の運転を兼ねることによる人件費の削減である。一方，敷地面積が大きく，水素 ST の併設が可能な大型の各種スタンドは郊外には多いものの，都心部には非常に少ない。このため，2013 年度の新設水素 ST の予定地の多くは，郊外（国道 16 号線沿線等）となっていた。一方，トヨタ自動車（以後，トヨタ）は，高額である FCV の購入者は富裕層が中心になると考えていたため，都心部[10]に水素 ST を多く設置することを望んでいた。

このような背景のもと，TNSC は，水素 ST のコストミニマム化は勿論必要であるものの，それより，今後，設置面積のミニマム化を優先した“都心部の中小規模のスタンドに併設可能な水素 ST”が主流になると判断した。こうして，創造されたコンセプトがパッケージ ST であった。

一方，コンセプトの適正な受け渡しの失敗が確定した瞬間は，製造部隊と開発部隊の人財[11]が集まった会議の場であった。製造部隊は，バラバラ ST にコンセプトを変更したいと主張したことが，この会議開催のトリガーであった。当然，開発部隊は，今後の水素 ST の普及の主流になるのはパッケージ ST であると考える根拠や顧客の情報等をもって説得を図った。

製造部隊の反論の核は，二つであった。一つ目は，メンテナンス性が悪くなること。二つ目は，バラバラ ST の製作経験はあるが，パッケージ ST は製作した実績がないから不安だということであった。そして，最終的に納入後に水素 ST のメンテナンスを担うのは製造部隊であることから，決定権は製造部隊にあるということになった。これが，失敗が確定した瞬間であった。一方，顧客からは，

10　トヨタは都心部の中でも，特に，港区と世田谷区を重視していた。

11　代替可能なリソースとしての人を表す場合には，「人材」が使われることが多い。マニュアルやひな形の通りに決まった仕事をし，その人がいなくなった場合には他の誰かが代わって対応することができる。本章では，これとは反対に，他の人には代えがたい人という意味を強調するという意図で「人財」を使用する。

納期と発注金額が変わらないのであれば，バラバラSTでもパッケージSTでも，どちらでも良いと言われた。

(2)　組織と経歴の視点

TNSCのR&D（Research and Development）部門は研究・開発部隊，製造・メンテナンス（以降，製造・メンテ）部隊，プロジェクト（以後，PJ）部隊，管理部隊の四つに大別することができる。その中のPJ部隊は基本的にはマーケティング，開発，営業，製造・メンテの全ての役割を担うが，PJ部隊が自ら製品を製造することはなく，社内の製造部隊や社外の企業に製造を委託するのが一般的である。

また，R&D部門の組織構造上，四つの部隊には，それぞれ統括部長級が1名ずつ存在している。つまり，各部隊の業務範囲の意思決定は統括部長級が行う。例えば，開発部隊の統括部長が製造・メンテ部隊に意見を言うことはあるものの，製造・メンテ部隊の意思決定はあくまでも製造部隊の統括部長が行う。従って，開発部隊と製造・メンテ部隊の双方の意思決定を行う重量級PMは存在しない。

両部隊の管理職の人員構成を見てみると，全く同一で，統括部長級（1名），部長級（1名），課長級（2名）の4名ずつの計8名であった。ここに登場する8名の経歴を開発，製造・メンテ，PJ，管理の四つに分類したものが図6-1である。この図から次の二つの事実が確認できる。一つ目として，製造部隊の4人は，入

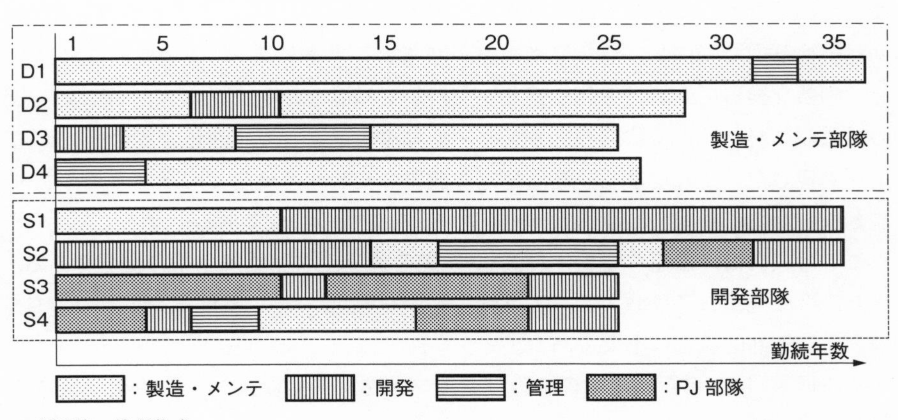

（出所）　筆者作成。

図6-1　開発部隊と製造・メンテ部隊の主要メンバー各4人の経歴

社後のほとんどの時間を製造・メンテ部隊で過ごしていることから，製造・メンテのスペシャリストとして養成されてきた人財の集団になっている。

二つ目は，開発部隊の4人は開発部隊の経験が比較的多いことと，統括部長級の1人を除き，PJ 部隊を2度経験していた。このことから開発部隊の4人は，幅広い役割を満遍なく経験し，オールラウンダーとして養成されてきた人財の集団になっている。つまり，適正なコンセプトの受け渡しの失敗の場面は，生粋の製造・メンテのスペシャリスト vs オールラウンダーという構図であった。

【冷凍機の成功事例】

TNSC の水素 ST の事例を調査している過程で，冷凍機という製品の PJ 部隊が，適正なコンセプトの受け渡しに成功している事例を発見した。そこで，同一企業の中の二つの組織の比較検証を目的に，冷凍機の PJ 部隊の事例の調査も行った。

(1)　冷凍機の開発とコンセプトの適正な受け渡しの成功の経緯

TNSC の R&D 部門に存在する冷凍機 PJ 部隊は新規性のある冷凍機を開発・製造し，顧客に納入した後のメンテナンスも行っている。

彼らが取り組んでいる冷凍機は，従来，液体窒素を循環させて高温超電導機器を冷却する際，副熱交換器内において液体窒素を冷却するネオンガスが過冷となっていた。これにより，液体窒素が凝固点 63 K（－210℃）よりも低温となり，副熱交換器内で凝固し，液体窒素流路が閉塞する問題が発生していた。これに対し，副熱交換器において液体窒素と熱交換して昇温したネオンガスを副熱交換器の低温側に戻し，過冷状態のネオンガスを昇温することで，液体窒素の凝固の防止を実現した。これにより，高温超電導機器を長期間連続して冷却することが可能となった。これが，冷凍機 PJ が開発する冷凍機の特徴である。

この冷凍機は，冷媒（窒素）の液化–蒸発を繰り返す組立加工系の機器である。一方，冷凍機運転時において，工業デザイナー的な，“いい雰囲気やカッコよさ”のような外部的統合は不要である。

冷凍機 PJ は，自ら新規性のあるコンセプトを創造した後，一般的な冷凍機の製造実績のある企業に製造を委託した。そして，コンセプトを伝達した後，委託先は，自らの経験に基づいてコンセプトを変化させた図面を冷凍機 PJ に提出し

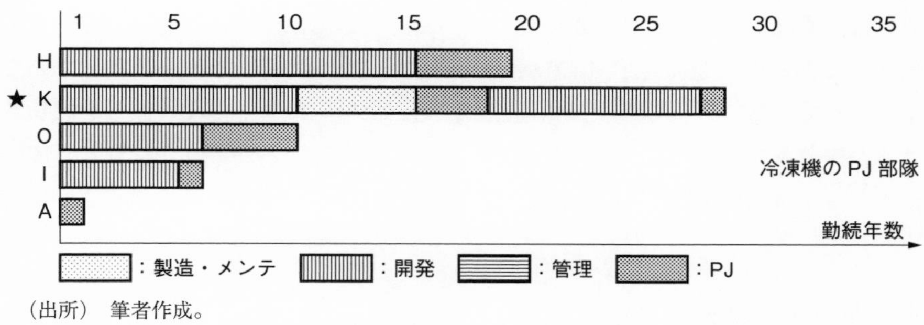

（出所）　筆者作成。

図 6–2　冷凍機の PJ 部隊の主要メンバー 5 人の経歴

た。そこで，冷凍機 PJ はコンセプトの修正を図り，コンセプト通りの冷凍機を完成させた。

この冷凍機 PJ の人財とのインタビュー（2020 年 5 月）から次の三つの事実が確認できた。一つ目は，冷凍機は単純な組立加工系の機器である。二つ目は，製造を委託した先は，自らの経験をもとにコンセプトの修正を行おうとしたが，冷凍機 PJ は適正なコンセプトの受け渡しに成功した。三つ目は，開発部隊と製造部隊の間のコンセプトの受け渡しの場面で，コンセプトを守護する重量級 PM の役割を担う人財が存在していたことである。

(2)　経歴の視点

冷凍機 PJ の人財の経歴をグラフにしたのが図 6–2 で，冷凍機 PJ 部隊の管理職は H と K の二人である。いずれも，開発部隊と PJ 部隊の経験を有している面で，水素 ST の開発部隊の経歴と同じ傾向が確認できる。そして，コンセプトを守護するという重量級 PM の役割を果たしたのが K である。

一方，委託先は，受注生産を生業としている中小企業であり，開発部隊を設置していない。従って，コンセプトの受け渡しに係った委託先の当事者は，製造・メンテ部隊のスペシャリストと判断できる。まとめると，登場人物の経歴の面と製品の特性（複雑–単純）の面において，水素 ST の事例と冷凍機 PJ の事例は，同一と捉えられる。

【水素 ST と冷凍機 PJ の事例の整理】

二つの事例の相違点を整理すると，次の二つのことが浮かび上がってくる。一つ目は，委託先が社内か社外かの違いである。そして二つ目が，意図していない相違点であるが，重量級 PM の役割を担った人財が存在したか，存在していなかったかである。これら二つの相違点が，適正なコンセプトの受け渡しを成功させるか失敗させるか，どちらになるかに影響を与えているかどうかは別として，結果として冷凍機 PJ は，成功事例となっている。

4. 問いへの答え（考察）

【実証研究の整理・まとめ】

(1)　人財心理の視点

人財心理の視点で適正なコンセプト受け渡しの失敗の原因を分析する。第一に，コンセプトの変更という行為の発生頻度についてである。筆者は，TNSC とは別に，水処理メーカーの技術者で，海外担当と国内担当の二人の管理職の技術者（2017 年 8 月），建築デザイン関連の管理職の技術者（2017 年 8 月），ホームページ制作会社の管理職の技術者（2017 年 10 月）の 4 人に対し，開発部隊から製造部隊にコンセプトを受け渡す場面の実態についてのインタビューを行った。なお，外部的統合の必要性という視点で区別すると，水処理装置は“単純”となるが，建築デザインとホームページは“複雑”に該当すると考えられる。

4 者のインタビューの結果，コンセプトの変更という行為が行われた場合と，そうでない場合に分かれた。しかし，コンセプトの変更が行われなかったとしても，製造部隊側にはコンセプトを変更したいという欲求が存在していることが確認された。具体的には，製造部隊が構成機器を変更すること等によって，コストを削減できるというアイデアを持っているケースであった。それにもかかわらず，実際にコンセプトの変更という行為に至らなかった理由として，次の二つの事が確認された。一つ目は，コスト削減できても，構成機器変更により性能に影響を与える可能性を否定できないこと。つまり，もし性能未達になったら自分の責任になってしまうという心理であった。二つ目は，変更した新コンセプトの承認を得るためにルール化されている複雑な手続きの存在が面倒だからやめておこうという心理へ誘導していることであった。

【問①「なぜ，適正なコンセプトの受け渡しに失敗したのか」の解：性弱説＋専門性】

コンセプトの受け渡しの現場で，コンセプト変更への“流れ”が出現するか，しないかの境界は何か。それは，従来のコンセプトと新コンセプトの間の変化量の大きさだと考えている。そして，その変化量の大小は，コンセプトの受け側の人財の経歴により創造された，その人財固有の許容範囲により決定される。ここで，人財固有と考える根拠は，人財それぞれの許容範囲が，次の三つの複合作用によって形成されると考えるからである。一つ目は，そもそも人間の心理適合の問題である。二つ目は製造・開発に所属する人財の経歴の違いである。三つ目は，製造・開発の歴史的役割である。そのため，変化量が人財固有の許容範囲を超えた時，どうしても“コンセプトを変更したい”という意志が出現する。

(1)　人間の心理適合の問題

水素STの事例において，なぜ製造部隊はメンテナンス性と製作実績に拘ったのか。伊丹（2012）256頁の中に性弱説というものがある。「人は性善なれど，弱し」と表現されている。今まで通りが良い。今まで通りであれば，結果は想像の範囲に収まる可能性が高いと考える。メンテナンスも今まで通りが良い。今まで通りにするにはバラバラSTでなければならない。端的に言うと，従来との変化量が小さいことを優先したいという心理である。

一方，開発部隊である。こちらの人財は，製造・メンテ業務の経験もしているが，営業やマーケティングも経験してきている。そして，水素STという装置ビジネスで優位なポジションの獲得を第一義に考え，メンテナンス性が悪くなっていることはある程度理解しているものの，それを多少犠牲にしてでも，優位なポジションの獲得を優先した。

まとめると，製造部隊は従来の仕様を守護するのに対し，開発部隊は将来の仕様を創造していることになる。この違いは決定的である。過去の経験を第一義とし，現状との変化量を目算する。その推算結果が許容できるかどうかで，その変化を受け入れるかどうかを判断する。これは製品の複雑さに関係なく，どの現場でも普通に発生する現象だと考える。何故なら，今まで通りが良いという人間の心理に起因する現象だと捉えられるからである。

しかし，これだけでは「なぜ，適正なコンセプトの受け渡しに失敗したのか」の解として不十分である。水素ST事例では，開発部隊が「将来の仕様」として想像した「パッケージST」というコンセプトは，既存仕様に対する変化量が小さくない。それでも，開発部隊の人財は，自らその変化量を受け入れている。それに対し，製造部隊の人財はこのコンセプトを拒否した。この違いの源泉は何なのかという疑問が残る。

⑵　製造・開発に所属する人財の経歴の違い

パッケージSTという新コンセプトを創造した人財Aのインタビュー（2017年8月）から，次のことが確認された。Aは先ず，水素STのステークホルダーを4種類に定義した。それは，製造する人，修理（メンテナンス）する人，実際に運転する人，お金を払う人である。そして，4者全てが，同時に最適となるコンセプトはないと判断し，優先順位を決めている。その優先順位を重要側から「お金を払う人」＞「運転する人」＞「製造する人」＞「修理する人」と定義した。その理由は次の二つである。一つ目が，売れなければ始まらない。二つ目が，リピート受注の獲得であった。一方Aは，4種の業務をそれまでに経験していた。よって，Aは経験をもとに，製造する人やメンテナンスする人にとって許容される範囲をイメージしつつ，お金を払う人と実際に運転する人が喜ぶ，つまり「安くて使いやすい」を追求してパッケージという新コンセプトを創造した。

これに対し，製造部隊の人財の経歴には，営業（PJ部隊）の経験がない。従って，お金を払う人の許容範囲をイメージすることができない。一方，製造する人，修理する人に喜ばれるために必要なことは，かなり鮮明にイメージすることができる。その結果，コストより製造とメンテナンスのしやすさを優先したと考えることができると同時に，スペシャリストは，性弱説の傾向を強くすることを意味しているのではないか。

まとめると，問①に対する解として，二つのことが原因であったと言えそうである。一つ目は，人間は性善なれど，弱し。従来との変化量が大きいと感じた時，その変化を受け入れることに抵抗してしまうという人間の性である。二つ目は，スペシャリスト型の経験である。端的に言えば，製造部隊の人財は，自ら経験したことのないステークホルダーに対するイメージ（単なる想像ではない）が可能ではなかったと言えそうである。

⑶　製造・開発の歴史的役割

ここで一つ，新たな問いが生まれる。そもそも，TNSC はなぜ重量級 PM を設置していないのか。以下 TNSC の歴史について整理する。

TNSC の本業は，製鉄所内に設置した生産工場を中心としたオンサイト・プラントビジネス（以後，OP ビジネス）である。昭和 40 年代の巨大製鉄所建設と共に始まったこの OP ビジネスは，空気から酸素・窒素・アルゴンを取り出す空気液化分離装置（以後，プラント）を製鉄所構内に設置し，製鉄所に酸素などをパイプラインで大量供給することを軸としている。このプラントの開発には二つの方向性がある。一つ目は延命の方向性である。プラントは，40 年以上にわたって現役として稼働する。そうなると，40 年に渡ってプラントのコンセプトが変化することはなく，その運転やメンテナンス方法の工夫による延命を追求する。従って，ハード面は変化させずにソフト面を変化させるという方向性である。

二つ目は，トラブル対策の方向性である。プラントがトラブルにより停止すると，予備プラントを立ち上げる等コスト負担が急増する。また，コスト負担で済めばまだ良いが，供給支障を起こすとペナルティーが科せられ，この影響の方が極めて大きい。従って，トラブル防止を何よりも優先する。

昭和 40 年代から現在までの約 60 年の間に積み上げてきたこの二つの開発の方向性が，TNSC の R&D 部隊の土台になっていると思われる。つまり，TNSC の R&D 部門は，そもそも製品コンセプトの大幅な変化を想定していない。ゆえに重量級 PM を設置する必要性を感じていない。

【問 ②「適正なコンセプトの受け渡しを実現するためには，どうするべきなのか」の解：適正な重量級 PM の設置】

製品の複雑さに関係なく，性弱説，経歴及び製造・開発の歴史的役割により，コンセプト変更への“流れ”が出現する。これに対し，自動車産業に存在する重量級 PM を他の業界でも設置することは適正なコンセプトの受け渡しに有効であると考える。コンセプトの受け側の人財の許容範囲を推定し，変化量の大小を検討し，その結果，変化量が大きい場合に重量級 PM が必要と判断することになるだろう。しかし，この重量級 PM は誰でも良いのかというとそうではない。

まず，重量級 PM の要件として，分散型経歴の人財の方がよさそうである。スペシャリスト型の場合，重量級 PM 自身がコンセプトの新規性を減衰させる可能性がある。一方，企業にはルールが存在する。例えば責任範囲のルールとして決裁の上限額などの規定はどの企業でも，階層ごとに明確に設定されている。これと同様に，重量級 PM の権限のルールがなければ，せっかく設置した重量級 PM が十分に機能を発揮できなくなる可能性がある。

さらに，評価制度の問題もある。イノベーション実現に向けた活動は，リスクが大きく，かつ従来との変化量も大きいため，開発期間やリソースの規模のイメージが難しいと考える。対して，従来の改良・改善は，イメージがしやすいため，相対的にリスクは小さいと思われる。ということは，リスクの大きな案件に取り組む重量級 PM と，相対的にリスクの小さな案件に取り組む軽量級 PM を同じ物差しで評価してよいのかという問題がでてくる。よって，本項では，コンセプトの受け渡しを適正に実現するための重量級 PM を要件の視点，権限の視点，そして，評価の視点という三つの視点で考察する。

(1)　重量級 PM の要件の視点

仮に重量級 PM の経歴がスペシャリスト型であった場合，経験のある職種以外の役割を担う人への配慮が相対的に小さくなりそうである。イノベーションのためには，複数のステークホルダーを同時に配慮し，それぞれの許容範囲をイメージしつつ，新規性のあるコンセプトを創造しなければならない。例えば，スペシャリスト型経歴の人財を水素 ST の重量級 PM として設置していた場合，そもそも，パッケージ ST というコンセプトを自ら破壊する可能性を否定できない。従って，イノベーションを実現するためには，少なくとも 4 種（営業・運転・製造・修理）の現場をイメージすることが可能な重量級 PM を設置し，新規性豊かなコンセプトを創造し，かつ守護することが有効だと考える。端的に言うと，重量級 PM には分散型経歴の人財の方が，スペシャリスト型経歴の人財より適しているということである。

(2)　重量級 PM の権限の視点

従来との変化量が大きい場合，性弱説に起因して，開発部隊と製造部隊の間のコンセプト受け渡し場面でコンセプト変更の“流れ”が出現する。この“流れ”に対し，コンセプトを守護する権限を与えることが必須な要件となる。

仮に，製造部隊がコンセプトの受け取りを拒否した場合，重量級 PM は，まず説得を試みるだろう。しかし，今まで経験したことがない大きな変化量のコンセプトを受け入れることに納得するケースの出現率は，ゼロとは言わないが高いとはとても思えない。従って，説得を試みたとしても，結局は「四の五の言わずに，いいからやれ」ということになる可能性の方が高いと考える。従って，「四の五の言わずに，いいからやれ」という権限，つまり，嫌々であろうとも，製造部隊に仕方なく受け入れさせて実行させる権限が必要ということになる。

ここで，心配事が発生する。「四の五の言わずに，いいからやれ」と言った重量級 PM と言われた側の人財との間に生まれるであろうコンフリクトである。製造部隊が受け入れた段階では，そのコンセプトの正否ははっきりしていない。新規性コンセプトの製品が完成し顧客に受け入れられた段階で，初めて新規性コンセプトが正しいことが立証される。つまり，成否の結果がでるまでの間，重量級 PM は言われた側の人財からの反感といった負の感情を受け止め続けなければならない。従って，重量級 PM は，そのプロジェクトを運営する間精神的な苦痛に耐えなければならなくなる。

⑶　重量級 PM の評価の視点

重量級 PM は，周囲からの負の感情を受け止めざるを得ない。従って，どれほどの人財が重量級 PM になりたいと思うだろうか。イノベーション実現への活動は，直ぐに結果が出る類のものではない。そうなると，結果が出るまでの期間，重量級 PM のモチベーションが維持できるような配慮が必要となりそうである。

一方，結果が成功とは限らない。当然，失敗した場合の重量級 PM の処遇への配慮も必要となりそうである。それこそ，失敗した重量級 PM が一律に冷遇されるようでは，重量級 PM の立候補者がいなくなってしまう。

つまり，重量級 PM の評価には次の三つの視点が必要だと思われる。一つ目は，重量級 PM ではない人財が，自ら重量級 PM になってもいいと思えるような評価である。二つ目は，重量級 PM になった人財が，結果が出るまでの期間，モチベーションを維持できるような評価である。そして，三つ目が，結果が失敗に終わった場合の評価である。

㋐　重量級 PM ではない人財が，自ら重量級 PM になっても良いと思える評価について

イノベーション実現を目的とする製品は，今まで誰も作っていないものであ

り，新たな挑戦である。当然，リスクが大きい。従って，既存品の改良改善に取り組む軽量級 PM とイノベーションに取り組む重量級 PM を同等に扱うことは正しくないのではないか。

トヨタに勤務する管理職のインタビュー（2017 年 6 月）で，次のことを確認した。トヨタは管理職の階級を高い方から 1 級，2 級，3 級の三段階に分類している。そして，重量級 PM になることができるのは，1 級の人財だけということであった。しかし，1 級だからといって，誰でも重量級 PM になれるわけではないため，トヨタの重量級 PM は，社内外から一目を置かれるポジションになっている。

また，一目置かれる人財が重量級 PM を担っている場合，製造部隊の人財に対し，「あの人が言うのであれば，仕方がない」というように，負の感情を軽減する効果を期待することができる。従って，重量級 PM というポジションを軽量級 PM より高く格付けすることが必要である。つまり，重量級 PM というポジション自体を高く評価することである。

(イ)　重量級 PM のモチベーションが維持できるような評価について

重量級 PM は自らの権限を拠り所に，自らコンセプトを監視・守護し続けることになる。さらに，性弱説に起因する負の感情の矢面に立たされるわけで，実に孤独な稼業と言える。この孤独を重量級 PM の精神力といった個人的な性質に委ねて良いとは，とても思えない。

そうなると，どうしても重量級 PM の精神的な支柱の役割を担う人財が必要になる。この支柱に最適な人財は，本部長クラスになるだろう。本部長クラスは，重量級 PM の判断を支持しているという安心感が，重量級 PM のモチベーションの維持に寄与する。「重量級 PM は君だ。あとは宜しく」では，ダメである。本部長クラスは，重量級 PM の活動を把握すると共に，その判断や行動を支持しているという評価が重要である。成果ではなく，判断や行動に対する評価である。この評価により，重量級 PM の周りにいる人財の負の感情が軽減される可能性も出てくる。重量級 PM には本部長クラスがついているから，重量級 PM に従おうという方向に，心理が働くことが期待できる。

(ウ)　結果が失敗に終わった場合の評価について

イノベーションへの取り組みが失敗に終わった時に，重量級 PM が一律に冷遇されたとしたらどうなるだろう。そもそも，イノベーションはリスクが高い。だから，単純に「失敗＝冷遇」という方程式を用いると，重量級 PM になろうとする自発的チャレンジャーが減少する方向に動く。大成功を目指して大きな苦労をして大失敗するよりは，小成功を目指し，そこそこの苦労をしながら失敗したとしても小さな失敗の方を選びたいという心理である。

この場合，重量級 PM として機能していたかどうかの視点で判断するのがしっくりくる。よって，重量級 PM の活動を常に把握している本部長クラスが，プロジェクトの遂行能力を見極めて評価するのが望ましい。では，重量級 PM の能力のレベルを評価するために必要な本部長クラスの能力とは何か。

結局，自らの経験をもとに，配下の人財が成長しているかどうかを見極める目利き力に収束するのではないか。この目利き力がない人財が本部長クラスであった場合，担うべき役割に必要な能力に満たない人財をその役割に配置させることが起きうるだろう。これは，相撲用語の「家賃が高い」と同意である。このような家賃の高い上司に仕える部下も不幸であるが，その本人にとっても不幸だろう。

【問 ③「適正なコンセプトの受け渡しを実現し続けるためには，どのような仕組みが必要か」の解：コンセプトの守護者の候補者を育成する仕組み】

ビジネスにおいて，一時的に上手くいっただけでは成功とはいえない。上手くいった状況を長期間持続させる「持続可能性」を確立しなければ，真の成功とは言えない。

重量級 PM に権限を与えて設置し，評価し，その行動に応じた処遇を用意する。そうすれば，開発部隊から製造部隊へ適正なコンセプトの受け渡しは実現できそうである。しかし，これだけでは持続可能性が確立されているとは言えない。この持続可能性を確立するために必要な，重量級 PM を担えそうな人財の育成が触れられていないからである。そもそも，重量級 PM を担える人財が存在しなければ，重量級 PM というポジションを設置することができない。では，どうやって重量級 PM を担える人財を育成するのか。

大きな変化量に適応できそうな人財に，デザインされた異動（育成）ルートを設計し，人的流動を課して，分散型経験を蓄積させる。そして，それぞれの業務に携わる人財の気持ちや，実際に製品を使用する顧客の気持ちの想像力を豊かにする。こうした複数の業務を経験した人財の中に，重量級 PM の役割を担える人財が出現する可能性が生まれる。まとめると，製造・メンテ部隊，開発部隊，及びPJ部隊間の人的流動性を高くすることが重量級PMの候補者を育成するうえで必要だということになる。

なお，35社の製造業の在籍者に，製造部隊と開発部隊の人的流動性についてアンケートを行ったが，人的流動性に積極的と回答したのは1社のみであり，なくはないと回答したのが77%である27社であった。この結果は，製造業は一般的に，製造部隊と開発部隊の間の人的流動性が低いことを表している。

かといって，何が何でも人的流動性を高くすることが良いということでもない。スペシャリストはやはり必要である。製造にかかわることであったならば，あの人に聞けと言われるようなスペシャリストが存在しない企業では拙い。従って，将来の重量級PMの候補者を選定し，その候補者の人的流動性を高くすることになるだろう。

ここで注意すべきは，人的流動性をある程度確保するだけでは，持続可能性を確立したとは言えないことである。将来の重量級PMを担える人財を育成するために人的流動性を確保し，各種の経験を蓄積した人財の中から重量級PMの候補者を選定し，実際にその人財に重量級PMの役割を与え，その重量級PMを保護し，行動に応じた処遇を与えるという一連の流れをデザインしているという認識を本部長クラスが持つことが重要だと考える。本部長クラスに，この認識がない場合，自分の部隊にとって重量級PMの候補者を異動させることは，不都合であるという理由で，重量級PMの候補者の流動性が停滞しかねない。重量級PMの候補者が突然変異的に生まれる可能性は否定しないが，意図して重量級PMの候補者を育成する方が，その出現率は高いに違いない。

従って，インクリメンタル・イノベーションに定義される開発案件等において，コンセプトの受け側の人財の許容範囲を推定し，変化量の大小を検討し，その結果，変化量が大きい場合に，デザインされた育成プログラムを経験した重量級PMの候補者を実際に重量級PMのポストに設置する実例を蓄積していくことが重要だと考える。

【インプリケーション】

本章で，これまで論じてきた中で，本部長クラスの目利きということを何度か用いてきた。この目利きが重要な局面は，デザインされた重量級PMを育成する様々な場面で登場する。例えば，複数の部隊経験者の中からの重量級PMの候補者を誰にするかという判断や，重量級PMの良し悪しの判断である。従って，重量級PMというポジションを有効に機能させるための肝は，本部長クラスの目利きであると言っても過言ではないだろう。このような重要な目利きを行う上で，本部長クラスはどのような視点で思考するべきなのか。少なくとも，重量級PMに対する目利きを行う上で，次の四つの視点で思考することが必要と考える。

①　重量級PMの候補者の選定基準は何か

②　重量級PMの役割を課す人財の選定基準は何か

③　重量級PMに適したマネジメントの行動とは何か

④　結果が明らかになった時に，厚遇すべき重量級PMの判断基準はなにか

次に，この四つの思考をする上で，意識しなければならないこととして，次のAからDの四つのことが考えられる。

A　人間万事性弱説に従うとの意識

B　イノベーションとスペシャリストの相性は悪いという意識

C　重量級PMの心理に配慮するという意識

D　重量級PMと本部長クラスとの距離感を常に短くするという意識

5. おわりに

本章では，適正なコンセプトの受け渡しを行うことを目的に，3段階の問を設定した。1段目の問は，「なぜ，適正なコンセプトの受け渡しに失敗したのか」である。これに対する解は，従来のコンセプトと新コンセプトの間の変化量が大きい場合に，どうしても新コンセプトを拒否しようとする心理である。なお，ここでいう変化量は，コンセプトの受け側の人財の経歴の蓄積により創造された，人財固有の許容範囲を超える大きさであると定義した。そして，変化量の大小は，①人間の心理適合の問題（性弱説），②製造・開発に所属する人財の経歴の違い，③製造・開発の歴史的役割という，三つの複合作用により決定されると考えた。

2段目の問は，「適正なコンセプトの受け渡しを実現するためには，どうするべきなのか」である。これに対する解は，変化量に応じて，重量級PMを設置することとした。さらに，重量級PMの要件は，分散型経歴の持ち主とした。また，重量級PMには，新コンセプトを守護する権限を与えると共に，その評価とし

て，① 重量級 PM というポジションを価値化し，② 重量級 PM のモチベーションを維持し，③ そのプロジェクトの成否だけをもって処遇を決定しないことの必要性を説いた。これらの意図を一言で表現すると「重量級 PM の立候補者を増やす策」である。

3 段目の問は，「適正なコンセプトの受け渡しを実現し続けるためには，どのような仕組みが必要か」である。これに対する解は，重量級 PM の役割を担える人財の育成プログラムをデザインし，そのプログラムを R&D 部門の中に実装し，蓄積することである。

藤本・安本（2000）は，重量級 PM の設置要件を製品の複雑さと定義している。これに対する新たな視点として，変化量という考え方を提案する。このことが，先行研究に対する貢献のポイントと考えている。インクリメンタル・イノベーションの変化量は，基本的に大きいものと考えて差し支えないだろう。小さな変化量でイノベーションが起こるとは考えにくいからである。従って，インクリメンタル・イノベーションと位置付けられる装置の開発案件には，重量級 PM の設置が必須条件と捉えられる。

今後の課題としては，本章の結論が他の業界にも適応できるかどうかの確認があげられる。他の業界とは，例えば装置などのようなハードの開発案件ではなく，サービスなどのソフトの開発案件等があげられる。一方，重量級 PM の設置や評価等の判断は，本部長クラスの目利きに依存する構造になっている。この目利きの定量化についても引き続きの検討が望まれる。

参考文献

伊丹敬之（2012）『経営戦略の論理』日本経済新聞出版社。
安本雅典・藤本隆宏編著（2000）『成功する製品開発』有斐閣。

第7章

知的財産：産学連携の進化

金井　昌宏

1．はじめに

イノベーションの創発に不可欠な情報経営資源の調達手段には，内部調達と外部調達の2種類がある。昨今のオープン・イノベーション志向の拡がりは，近時の企業経営において，後者の重要性が増進していることの証左である。この外部調達手段の一つの柱が，産学連携である。本章では，情報経営資源のうち技術的無形資産，特に大学等発の研究成果にかかわる知的財産権の適切な移転・導入のあり方を分析する。

本章は，以下の4項目から成る。

まず1点目として，情報経営資源の導入手段として，産学連携の重要性が高まってきた背景を概説する。2点目に，第1期科学技術基本計画（1996）開始後の1990年中期以降の日本の産学連携活動の状況と，そのイノベーション推進要素としての課題を把握するため，① 産学連携実績の定量的推移，② 産学連携を通じた技術移転の課題，③ 産学間の共同研究の課題を整理する。3点目は，係る課題を独自の取組によって乗り越え，アカデミア発の研究成果が持続的・発展的に事業化へ橋渡しされている3機関（物質・材料研究機構，岡山大学，京都大学iPS細胞研究所）の事例を紹介する。最後の4点目では，これらの機関の事例分析を通じて，アカデミア発の研究成果を効果的にイノベーションに貢献させるための適切な産学連携のあり方について展望する。

以上の4項目から，日本の産学連携が現在抱える課題と，将来への改善に向けた分析により，日本経済再生に資するイノベーション創発のための端緒を探ることが，本章の目的である。

2. イノベーションの源泉としての産学連携

【企業の経営資源としての知識・情報】

企業の事業活動に必要な経営資源として，野中・竹内（1996）[1] は，今日の知識社会において，知識は労働，土地，資本と並ぶ伝統的生産要素であり，かつ最も重要な資源であるとする。伊丹（1984）[2] も，見えざる資産である情報経営資源が，事業活動における競争力の真の源泉となると指摘する。野中・竹内（1996）[3] は，係る情報経営資源＝知識の創造がイノベーションを促進するとする。この企業における知識生産，特に研究開発が，近年ダイナミックに変容している点は，多くの論者が指摘する所である。

Gibbons ら（1994）[4] は，現代社会の知識生産の様式が，基礎と応用を区別し，理論的考察が応用へ翻訳される「モード 1」思想から，基礎と応用，理論と実践の不断のコミュニケーションを通じた学際的な「モード 2」へと進化していると説く。係る進化の下では，自己の組織内に存在しない資源を用いて，知識を生産する能力が求められるとする。Rosenbloom ら（1996）[5] は，現代社会では，産業技術の先端分野が高度化し，研究成果を収益に直接結び付ける活動が難化したとする。そのため，企業における研究は製品開発に直接貢献する活動へと移行し，企業内研究所は縮小と方向転換が進行しているとする。Chesbrough（2003）及び Chesbrough（2006）[6] は，熟練労働者の流動化や，高等教育の普及に伴う高度な知識の一般化を背景に，20 世紀末から「イノベーションのパラダイム・シフト」の転換が発生しているとする。世界的な知識の広がりにより，企業の中央研究所が知識を独占した時代は終焉し，従来のクローズドイノベーションから転換したオープン・イノベーションの時代において，企業の研究開発部門の重要な役割は，新テクノロジーと既存システムの結合方法の考案にあるとする。Etzkowitz

---

1　野中・竹内（1996）338 頁参照。
2　伊丹（1984）47–53 頁参照。
3　野中・竹内（1996）352 頁参照。
4　Gibbons *et al*.（1994）参照。
5　Rosenbloom *et al*.（1996）参照。
6　Chesbrough（2003; 2006）参照。

(2008)[7]は，イノベーションには，ノンリニア型のモデルも存在するとする。係るモデルでは「市場，技術，科学，研究開発，生産，マーケティング」の各要素が，順不同で進行する場合もあり，先端的研究が社会的課題を掘り起こす，又はその逆の相互作用が発生すると説く。

以上の指摘について，まず現代社会における知識生産態様に転換が発生しており，イノベーション実現に向けた研究開発モデルが，単一企業組織・グループ内におけるリニアモデル型から，他業種組織等を含む相互連携型に変容しているという点で，これらの論者の指摘は一致する。産業分野等により程度の差はあるが，従来のリニアモデル型の研究開発における中央研究所の役割（基礎研究）の一部を大学等が担い，製品・事業化開発を企業が担う社会的分業が進展しつつある。但しこれは，企業における研究開発の重要性の低下を意味するものではない。外部の研究成果について，「使えるものは使う」ことが研究開発の外部化の本質である。塩谷（2019)[8]も，係る外部の研究成果の活用の前提として，当該知識分野において社内にも優秀な研究開発者から構成される研究開発組織が必要である点を指摘する。均質でない組織間の相互交流が，上流工程から下流工程にわたり広く実施されることで，多様な保有知識の交換を通じた，革新的な新知識の創発が期待されることになる。

【知的財産権とイノベーション】

企業が保有し得る情報経営資源には，研究開発等を通じて獲得される技術やノウハウ等の技術的無形資産のほか，企業文化，顧客情報，ブランド等広範な要素が含まれる。とりわけ技術的無形資産のうち知的財産権は，対象技術的範囲の独占排他的な実施権が国家的に保護される点で，特異的な重要性を持つ。知的財産権は，イノベーション実現の上でも不可欠な経営資源である。企業が特定のイノベーションを達成する場合，それを下支えし，一体化するビジネスモデルが存在する。係るビジネスモデルの構成要素のうち，サプライチェーンや人的資源，生産設備等は，他社が短期間に模倣・再現することは難しい。しかし，発明やノウハウ等の技術的無形資産は，情報であるがゆえに瞬時に第三者に伝達され，再現され得る。反対に，係る技術的無形資産について知的財産権による保護を受け，

7　Etzkowitz（2008）参照。
8　塩谷（2019）23頁参照。

独占排他的な権利が確保されれば，そのビジネスモデルをより強靭なものにすることができる。

イノベーションと知的財産権の関係性として，特定の発明（インベンション）がイノベーションに直結するケースは限られる。これは，権利化されているもののうち，実際に事業活用されている特許発明の割合が，さほど高くない事実からも明らかである。この事実は，知的財産権がイノベーションに重要でないということではなく，インベンションとイノベーションの間には，距離があることを意味する。本書ではイノベーションをインクリメンタル，ブレイクスルー，破壊的の3諸相から捉えることとしているが，まずインクリメンタル・イノベーションについては，知的財産権に基づく標準化との関係性が指摘できる。VTRにおけるVHS方式とベータマックス方式の例や，第3世代移動通信システム（IMT–2000）におけるCDMA2000方式とW–CDMA方式の例など，特定技術の標準化に向けた覇権を巡る争いは，特に電機・通信産業分野で多くの事例が存在する。特定の産業分野で研究開発が進展し，その成果技術が広く市場に浸透し，ネットワーク外部性が獲得できるか否かは，当該技術に関与する企業にとって重大な意味を持つ。このような場面で活用されるのが，必須特許（群）に基づく標準化である。標準化のうちフォーラム標準では，競合他社を含む複数企業との連携を通じて，必要な知的財産権を集積させ，FRAND（合理的かつ非差別的）条件でのライセンス許与により，当該フォーラムへの参加者を増やし外部性を高め，対象技術を規格化させる活動が典型である[9]。このように，複数の提案から選択された技術が標準化へと至る流れは，資本主義の動態的発展が，「不均衡の作出」そして不均衡から均衡へ向かう「競争プロセス」によって担われるとする，カーズナーのインクリメンタル・イノベーションと通底する。他方，ブレイクスルー・イノベーションの場合は，その中核的な技術的成果（発明）が十分な進歩性等を備え，知的財産権の保護対象となり得る場合が多いと推測される。ただし，対象成果が，特定の製品の生産効率に大幅な改善をもたらす等の，持続的な性質が強い技術である場合はともかく，ビジネスモデル自体の転換を招くような成果である場合には，より戦略的な知財管理が求められる。成果技術そのものに目覚ましい進化があっても，ビジネスモデルとして市場に受け入れられ，適正な利益が得

9　標準化については，新宅・江藤（2008）を参照。

られない限り，イノベーションには結実しないからである。ブレイクスルー技術をイノベーションに接続するための知財戦略の一つが「オープン＆クローズ戦略」である[10]。これは，特定の技術的成果について，特定領域を特許権や営業秘密により排他的に保護しつつ（クローズ），他の領域は他社に積極的に利用させることにより（オープン），自社利益の確保・拡大を目指すものである。この一例として，TOTO の酸化チタンを用いた光触媒技術がある。同社は，光触媒の主要発明にかかわる基本特許を中心に広範な特許網を構築しつつ，市場の裾野を拡大させるため，積極的なライセンス許与を実施した。その上で，光触媒の測定方法の特許を無償で開放し，国際標準化を進めるとともに，市場形成を促進する戦略を採っている[11]。さらに，破壊的イノベーションにとっても知的財産権は重要である[12]。持続的技術との比較において，破壊的技術が新規性・進歩性等を備えていれば，知的財産権による保護を受け得る可能性は十分にある。企業が独占排他権が確保された低コストの破壊的技術によって，市場のリーダー交代を実現させることができれば，大きな利益を上げ得ることは言うまでもない。

【知的財産権の調達手段としての産学連携】

研究開発の外部化は，知的財産権を始めとする情報経営資源の外部調達と言い換えることができる。その典型的な外部調達先の一つが，大学等のアカデミア機関である。米国では，バイドール法（1980）に代表されるプロイノベーション政策の下，政府資金で行われた大学の研究成果をそのまま大学に帰属させ，もって民間企業に技術移転する道筋が拓かれた。特に米国では，大学発の研究成果に基づくスタートアップ企業の興隆が顕著であったことから，バイドール法等は同国の産業競争力強化をもたらした原動力として評価され，各国で政策的模倣が行われた。日本では，1995 年制定の科学技術基本法及び翌 1996 年に開始された第 1 次科学技術基本計画が，産業振興志向型の今日的な産学連携が本格的に開始される直接的な契機となった。

10　オープン＆クローズ戦略については，小川（2015）を参照。

11　経済産業省『2013 年版ものづくり白書』（2013）107–110 頁参照。

12　Christensen（1997）は，東京通信工業（現ソニー）がベル研究所からトランジスタ特許のライセンス許諾を受け，破壊的製品となるトランジスタラジオを開発した事例を紹介する。

3. 今日的な産学連携の実相と課題

1990年代中期以降の今日的な産学連携の時代を迎えてから，日本の大学等における知財活動や産学間の共同研究は，一貫して拡大基調にある。

一方で，第5期科学技術基本計画（2016）[13]は，日本の産学連携活動はいまだ本格段階に至っておらず，イノベーションの創出に十分寄与していないと指摘する。実際に，今日的な産学連携において，日本の大学発の研究成果がイノベーティブな事業に結実した実績は，米国と比較すると乏しい。日本の産学連携が，イノベーションへの貢献が少ないとされる原因として，大学等発の知識・技術と，企業ニーズとの乖離を埋めるメカニズムが機能していない疑いがある。あわせて第5期科学技術基本計画（2016）では，共同出願特許に対する産学間の意識に乖離があり，事業化に向けた技術の橋渡しに課題があるとして，大学発の研究開発成果である技術シーズが事業化に結び付かない状況が指摘されている[14]。

この産学間の技術移転の障害をもたらす要因としては，次の2点が考えられる。1点目の要因は，1990年代中期以降の日本の大学等の知財活動の特長（① 特許出願の急激な拡大，② 低い活用水準，③ 共同出願割合の高さ）である。文部科学省の大学知的財産本部整備事業（2003）を始め，今日的な産学連携を振興・推進する諸政策では当初，特許出願件数が活動実績として重視されたため，大学の特許出願件数が急拡大した（図7-1）。これに伴い，特許出願及び維持管理に伴うコストも急増したが，それに見合うライセンス等収入を獲得する大学は稀であった。急増する大学の知財管理コストを企業に分担させる目的もあり[15]，特に産学間の共同研究にかかわる発明は，大学と企業により共同出願されるケースが多くなっている。2点目の要因は，我が国の特許法下における共有特許権の活用の制約である。我が国では，共有に係る特許権につき，各共有者は他の共有者の同意を得ずに自ら実施可能であるが，自己の権利の持分を第三者に譲渡し，又は実施許諾するには，他の共有者全員の同意が必要とされる（特許法第73条）。このた

13　内閣府『科学技術基本計画』（2016）4頁参照。
14　同上40頁参照。
15　三菱化学テクノリサーチ（2014）152頁参照。

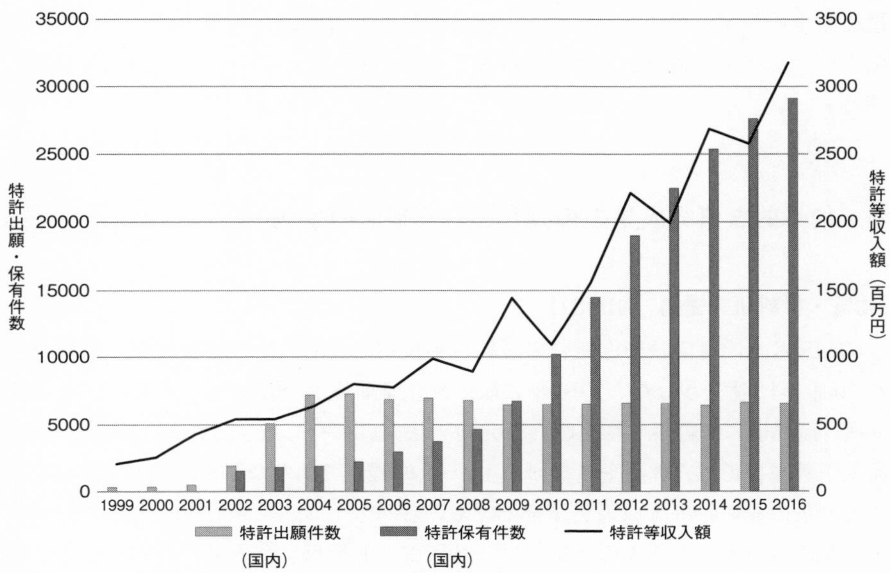

（出所）　文部科学省ウェブサイト「産学官連携の実績」データにより作成。
（1995～2002 年は国立大学のみ，2003 年以降は公私立大学を含む実績）

図 7–1　日本の大学等の特許出願・保有件数及び特許等収入実績の推移

め，発明を自ら実施可能な企業と，自己実施する能力のない大学等が特許権を共有する場合，後者が不利を被る構図となる。今日的な産学連携の開始直後から，係る不均衡を調整するための議論が，産学官の各セクター間で継続的に行われてきた[16]。しかしながら，研究成果の活用に関し，企業は秘匿化を含む独占的権限を望むのに対し，大学は他の第三者との協業を含む幅広い活用の実現を志向する。このスタンスの相違が，共同研究契約交渉で解消されない場合，成果発明等は「とりあえず共有」とする，従来からの実務慣行が多用されることになる。その結果，連携企業が事業化に至らない限り，成果全体が事業活用されずに死蔵化されるケースが，少なからず存在する。係る研究成果の死蔵化が，産学連携を通じたイノベーション実現の障害要因の一つと考えられる[17]。

一方，我が国でも少数ながら，自らの研究成果を基礎として，効果的に産学連

16　金井（2020）参照。
17　Chesbrough（2006）171 頁も，「アイデアの死蔵は社会的に極めて非効率であり，イノベーションを著しく阻害する」と指摘する。

携活動を展開する機関が存在する。構造的に多くの課題がある中で，それらの機関では，なぜ産学連携が効果的に推進されているのか，以下ではその成功要因を探る。

4. 効果的な研究成果の橋渡しを行う機関の事例

【物質・材料研究機構（NIMS)】

NIMSは，旧科学技術庁所管の金属材料技術研究所と無機材質研究所が統合され2001年に設立された。2016年には，理化学研究所（理研）と産業技術総合研究所（産総研）に続いて特定国立研究開発法人に移行した。図7-2に示すように，研究予算規模では，理研や産総研の1/4～1/6程度でありながら，NIMSは両研究所と遜色のない特許等収入実績を上げている。

NIMSの効率的な活動の背景には，特徴的な知財戦略がある。NIMSでは，特許権の出願件数ではなく，実効性を重要視する観点から，2007年以降，知財活動の見直しを段階的に実施している[18]。その具体的な特徴は，主に①特許の内製，

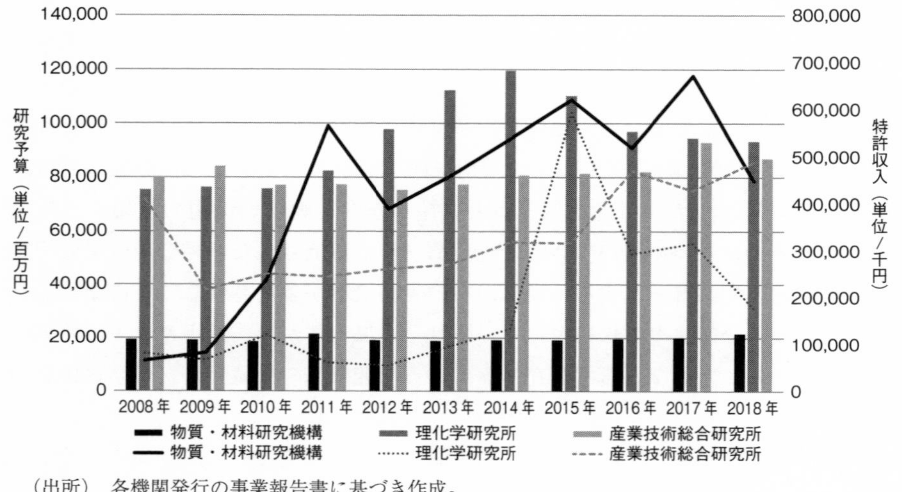

（出所）　各機関発行の事業報告書に基づき作成。

図7-2　NIMSの特許等収入実績の推移／理研・産総研との比較

18　NIMSの取組については，物質・材料研究機構（2015）及び中野（2014）を参照。

② 外国出願重視，③ 製造方法発明のノウハウ化，④ 研究成果のポートフォリオ戦略の 4 点にある。NIMS では，特許事務所で特許明細書作成に従事していた人材を知的財産担当者として採用し，特許出願業務の内製化を実現した。このことは，外国出願を含む特許出願コスト削減に加え，発明者との間のスムーズな意思疎通の促進に繋がる。2010 年からは，製造方法の特許化はノウハウ流出に当たるとして，出願せずノウハウ化する方針を採用した。2011 年からは，企業との特許共有及び共同研究についても，独自の方針に基づく活動を開始した。具体的には，企業との連携に際し，共同研究開始前に，NIMS の基本技術発明は単独で取得することとし，無契約下での成果は創出しないこととした。その上で，共同研究成果に係る知的財産権について，企業は NIMS に不実施補償を支払うことなく自己実施・第三者ライセンスとも可，NIMS は第三者ライセンス可とし，ライセンス対価は他の共有者への配分を不要とした。この一連の新方針のもと，NIMS では単独保有特許は勿論のこと，共同研究の成果である企業との共有特許を含む，一群の知財ポートフォリオの第三者ライセンスが可能となり，高い特許等収入を実現している。

【岡山大学】

岡山大学は，その起源を岡山藩医学館（1870 年創立）に持つ国立総合大学である。前身を専門学校令に基づく医学専門学校に持つ国内の 5 大学（千葉大学，金沢大学，新潟大学，長崎大学，熊本大学）と共に，「旧六医大」と総称される。旧六医大は，いずれも医学部を擁する地方総合大学という性格を共通にするほか，事業予算の面でも概ね同規模である[19]。岡山大学は，この旧六医大間の比較において，近年高い特許等収入の実績を上げている（図 7-3）。

岡山大学の産学連携活動の系譜として[20]，2003 年に知的財産本部（研究推進産学官連携機構）が発足した。2008 年には，産業界出身の渡邊裕氏が知的財産本部長として着任した。その段階では，知財本部としての具体的戦略はまだ存在していなかった。係る状況で，特許として有望な研究成果の産業価値が不明なまま学会発表され，その価値を認めた企業と共同研究が行われる結果，共同成果と共に

19　各大学とも，経常費用総額は 500～600 億円規模である。

20　岡山大学の取組は，渡邊（2009；2015）及び渡邊裕氏へのインタビュー（2018 年 8–9 月実施）に基づく。

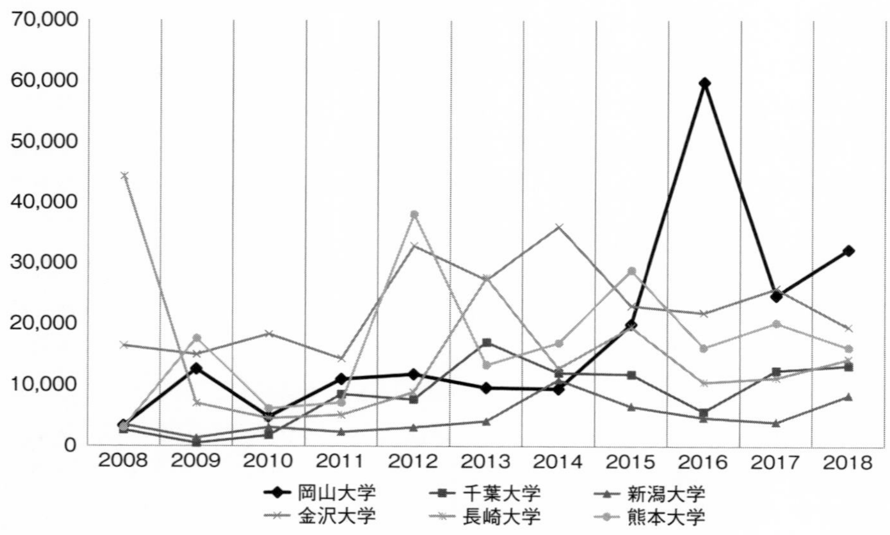

（出所）　文部科学省ウェブサイト「産学官連携の実績」データに基づき作成。

図 7-3　旧六医大間における特許等収入実績の推移の比較

重要な基本特許まで共同成果として確保されるケースが生じ得ることや，その結果として，大学側で形成した基礎技術が一企業に独占され，大学の使命としての社会貢献が阻害され得る事態への危機感が高まった。岡山大学では，係る事態を防ぐために，「マグマ特許」という独自戦略を構想し，2013 年前後からこれに基づく活動を開始した。

「マグマ特許」戦略においては，まず基本的な特許（革新的な材料や，原理原則的な発見に係る権利）は，大学が保有することとし，その後に企業との共同研究から生まれる新技術と峻別できるようにした。その上で，核となる基本特許の技術エッセンスが，複数の産業分野を形成しながら，基礎段階から応用段階に研究が進展するよう促進する。そして，基礎研究領域の成果は大学単独の特許出願，産業分野ごとの応用研究領域の成果は企業と大学との共同特許出願とすることで，「面的特許群」の構築を目指すという戦略である。

この戦略に基づく具体的活動として，大学研究者は，自身の研究成果が及ぼす将来価値に気付かないことがあるため，大学の産学連携職員がその価値を掘り下げ，応用面の可能性を検討する。この作業には，担当職員に相応の「目利き能力」

が求められることから，最も難しい段階でもある。渡邊氏へのインタビューによれば，職員の「基本的な研究成果の目利き」の肝は，初期段階では研究者の研究テーマに関心を持つことにあり，研究者側が持つテーマ出口（産業上の応用分野）に対して，「他にもあるだろう」という「興味本位」から目利きが始まる。この作業と並行して，毎年1回，各学部教授会において，知財本部の方針説明を行っている。これは，教員側の仕事と，知財本部側の仕事の内容との相違につき，教員側の理解を深めることを目的とするものである。

このように，岡山大学では，ある意味で大学発研究成果の「選抜」を行い，その事業化可能性をシミュレートしてから，個別の産学連携活動を開始することを決断した。さらに，特定の研究成果においては「一産業分野で一企業との協働」を原則として，企業が基本的研究成果の全体について独占を望む問題が起こりにくい状況を作出した。大学の単独特許出願からスタートし，面的特許網を構築するという方針は，上記のNIMSの活動とも相通じる部分がある。岡山大学は2018年時点で約750件の特許権を保有しているが，半数は大学の単独出願によるものである。ただし，海外を含む特許網の構築はコストの面で困難であり，企業による支援が不可欠であるため，複数の技術移転機関（TLO）と連携し，出願段階から技術紹介を実施している。

この独自戦略に基づく岡山大学の産学連携活動は，図7-3に示す堅調な特許等収入実績に結実している。多少の増減はあるものの，2015年以降は大幅な収入増加を記録している。特に2016年の収入は，主にCRO（医薬品開発業務受託機関）向け創薬評価技術特許と，創薬系物質特許に由来するものであり，いずれも同大学が単独で保有する特許に基づく成果である。前者の技術は応用可能な裾野が広い技術であり，後者は創薬系企業の長期戦略に合致した技術であることから，岡山大学では今後も育成すべきテーマとしている。但し，いずれの案件も一時金収入であることから，翌2017年の特許等収入には揺り戻しが生じているが，数年周期での入金も見込め，将来はロイヤリティとしての安定的収入源となることが期待されている。

【京都大学 iPS 細胞研究所（CiRA)】

CiRA[21]は，iPS細胞（induced pluripotent stem cell：人工多能性幹細胞）の研究開発の発展のために，2010年に設立された京都大学内の研究所である。設立当初の研究者数は約150名，2020年時点では約600名規模にまで発展を遂げている。

CiRAは，設立時の10年目標として，① 基盤技術の確立，② 再生医療用iPS細胞ストックの構築，③ 再生医療の臨床試験の開始，④ 患者由来iPS細胞による治療法薬開発，の4点を掲げた。所長である山中伸弥教授は，当初から知的財産権を重視する方針を持っており，CiRAでは研究推進と並行して基盤的成果の知財管理に注力する活動が行われている。この知財活動は，京都大学がiPS細胞技術を囲い込むのではなく，広く産業化を促進するための権利の確保が目的とされている。特定企業がiPS細胞技術特許を独占することで，関連技術の進歩や産業上の発展可能性が阻害される事態を回避することが，同研究所の知財管理の基本スタンスである。この結果，京大が保有するiPS細胞基本特許は，2013年時点でiPS細胞技術（初期化工程）の約90%をカバーするに至っている。

山中教授の知財重視方針は，CiRAの組織構成にも大きな影響を及ぼしている。ヒト由来iPS細胞の作製が発表された翌年の2008年6月に，研究と知財の両方に精通した人材を求めて，山中教授が自らスカウトしたのが，大日本住友製薬知的財産部の高須直子氏である。高須氏は，CiRAの前身である京大iPS細胞研究センターの知的財産管理室長に就任し，各国が鎬を削るiPS関連特許出願競争において，CiRAの知財方針の実現に貢献した。研究成果の活用を第三者に独占されないための知的財産権を確保するには，基本特許だけでなく，各種分化細胞作製技術等の個別特許まで揃える必要がある。図7-4[22]に示すように，京都大学では，単独出願と他機関（企業及び他大学等）との共同出願を継続的に行っており，iPS細胞技術について，自己実施と第三者ライセンスが阻害されない環境確保に向けた知財管理が，着実に実行されている状況が伺える。

係る堅実な知財管理を背景に，CiRAでは，再生医療分野・新薬開発分野を中心に，iPS細胞を活用した複数の産学連携プロジェクトが進められている。それらのプロジェクトは，事業化に向けたフェーズや規模も様々であり，実施態様[23]から大別すると，概ね5種類のタイプに整理される。タイプ1は，従来型の共同研究プロジェクトである。画像解析技術にかかわるニコンとの共同研究や，エピ

21　CiRAの活動に関しては，白橋（2013），高尾（2014），工藤・栗田（2016），京都大学iPS細胞研究所（2016）等を参照。

22　特許出願データの検索キーワードは，高尾（2014）に従った。

23　各活動の参画機関によるプレスリリース，ウェブサイト等を参照。

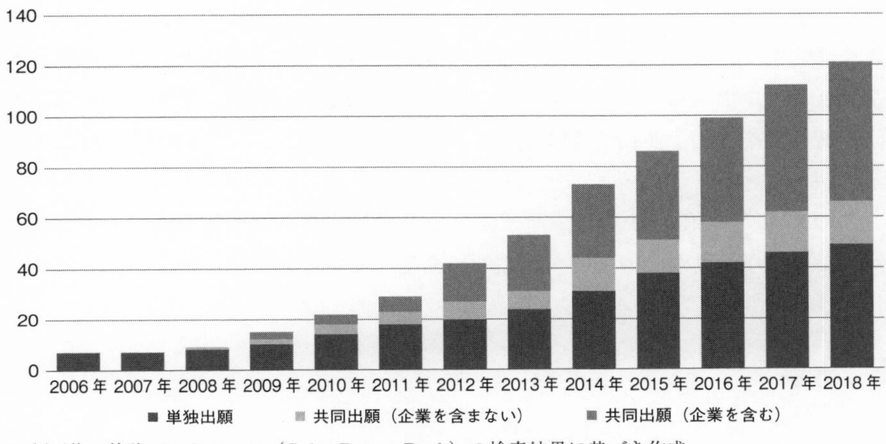

（出所）特許データベース（CyberPatent Desk）の検索結果に基づき作成。

図7-4　京都大学のiPS細胞関連特許出願状況

ゲノム自動解析技術を対象とするジェネティンとの共同研究等がこれに該当する。タイプ2は，大学発の研究成果の知的財産権ライセンスである。ヘリオスへの創薬技術，IDファーマへの重症虚血肢遺伝子治療技術，ベリタスへの心筋細胞技術のライセンス等が実施されている。タイプ3は，特定領域における組織間共同研究プロジェクトである。これは，大学教員個人を中心とする従来型の共同研究とは異なり，特定領域の研究開発を集中的に推進するため，産学双方から多数の研究者が参画して組織的に実施されるものであり，参画企業が拠出する研究費も多額となる。このタイプ3に該当するものとして，武田薬品工業と京都大学との「T-CiRAプロジェクト」（2015年開始／10年間）がある。同プロジェクトでは，京都大学がiPS細胞技術の拠出，研究責任者及びポスドク研究員を提供する一方，武田薬品工業は200億円の研究費，120億円相当の研究支援を提供し，「iPS細胞を使った筋萎縮性側索硬化症（ALS）の創薬研究」等のプロジェクトが進行している。同様に，「難治性希少疾患新規治療法の創成」を目的とする大日本住友製薬との共同研究（2011年開始／5年間）も，このタイプ3に該当すると考えられる。タイプ4は，特定の事業領域内でコンセンサス標準化を目的とする，コンソーシアム型の産学連携プロジェクトである。メガカリオンを中心とした，ヒトiPS細胞由来血小板製剤の製法確立を目指す日本企業コンソーシアム，日本製薬工業協会メンバー企業等65団体からなる，ヒトiPS細胞応用安全性評価コンソーシアム等が推進されている。最後のタイプ5は，大学発ベンチャー起業による産学連携プロジェクトである。京都大学発の研究成果を基礎として創業された企業として，アストリム（治療用T細胞製剤；2013年創業），幹細胞&デバイス研究所（創薬支援；2014年創業），サイアス（T細胞による再生医療；2015年創業）がある。

このように，CiRAからは，産学の複数のプレーヤーによる連携と，事業化に向けた多様な活動が，継続的・連鎖的に発生している。

5. 考察

【単独特許アプローチによる事業化の進展】

NIMSと岡山大学で，円滑かつ順調な技術移転が実現している背景には，両機関とも基本的な研究成果に基づく知的財産権が予め確保された後に，産学連携活動が開始されている点が看取される。この取組を，以下では「単独特許アプローチ」と呼ぶことにする。但し，大学等が単独特許アプローチを採用しようとする場合，幾つかの困難（短所）が想定される。すなわち，大学等から生じる発明は，① 基礎研究の成果であることが多く，現実の事業活用を想定した権利取得が困難な点，さらに ② 自ら出願できる特許件数は限定的であり，その権利範囲も局所的という点である。これらの短所は，大学等における知財管理の人的・予算的資源が限られることが要因である。一方，単独特許アプローチの長所としては，その発明について，① 共有関係に由来する活用上の制約を受けず，他の第三者との共同研究を含む展開の自由度が確保できる点，② 応用事業分野の適切なコントロールにより，複数企業との連携が可能となる点，が挙げられる。単独特許アプローチの成否は，いかにその短所を制御し，長所を活かし得るかが鍵となる。

NIMSの事例では，企業との連携開始前に単独特許を確保し，共同研究開始前の成果創出は避けるなど，厳格な単独特許アプローチの採用が確認できる。特許出願戦略面では，「物質発明中心の特許出願」と「特許の内製化」が特徴となっている。単純方法発明や物の製法発明は，第三者に模倣された場合，権利侵害を訴訟で立証するには高いハードルがあり，かつ訴訟のコストに見合う損害賠償が得られるとは限らない。従って，方法発明はノウハウ（営業秘密）として管理し，より事業化向きの権利（物質特許等）取得に向けて，組織内の研究リソースを重点配分する方針は，研究専業機関の戦略としては合理的である。また，特許の内製化からは，常勤の知財担当者と発明者とのコミュニケーションが深化され，より高質な発明の抽出が期待できる。このように，出願対象とする発明は物質発明中心とし，方法発明は出願せずにノウハウ化する方針により，NIMSでは基礎研究成果の発明は権利行使が難しいという短所が制御されている。さらに，NIMSのポートフォリオ戦略は，単独特許確保後の企業との共同研究開始及びライセンシングの積極展開が，その実質的な中身となっている。研究活動のみを行う機関が，基礎的な研究成果の改良発展を継続するには，その自己実施と第三者ライセンスの両方が可能な権利確保を必要とする。しかし，係る機関が，事業向きの特許網を単独で構築することは困難である。この点で，NIMSの活動では，基礎的研究成果の単独特許の上に，第三者ライセンス権が確保された共同研究成果特許が堆積することになる。これにより，単独特許を核として，その周辺に「事業的要素」が加味された，企業との共同研究成果を含む特許網が構築される。この結果，少数かつ事業に必要な権利の確保が困難という，もう一つの単独特許アプローチの短所が制御される。同時に，研究機関発の基本的な研究成果が，事業向きの広範な権利に転換されて，産業界に橋渡しされることになる。

一方，岡山大学の事例では，単独特許アプローチの具体的な実現方法が示唆されている。岡山大学で特許等収入が増進した要因は，産業界の経験を有するキーパーソンを中心とした，独自戦略の策定と実行，そして学内の巻き込みにあると考えられる。事前の適切な知財管理を欠いた状態で企業との共同研究が開始されると，大学発の基盤的研究成果が広範囲に一社に囲い込まれるとの問題意識から，岡山大学の産学連携戦略はスタートした。換言すると，大学発の基本的研究成果が，企業との共同研究から生じる新技術とコンタミネーション（汚染）を生じ，死蔵化される負のルートを回避する必要があるということである。そのためには，大学が確保すべき基本的成果の見極めと，複数の応用分野を見据えた権利化が必要となる。これを実行するには，担当職員に深い知識と経験が求められるが，この部分が大学側の一連の活動プロセスの最重要ポイントとなる。その上で，大学自身が特許網を構築することは，コストの面で現実的でないことから，基本的成果にかかわる研究開発の進展状況に応じて，企業との連携を深化させ，単独特許の核の上に応用特許を積層させる方針が採られている。さらに，日本の大学では，平等な学内の資源配分が重視されるが，戦略的な活動のためには，傾斜配分や集中投資が必要な局面が生じる。加えて，教員と職員間の役割分担と協力体制も不可欠である。岡山大学では，戦略策定当初から，知財本部の活動方針を各学部教授会に直接説明する活動が行われている。この継続的な学内調整と学内構成員間のコミュニケーション深化が，戦略的な活動遂行に重要である点が示されている。

両機関の事例から，単独特許アプローチの実行には，大学等の基礎研究成果にかかわる単独特許の確保と，技術の橋渡し後の連携企業での応用成果の積層，すなわち研究成果の基礎領域と応用領域の切り分けが，産学間で適切に分担されることが鍵になると考えられる。この基礎と応用の切り分けとしては，例えば「新規生理活性化合物⇔低分子医薬」，「遺伝子組換方法⇔遺伝子組換による抗体医薬」，「新規粘性材料⇔接着剤製品」，「新規ダンパ機構⇔免震・制震装置」等の関係性が想定される。実際に，岡山大学の「微生物由来酸化鉄」に関する基礎領域の研究成果では，農薬，リチウムイオン電池の負極材料，有機化合物製造用触媒，赤色酸化鉄顔料，ヒト細胞の三次元培養用素材等，多くの応用領域が大学側から提案されている。

単独特許アプローチの経時的プロセスとしては，まず大学等で，単独特許の出願対象（複数テーマに展開可能な基盤的成果）の選別・抽出が適切に行われる必要がある。その対象発明について，応用開発と実用化に向けた中核的な知的財産権を大学等が確保した後に，技術移転後の企業で応用開発が進められ，事業化フェーズに近い権利ほど，企業側に厚く堆積させていく。この流れが実現することで，大学等の研究成果が死蔵化され得る部分を縮減させ，イノベーションに結実させる可能性を高めることができる。そのためには，大学側に「創造力によるユーザー・ニーズの理解」[24]が要請される。岡山大学の事例からは，その前提として，産業界側の知見を有しながら，産学連携における大学等特有の課題の本質を見極める洞察力を持ち，周囲を巻き込みながら個別の大学等の実情に適した戦略を立案・実行する調整力を備えるような人材の登用・配置が欠かせない点が示されている。

24　Rosenbloom *et al.*（1996），237 頁以降参照。

【産学連携の開花モデル】

CiRA の事例からは，継続的な研究開発における知財の重要性に対するトップの理解・方針により，学会発表前に単独特許を確保し，その後も積極的な単独特許出願が継続的に実行されている状況が観察される。加えて，研究開発と知財管理の適切な両立のため，係る活動を実現するためのキーパーソンをトップ自らがスカウトして配置した上で，知的財産部門の組織を整備するための活動が早期から行われている。CiRA では，係る堅実な知財管理を背景に，iPS 細胞技術という極めてイノベーティブな大学発研究成果を基盤として，産学連携による大規模かつ多面的な研究開発が進展している。上記に見た通り，CiRA を中心とする産学連携活動では，伝統的な共同研究開発（タイプ 1）に留まらず，知的財産権ライセンス（タイプ 2)，機関間の包括的共同研究開発（タイプ 3)，コンソーシアム型研究開発（タイプ 4)，そして大学発ベンチャー企業による研究開発（タイプ 5）の，5 種類の研究開発プロセスの展開が見られる。

これら複数態様の研究開発の展開を通じて，大学発の基本的研究成果にかかわる単独特許の周辺に，後続する研究成果や知的財産権が集積し，更に別のプレーヤーを呼び込む流れが生じることで，CiRA は研究開発における一種のプラットフォーマーとしての地位を確立している。CiRA の事例は，適切に単独特許アプローチが採られた大学発の基本的研究成果について，産学連携を通じた多面的活用が進展することにより，対象技術のネットワーク外部性が発現する可能性を示している。係る外部性が機能すれば，個別の連携企業によるイノベーションの実現にも大きく貢献する。このように，産学連携により大学発の基本的研究成果から多面的な研究開発が進展し，研究開発のプラットフォームが形成され，外部性が獲得されるに至る場合のモデルを図 7–5 に示す。

大学の中核的な技術基盤を「花芯部」に，個別の産学連携活動を「花弁」にたとえると，花弁の増加とともに花芯部が成長するプロセス（開花モデル）が観念される。当初は大学単独の研究成果であった中核的技術基盤には，産学連携の研究成果のうち非競争領域部分がフィードバックされ，さらにネットワーク効果を通じて拡張・発展する。タイプ 1 から 5 のような個別の産学連携活動は，適切な領域調整の下で，それぞれ研究開発と事業化を進展させると同時に，新たな花弁を呼び込む外部性の原動力となる。今後，係るプロセスにより，我が国の産学連

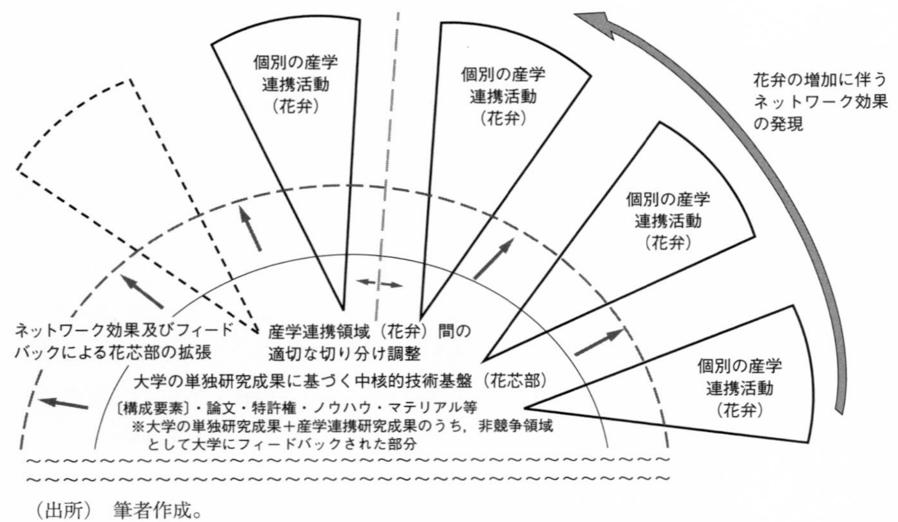

（出所）筆者作成。

図 7-5　大学発の研究成果の多面的な産学連携発展モデル（開花モデル）

携を通じた技術の橋渡しが有効に機能し，複数のイノベーションの大輪が開くことが期待される。

6. おわりに

産学連携は，企業と大学等という異質な組織間の協働であり，当然に様々なフリクションを伴う。一方で，産学連携は，イノベーション創発に不可欠な情報経営資源である技術的無形資産，特に知的財産権の重要な調達手段でもある。本章では，産学間の技術移転の軛となる「研究成果の死蔵化」を回避するための方策について，研究成果の基礎領域と応用領域の切り分けが産学間で適切に分担される「単独特許アプローチ」を中心に検討した。独自の先進的な方針や取組により，良好な産学連携実績を上げている機関の事例を通じて，産学間の効果的な技術の橋渡しを実現するための成功要因を分析した。これらの成功要因を吸収し，各大学等の状況に応じた戦略が適切に策定・実行されれば，産学連携の活動コストに苦しむ日本の大学等と，イノベーションに結実する技術的無形資産の導入に悩む企業の双方に貢献する可能性が高い。「イノベーションは終わりなき過渡期」

（Etzkowitz 2008）ではあるが，適確な「単独特許アプローチ」に基づく「開花モデル」の促成は，イノベーション実現の条件の一つとして，日本の産学連携が今後進化を遂げるべき方向性を示している。

参考文献

伊丹敬之（1984）『新・経営戦略の論理』日本経済新聞社。

小川紘一（2015）『オープン＆クローズ戦略―日本企業再興の条件―』翔泳社。

価値創造研究所（2016）「産学官連携から生じる研究成果活用促進のための特許権の取扱いに関する調査研究報告書」平成27年度特許庁産業財産権制度問題調査研究報告書。

金井昌宏（2020）「産学連携によるイノベーション実現に向けた共同研究契約の課題」『産学連携学』第16巻第2号。

工藤周三・栗田真理子（2016）「iPS細胞技術移転の総合窓口を目指して」『パテント』第69巻第13号。

塩谷景一（2019）「大学と民間企業による協働研究開発システムの実態―工学系の事例研究―」NISTEP DISCUSSION PAPER，No.177，文部科学省科学技術・学術政策研究所。

白橋光臣（2013）「iPS細胞基本特許を核とした特許ライセンス活動」『パテント』第66巻第13号。

新宅純二郎・江藤学（2008）『コンセンサス標準戦略』日本経済新聞社。

高尾幸成（2014）「iPS細胞技術の普及における知的財産権の役割と挑戦」『情報管理』第56巻第12号。

中野恵介（2014）「物質・材料研究機構の技術移転の現状と戦略」『産学官連携ジャーナル』第10巻第8号。

野中郁次郎・竹内弘高（1996）『知識創造社会』東洋経済新報社。

物質・材料研究機構（2015）『NIMS NOW』2015年第4号。

三菱化学テクノリサーチ（2014）「知的財産活用に資する大学の組織的取組に関する研究報告書」平成25年度特許庁知財研究推進事業報告書。

宮田由紀夫（2002）『アメリカの産学連携』東洋経済新報社。

渡邊裕（2009）「マグマ特許構築の提案」『日本機械学会産業・化学機械と安全部門　産業・化学機械と安全部門ニュースレター』第24号。

渡邊裕（2015）「「マグマ特許」核に広い分野で知財形成」『産学官連携ジャーナル』第11巻第1号。

Chesbrough, Henry W.（2003）*OPEN INNOVATION*, Boston: Harvard Business School Press.（大前恵一郎訳（2004）『ハーバード流　イノベーション戦略のすべて』産業能率大学出版社。）

Chesbrough, Henry W.（2006）*Open Business Models*, Boston: Harvard Business School Press.（栗原潔訳（2007）『オープンビジネスモデル―知財競争時代のイノベーション―』翔泳社。）

Christensen, Clayton M.（1997）*THE INNOVATOR'S DILLENMA*, Boston: Harvard Business School Press.（玉田俊平太監修，伊豆原弓訳（2001）『イノベーションのジレンマ』翔泳社。）

Etzkowitz, Henry（2008）*The triple Helix, University-Industry-Government Innovation in Action*, New York: Routledge, Inc.（三藤利雄・堀内義秀・内田純一訳（2009）『トリプルヘリックス―大学・産業界・政府のイノベーションシステム』芙蓉書房出版。）

Gibbons, Michael, Limoges Camille, Nowotny Helga, Schwartzman Simon, Scott Peter and Trow Martin（1994）*THE NEW PRODUCTION OF KNOWLEDGH: The Dynamics of Science and*

Research in Contemporary Societies, London: Sage Publications.（小林信一監訳（1997）『現代社会の知の創造　モード論とは何か』丸善株式会社。）

Rosenbloom, Richard S. and William J. Spencer（1996）*ENGINES OF INNOVATION,* Boston: Harvard Business School Press.（西村吉雄訳（1998）『中央研究所の時代の終焉―研究開発の未来―』日経 BP 社。）

第Ⅲ部
イノベーションのフロンティア

第8章

自動車：エレクトロニクス化と開発・生産革新

田村　翼

1. はじめに

本章では，「自動車産業におけるエレクトロニクス化による革新」にフォーカスしたい。近年，自動車業界は，電気自動車や自動運転など100年に一度の大変革と呼ばれる時代に入っている。自動車メーカーを頂点とした自動車産業のピラミッド型ビジネスモデルが今，まさに変わろうとしている。これらの変革は電子部品のウェイトの高まりと連動しており，電子部品の持つ重要性は著しく増大している。10年間自動車メーカーで電子部品開発に従事してきた筆者の感覚としては，その開発はとても難しく，開発イレギュラー[1]が各社における大きな技術課題となっている。特に，ソフトウェア開発は，複雑な制御を実現することと，人命にかかわるがゆえに求められる品質レベルも高く，開発規模の増大は大きなマネジメント課題と言っていいだろう。

自動車の歴史を振り返れば，1769年に自動車が誕生して以来，開発・生産の技術だけではなくマネジメントも進化してきた。本格的に現在のマネジメント体系が出来上がったのは，1900年代のフォード（1903）及びGM（1908）の時代からである。GMが機能別組織を作りあげ，フォードが大量生産の仕組みを作り上げた。一方日本においては，1910年前後に国産自動車の機運が高まったものの海外製のノックダウンによる生産等が主流であり，本格的に国産自動車が立ち上がったのは1950年ごろであった。

第二次世界大戦以降，トヨタがトヨタ生産方式（大野，1978）によりJust in timeを確立し，大量・多車種の生産を実現するイノベーションにより大きな成長

1　開発の遅れやリコールに関わる不具合のことを指す。

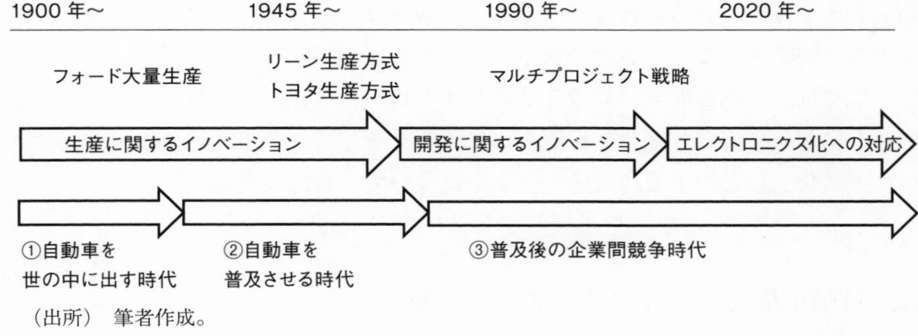

（出所）　筆者作成。

図 8-1　自動車のイノベーションの歴史

を成し遂げた。その後，1980 年代になりマルチプロジェクト戦略（延岡，1996）が体系化された。これが自動車の開発効率の向上を飛躍的に向上させるイノベーションをもたらした。現在の MQB[2] と TNGA[3] などと呼ばれる各社のアーキテクチャ戦略は，この生産・開発のイノベーションをベースとしており，大きな変革を導く土台となっている。

これらを俯瞰すると，自動車の歴史は以下の三つの時代に区分することができる（図 8-1）。

① 自動車を世の中に出す時代（品質の確立）
② 自動車を普及させる時代（コスト競争）
③ 普及後の企業間競争時代（品質とコストの両立）

① は馬車から自動車へ切り替わるべく安定した品質で自動車を生産するため，生産技術の向上が進んだ時代であり，フォードの大量生産は安定した品質を確保できたが故の賜物である。② は ① の時代よりも部品点数が増えた自動車をより普及させるために，トヨタ生産方式のように部品から車両生産までのムダを除きコスト低減を実現した。③ は多くの自動車メーカーの生産技術が一定の成熟を見せる中，企業間の競争を勝ち抜くべく開発の効率化を目指し，品質とコストの

2　Modulare QuerBaukasten（英訳 Modular Transverse Matrix）の略，フォルクスワーゲンのアーキテクチャ戦略。

3　Toyota New Global Architecture の略，トヨタのアーキテクチャ戦略。

両立を成し遂げている時代である。そして現在はエレクトロニクス化に多くの開発コストが必要となり，各社の競争も激しさを増している。

本章では，自動車開発における「エレクトロニクス化」に着目し，開発マネジメントに起きている「変化」を明らかにする。そして，今後加速する「エレクトロニクス化」にどのように対応すべきかについて，新たな提言をしていく。

2. 自動車開発・生産マネジメントの歴史

【リーン生産方式】

リーン生産方式（ジェームズ・P. ウォマック，1990）とは，1990年にMITがトヨタ生産方式などをもとに体系化したものである。トヨタ生産方式の目的は，① 作り過ぎ ② 手待ち ③ 運搬 ④ 加工 ⑤ 在庫 ⑥ 動作 ⑦ 不良の7つのムダを解決していくことであった。これらのムダを解決したのが「かんばん方式」である。具体的には，全工程の部品と製品を紐づけし，ロスがなくなるようにマネジメントしている。それらを「かんばん」で管理していることからこの呼び名となっている。なおリーンとは，贅肉をそぎ落とされた身体のことを意味しており，会社についた贅肉を徹底的にそぎ落としているイメージからリーン生産方式と名付けられた。

リーン生産方式で重要な点は，かんばん方式そのものというよりも，品質改善による不良の低減である。仮に不良率が高かった場合，生産ラインを頻繁に止める必要があり動作のムダにつながってしまう。従来どの自動車メーカーも取り組んでいた品質向上活動が，かんばん方式自体の下支えとなっていることは興味深い。

【マルチプロジェクト戦略】

かんばん方式が浸透すると，同一生産ラインにおいて多車種混流生産が可能になる。そうすると，同一部位に異なる部品が使われていることをムダに感じるようになり，複数車種間で共用性を持たせ，開発及び生産を効率化させる「プラットフォーム戦略」が主流となった。この源流は1980年代から各社で始まっており，複数プロジェクト（＝マルチプロジェクト）への共用・流用（＝技術移転[4]）

	技術移転名	概要	コスト	時間	メリット	デメリット
①	新技術	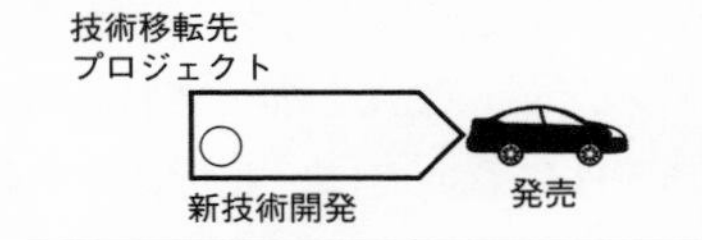 技術移転先 プロジェクト ○ 新技術開発 発売	高	長	最新技術	コスト
②	並行技術移転	 技術移転先 プロジェクト ★ 発売 技術移転元 プロジェクト 技術移転 ★ 発売	中	中	QCT のバランス	大きな技術移転が困難
③	既存技術改良	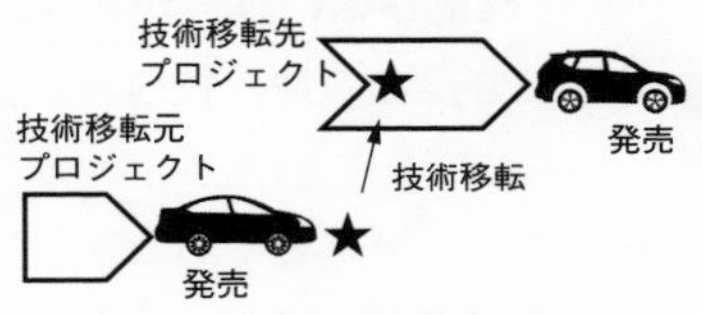 技術移転先 プロジェクト ★ 発売 技術移転元 プロジェクト 技術移転 ★ 発売	小	短	コスト	移転範囲が狭い
④	現行技術改良	 技術移転元 プロジェクト 技術移転先 プロジェクト △ 発売 技術改良 発売	中	長	技術進歩	時間がかかる

（出所）　延岡（1996）より筆者作成。

図 8-2　各種技術移転

することからマルチプロジェクト戦略と呼ばれている。要点は以下である。

・現代のプラットフォーム戦略を体系化しており「並行技術移転」と呼ぶ

・並行技術移転は，新規技術開発の成功と新技術の製品導入率を高める

・競争力ある技術が多車種展開でき，生産及び，開発の効率化につながる

延岡（1996）は，1980 年代からの各自動車会社の開発状況をヒアリングと実績を解析することで論証しており，実際に自動車開発しているエンジニアから見ても納得できる内容となっている。マルチプロジェクト戦略では 4 つの技術移転の方法を定義している（図 8-2）。

ここでは，製品発売に向けてどのようなタイミング及びどのような方法で技術移転がなされているかを論じている。① 新技術は移転元がなく単独で技術を車両プロジェクトに適用する。② 並行技術移転は移転元のプロジェクトが進行中

4　ある技術が車種間を超えて適用・導入される技術の共用性を示したもの。移転元の状態及びタイミングについて，移転先プロジェクトとの関係が示されている。

でも後続の車両プロジェクトへ技術移転が可能である。③ 既存技術移転は移転元プロジェクトが開発完了後，すなわち発売済の車両から技術移転する。④ 現行技術改良は元プロジェクトが完了済みだが，改良を加えて技術移転する。4つの技術移転の中で新技術の導入率や効率性においては，並行技術移転が最も良い技術移転方法であると論じている。

これらの技術移転に対するメリット・デメリットをまとめる。コスト面では，③ 既存技術移転のコストが一番低いが，その技術を適用できる範囲は狭い。① 新技術及び ④ 現行技術改良のように，それなりのコストや時間をかける方法もある。しかしバランスという点で ② 並行技術移転に強みがあり，多くの技術移転がこの方法で展開されてきた。結果として，この並行技術移転が最も製品導入率が高かったと延岡（1996）は述べている。

それぞれの技術移転は，適宜使い分けることが重要である。各プロジェクトへの適用に対して，開発リードタイムや変更規模からくるコストには差がある。その差は，各社の開発規模や，どのような種類の車を開発しているかに依存する。例えば，① 新技術をとればそれなりに差別化を図ることができるが，新技術の開発コストをその開発車両のみに乗せることになりコスト競争劣位は否定できない。一方，現行技術改良は，コストは抑えられるが性能競争力に劣るリスクがあり，現状では推奨されていない。延岡（1996）は，並行技術移転が最も優位であるといっており，実際に近年の各社プラットフォーム戦略は並行技術移転であることが多い。

【自動車開発を支える開発・組織 ①：インテグラル型，モジュラー型開発】

自動車開発の型にはモジュラー型とインテグラル型がある（図 8-3）。

一つ目はモジュラー型であり，機能と部品の関係が対になっており，自己完結かつ独立性が高い。二つ目はインテグラル型であり，機能と部品の関係が複雑に関与し，自動車がその典型である（藤本，2003）。よって，シンプルな機能の場合モジュラー化が進み，各機能の汎用化が進んでいく。一方で，各機能が複数のコンポーネントにまたがる場合，性能達成にはすりあわせが必要となり，これがインテグラル型となる。自動車において，外注できる部分はモジュラー化し，できないもしくは内製のほうが競争力を有する場合は，「内インテグラル，外モジュラー」という開発が主流である。

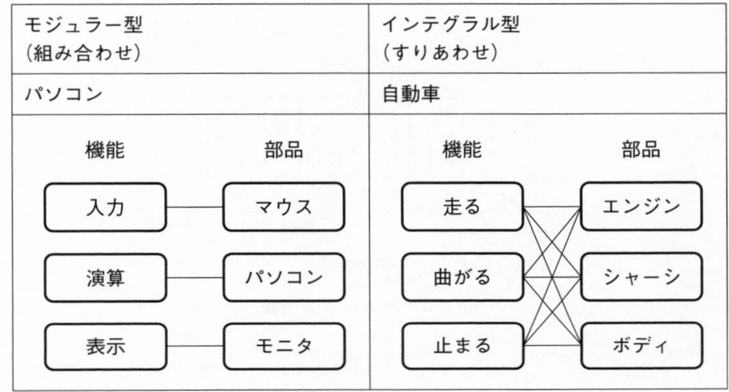

（出所）　藤本（2003）より筆者作成。

図 8–3　モジュラー型とインテグラル型

メカとエレクトロニクスの開発手法の違いに言及すると，メカは主に生産ばらつきを抑制するための精度検証に時間が割かれており，「すりあわせ」が時間短縮の肝となっている。「試作でミリミリの調整[5]を行い，生産ばらつきを抑えていく」とは，これまでの自動車の開発史において幾多のエンジニアが使った文句であり，この調整こそが日本メーカーの生産品質の向上や開発期間の短縮に大きく貢献し，競争力の源泉となってきた。一方，エレクトロニクス開発は各機能がきれいに分かれており，仕様合意を行った後にそれぞれが作り上げたものを組み合わせて一つのシステムとして立ち上げていく。仕様合意から組み合わせまでの間に周辺と関与することがないため，メカの開発に慣れ親しんだ人からみるとマネジメントプロセスが不透明に感じるのである。

【自動車開発を支える開発・組織②：マトリクス組織】

自動車における開発組織は，度々研究の対象となっている。マトリクス組織はその最たる例であり，他業界においても導入されている（図 8–4）。各機能の組織に対して，プロジェクト軸の組織を横串的に構築することで，部品開発の効率化を図りながら，複数プロジェクトへの横展開が円滑かつ迅速にできる組織構造である。これにより，自動車を構成する各部品は兄弟車種との部品共用化によるコ

5　プロジェクトの最終局面での仕様のすりあわせ。このこだわりが競争力の源泉といわれている。

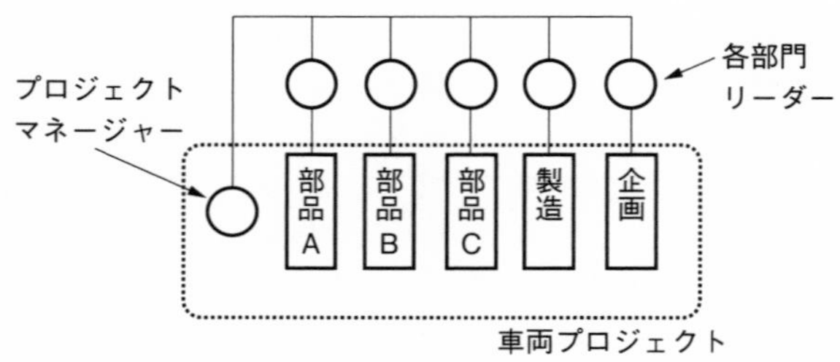

（出所）　藤本（1993）より筆者作成。

図 8–4　マトリクス組織

	1970 年代	1980 年代	1990 年代	2000 年代	2010 年代
	エレクトロニクス化の始まり	日本の世界席巻	電動化の始まり	大変革時代	
イノベーション新型車		★日本生産台数世界一(1980)	★プリウス発売(1997)	★リーフ発売(2009)	★モデル 3 発売(2017)
法規規制	★自動車排出ガス規制(アメリカ)(1970)		★京都議定書(1997)		★NEV 規制(中国)(2012)
主要論文	★トヨタ生産方式(1978)		★リーン生産方式(1990) ★マルチプロジェクト戦略(1996) ★製品開発力(1993)		

（出所）　筆者作成。

図 8–5　自動車のエレクトロニクス化の変遷

スト低減を実現しながら，効率よく各プロジェクトを遂行している。この集大成とも言えるものが，「マルチプロジェクト戦略」である。

【現在の自動車開発の取り巻くエレクトロニクス化の流れ】

まず自動車のエレクトロニクス化の変遷について触れる（図 8–5）。車のエレクトロニクス化は CASE[6] に代表されるように急激に加速しているが，古くは 1970 年の排ガス規制により，エンジンを制御するために導入されたのが始まりである。そして，1997 年の京都議定書とともに世界初のハイブリットであるプリウス

6　Connected, Autonomous, Shared and Services, Electric の略。2016 年にベンツが提唱し次世代自動車開発の潮流を示している。

がトヨタより発売され，エレクトロニクス化が急速に進んだ。現在のエレクトロニクス化は，テスラ[7]に代表される電気自動車の普及と，自動運転の開発加速が代表的である。

電気自動車においてはテスラが普及価格のモデル 3[8]を発売し，当初は生産に対する課題などがあったが，現在では軌道に乗せ大きな新興勢力となっている。また中国では NEV[9]と呼ばれる国策として電気自動車を普及させようとしており，世界販売台数のうち約 30%が中国での販売となっている。確実に電気自動車の時代に向かっていると言えるだろう。

また同様に自動運転については MaaS[10]のような，ヒトと自動車との関係が変わる新しいモビリティの創出にもつながり，開発競争が激しさを増している。他にも「コネクテッド技術」など，今後の車の価値をさらに上昇させていくような技術にも，「エレクトロニクス化」は必須である。トヨタ自動車が 100 年に一度の大変革期と称し，「自動車会社」から「モビリティカンパニー」へと変貌させると宣言[11]したのは，まさにこれらの変化を象徴したものだと言える。「エレクトロニクス化」は，新たな自動車の歴史におけるイノベーションではないかと筆者は考えている。

エレクトロニクス化の加速を車両の構成部品比率でみてみると，2004 年に約 20%であった構成比率が 2015 年では 40%に達しており，近い将来には 50%を超える勢いである（図 8-6）。これは電化製品の一つになったといっても過言ではない。エレクトロニクス化のもう一つの側面として，ソフトウェアも注目すべき点である。ソフトウェアの開発規模は年々規模が急激に拡大しており，パソコンやスマートフォンなどのアプリケーションソフトと比較しても自動車 1 台分も満たないといわれており，その規模の大きさは明白である。ソフトウェア開発の規模拡大には特徴的な点が二つある。一つ目はバグに対する認識である。他の製品においてバグは「あって当然，適宜直すもの」と認識されている。しかし自動車の場合，人命にかかわるようなバイタルなバグは絶対に許されない。その為，品質確保のための検証作業に大きな時間を割いている。二つ目はフェールセーフ[12]に

7　2003 年に創業した新興自動車メーカー。電気自動車に特化し開発を行っている。
8　2017 年にテスラより発売された電気自動車。価格帯が約 400 万円と普及価格となっている。
9　New Energy Vehicle の略。中国の環境車両の促進政策。
10　Mobility as a Service の略。
11　トヨタ自動車 2018 年 5 月の決算説明会にて，豊田社長のプレゼンテーションより。

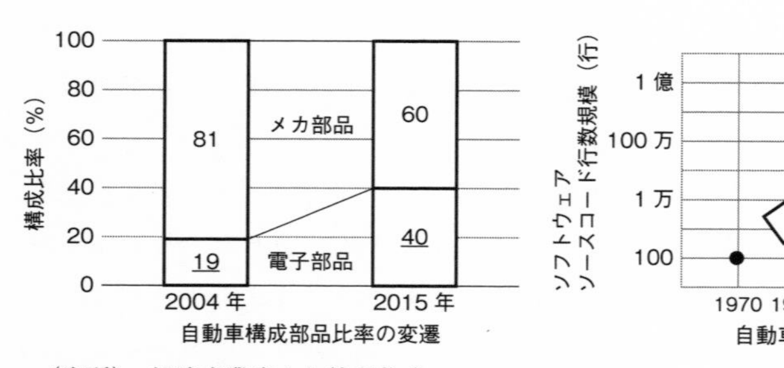

（出所）経済産業省より筆者作成。

図 8-6　エレクトロニクス化の拡大

ついてである。電子部品はハードウェアも含めて偶発故障を起こすものであり，メカのように寿命保証設計ができない。その為，システムを冗長系にすることで安全を担保するので膨大な開発工数がかかっている。さらに今後はサイバーセキュリティの強化やAIなど，ますますエレクトロニクス化への要求が高くなり，従来から自動車を構成していた「メカ」の部分に割けられる開発コストが減少し，より一層の開発効率化が求められる。

エレクトロニクス化は一般的にモジュラー化を促進する。これは各要求仕様が機能別に割り付けられるためである。特にソフトウェアは機能ごとにソースコードが組まれるため，より顕著である。モジュラー化は，非常に小さい範囲で完結するため，信頼性向上と，メーカーを超えた規模の経済が働くのでコスト低減と性能向上の両立に寄与する。このように，「エレクトロニクス化」と「モジュラー化」は密接な関係にあると言える。

3. 自動車開発におけるモジュラー化

【モジュラー化の進行】

企業間競争の激しい今，各社は開発効率化のために開発車の種類，得意とする分野などで差別化を図ろうとしており，主に部品と開発手法の二つに対してマネジメントしているのが特徴である。日産自動車においては，CMF[13]と呼ばれる

12　故障時においても安全を担保するための仕組みのこと。

13　Common Module Family の略，日産のアーキテクチャ戦略。

アーキテクチャを駆使し効率化を進めている。VW の MQB やトヨタ TNGA もアーキテクチャ開発の代表例である。これらは自動車をタイプ分けし，そのタイプごとに部品を開発し各車両開発に適用することで，自動車が効率よくかつ高い品質で開発できるというアーキテクチャの開発マネジメントである。

従来のプラットフォーム戦略では，同じセグメント[14]のものに対して部品共用化を図る程度であったが，アーキテクチャ戦略は，すべてのセグメントに適用しコスト競争力を確保することを目的としている。各セグメントに適合すべく派生していた独自開発部分を再統合し，開発効率化を図ることに力を入れている。効率化に関連する設計因子に着目しそれらを束ねて開発することで，部品種類数を最小限にしている。なにもマネジメントしなければ車の数だけバリエーションが発生し部品種類が莫大な数になってしまうが，このように統合すれば各部品に関して注力すべきことに注力するなど，メリハリの利いた開発が可能となる。この結果，TNGA の頭出しといわれている新型プリウスでは従来方法ではなしえなかった競争力を実現したり，MQB では従来ではなしえない車種展開量を実現したりして，お客様へ魅力を提供している。

過去の開発で段階的に共用化の範囲が広がっていったのは何故だろうか。それは，セグメントが異なると部品への要求が異なることがわかっており，とても一つの部品でカバーすることはできなかったからである。しかし，プラットフォーム戦略は成熟をとげ，今では各セグメントの要求が明らかになっているため，全領域をカバーすることが可能になっている。しかしながら，部品共用化は一般的に各車種の味の部分を奪うことにつながり，車のオリジナリティを奪い商品力低下につながりかねない両刃の剣である。例えば，コスト要求が厳しいがために望まない部品共用化を進めれば，その商品力が下がるのは歴然である。逆に，各車種が独立しすぎて部品共用化が進まなければ，コスト競争力を失うのである。このバランスをどう取るかが，各社でマネジメントの方針の差が出る部分である。従来は，大衆車はプラットフォーム戦略のもとに車をつくり普及させ，高級車は独自性，競争力を有するために，プラットフォーム戦略の適用範囲を狭めるというのが一般的であった。しかし，昨今ではその傾向はかなり薄くなり，VW であればアウディ，VW 等やトヨタでいえばレクサス，トヨタ等の各ブランド間にま

14　車の車格を定義しているもの。小さい車格より，A，B，C，D，E と続く。

たがって，部品共用化を求められている。その結果，全範囲にプラットフォーム戦略を適用した「アーキテクチャ/モジュール[15]戦略」が全盛期を迎えているのである。

【既存の自動車開発マネジメントの限界】

次に，最新事例を踏まえて，プラットフォーム戦略の主流である並行技術移転における適用範囲と適用タイミングの変化について考える。

まず一つ目に，技術移転の適用範囲について考える。リーン生産方式が「生産に関するイノベーション」であれば，マルチプロジェクト戦略は「開発に関するイノベーション」である。どちらも効率化＝ムダの排除をしているのである。自動車の新技術をいかに速く効率よく他の車に技術移転させていくのかについて，リーン生産方式では単一車種に関する話だったのが，マルチプロジェクト戦略では複数車種及びプラットフォームにまたがり適用範囲が拡がっている。そして昨今のアーキテクチャ戦略においては，さらにその範囲を全車種までに拡大させている。

このように自動車産業が発展していく中で，「いかにムダを省くか」という点が重要かつ普遍の課題であった。そしてその戦略は緻密であり，その緻密さこそが日本の企業がグローバル市場を席巻できた「強み」のエッセンスであるといえる。この強みの源泉は，「すりあわせ」と呼ばれる面着により，妥協点を見つけていく調整作業である。例えば，ドアと車体の間の精度などは，図面だけではわからない部分をそのすりあわせによって仕上げており，すりあわせの精度が高くなり試作の回数も減った経緯がある。従来のマルチプロジェクト戦略であれば，適用範囲が同一セグメントであるため仕様に大きな変更がなく，スムーズに技術移転できていた。しかし，昨今のアーキテクチャ戦略は，その適用範囲が拡がったがゆえにすりあわせの難しさを露呈している。すなわち，最近のように異なるセグメントにまで適用する場合には，新技術を開発する際のアプローチが変わる。セグメントが異なれば仕様も大幅に変わってしまい，最悪の場合その技術を適用できないなどの弊害が生じる可能性がある。

二つ目に，適用タイミングについて考える。並行技術移転をよりリーンにしよ

15　モジュール戦略については，モジュール化パワー（ボールドウィン，クラーク，2004）が詳しい。

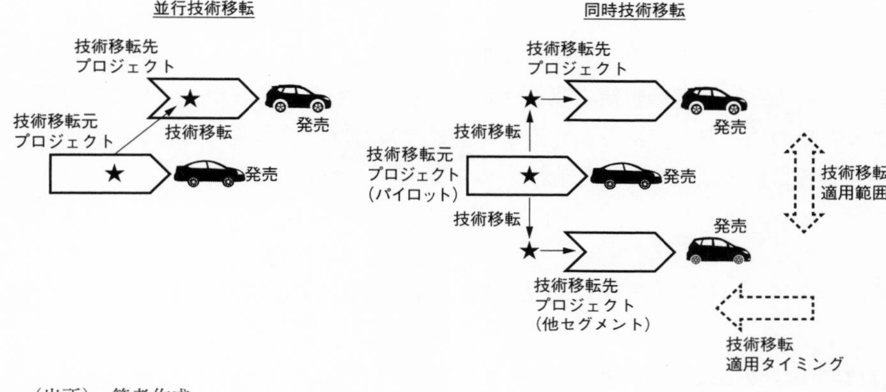

（出所）　筆者作成。

図 8-7　並行技術移転と同時技術移転

うとするならば，仕様の変更や派生仕様は好まれない。各社のアーキテクチャ戦略のようにあらかじめ適用範囲がわかっているのであれば，そのすべての範囲を網羅する仕様で新技術の開発を行い，最小限の部品種類数に抑えて開発コストの抑制を行う。つまり後続のプロジェクトは，最初（パイロットプロジェクト）に決めた仕様からは変更できないわけである。従来，技術移転先プロジェクトに対して，部品側から見れば融通が利かない，プロジェクト側から見れば先に仕様が決まってしまっているという状況に陥ってしまうのである。

これらにより，最近ではアーキテクチャ戦略が従来のマルチプロジェクト戦略から変容してきたことがわかった。最大の特徴は，複数セグメントに対して新技術を適用しようとした場合の技術移転タイミングが複数プロジェクト間で同時タイミングになっているという点である。この結果，最近のマルチプロジェクト戦略は開発コストのかかるタイミングの集中を招く可能性が高い。また，後続のプロジェクトにおいては，本当にそれが新技術で競争力があると言えるのか，最新の市場のニーズに応えているのかなどの疑問が生じる。これを同時技術移転と定義し，概念図を示す（図 8-7）。

従って，並行技術移転の適用範囲と適用タイミングの変化によって以下の二つの問題点が見えてくる。

①　将来の新製品プロジェクトへ制約を与えてしまう。

②　新技術の仕様を早いタイミングで決めるため，将来の競争力にリスクが生

じる。

マルチプロジェクト戦略で論じた並行技術移転は，新技術の導入率向上による競争力向上を図り，その結果収益性向上にも寄与する。ここが，マルチプロジェクト戦略の「本質」であるが，近年の各社の戦略はこの本質の難しさに直面しているように筆者は感じている。

4. エレクトロニクス化にはどのように対応すればいいのか？

【自動車開発の革新の必要性】

自動車開発のモジュラー化による制約について，二つの視点で深掘りする。同時技術移転において，各モジュラーは複数セグメントにまたがるため部品仕様を決めるプロセスが複雑である。複数プロジェクトの開発タイミングと開発組織の一般例を示す（図 8-8）。

一つ目の視点はマトリクス組織への制約である。モジュール戦略が進むとプロジェクト側は複数セグメントかつ複数部署にまたがり，各セグメントからの性能要求により，多くの調整期間が必要となる。つまり，モジュラー化を拡大させることにより仕様検討が複雑かつ膨大になる。このマトリクス組織の複雑化は，一つの部品に対して複数の要求を求められると全体最適でしか物が作れないので，

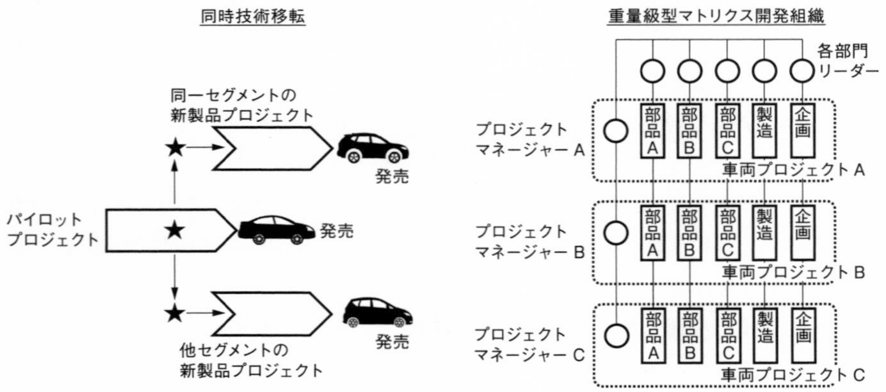

（出所）　左；筆者作成　右；藤本（1993）より筆者作成。

図 8-8　同時技術移転とマトリクス組織

各プロジェクトにとっては規模の経済によるコストメリットの代わりに競争力が失われる可能性がある。そして，最終的には部品の仕様決定権に影響を及ぼす。従来，プロジェクト側の意向が強く反映されるべき部品仕様は，いつしか部品側の最適化の要求を強く反映させたものになる。その結果，各プロジェクトのプロジェクトマネージャーの影響力が低下し，最悪の場合車両開発のコンセプトに悪影響を及ぼすであろう。

もしマルチプロジェクト戦略をかつてのように適用するのであれば，技術移転先で技術を導入するための新たな開発が発生する。しかしながら，新たな開発は開発コストが必要であり好まれず，結果として上記事例でみられたような同時技術移転をとることになり，開発全体へ悪影響を及ぼす。

二つ目の視点はすりあわせへの制約である。現在の自動車開発の方法は，インテグラル型とモジュラー型に大別できる。しかし部品単位でみると構成は様々であり，ある部品はモジュラー型部品で構成されていたり，ある部品はサプライヤーも交えてインテグラルだったりもする。昔と今ではすりあわせをしている階層が異なるのが現場の肌感覚である。1990 年代～2000 年代は部品の下流階層での論議が多かった。「ミリミリの調整」である。競合他社に対して少しでもアドバンテージが取れるように，あと一歩のこだわりやあきらめない努力がすりあわせの象徴であった。しかし今では仕様決定タイミングの時期に応じて二つの型に分けることができ，特にモジュラー型の部品は仕様が早々と決まってしまう。その為，開発終盤のすりあわせで部品の仕様を変更する余地が制限され，インテグラル型開発のメリットをそがれてしまっている。すなわち，開発初期のすりあわせの重要性が非常に増している。

これらの論議により，自動車開発のモジュラー化への適用に対しては，以下の課題を抱えているといえる。

① 部品側の仕様決定権が強くなってしまう。

② モジュラー型とインテグラル型の部品を同時にマネジメントすることは困難。

すりあわせをすべき部品階層が異なるため，プロジェクト側が注意を払わないと階層が合わない。忘れてはいけないのは，「クルマを作るための方策としてモジュラー化するのであって，モジュラー化が目的ではない」ということである。

【モジュテグラルプロジェクト[16]戦略】

本項では，エレクトロニクス化に対応した開発について提言する。重要なポイントは，インテグラル型の開発手法を維持してモジュラー型の要素を受け入れることで，マルチプロジェクト戦略では対応できない同時技術移転への対応により，商品の差別化を図ることである。自動車開発自身がモジュラー型へ移行していくこと自体は許容するが，コンセプトをきっちり決めるという点でインテグラル要素を守り続けることから，「モジュテグラル」と名付けた。モジュラー化による二つの制約の本質は，新技術を導入する際に大規模なモジュラーを開発する必要が生じる為同時技術移転となってしまい，その後の並行技術移転などがしづらくなることであった。この問題を解決するのがモジュテグラルプロジェクト戦略であり，同時技術移転を実行するために以下の二つのマネジメント体系をとる。

① プロジェクトマネージャーとプログラムリーダーによるデュアルプログラム管理。

② プロジェクト実行型組織の活用。

デュアルプログラム管理では，進行するモジュラー開発に対して差別化をするために，インテグラル開発部品とモジュラー開発部品とを切り分けてデュアルプログラム化し，それぞれにプロフェッショナルであるプログラムリーダーを配する。これによって自動車がもっていたインテグラルでのすりあわせの強みを維持しつつモジュラー化の要請にも対応させる。そして，そのデュアルプログラムをプロジェクトとして紐づけるために，組織をマトリクス組織ではなくプロジェクト側の権限が強くはたらくプロジェクト実行型[17]（藤本，1993）に近い形とし，インテグラル側のパワーバランスが崩れないようにマネジメントする（図8-9）。

このモデルのポイントは，開発初期にコンセプトをしっかり固め，そのコンセプトを開発完了まで維持することにある。エレクトロニクス化が進んだことにより，部品がモジュラー化し組織内においても機能別組織化が進行した。そして，部品開発部門に全プロジェクトへの同時技術移転を要求したことにより，プロジェクト組織よりも部品開発部門の権限が強くなり，コンセプトの創造や維持が

16 「モジュラー」と「インテグラル」からの造語。

17 プロジェクト直下に各担当が所属する組織。単一車種を強力に開発することが可能だが，異なる車種間の同一部品について連携が薄くなる特徴がある。

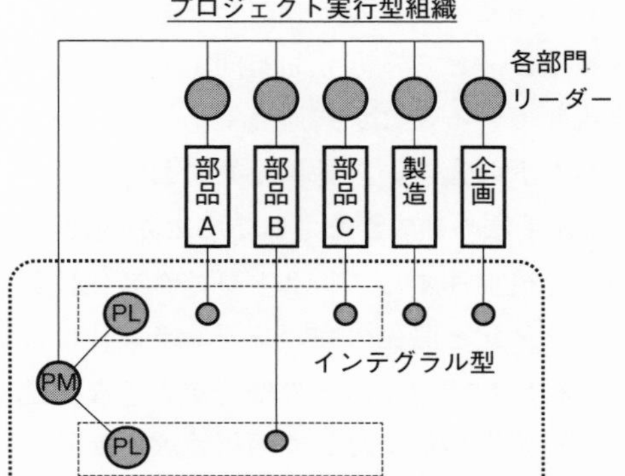

モジュラー型

車両プロジェクト

PM；プロジェクトマネージャー

PL；プログラムリーダー

（出所）　藤本（1993）より筆者作成。

図 8-9　モジュテグラルプロジェクト戦略

難しくなってしまった。そこで，プロジェクト実行型組織にすることで，インテグラルな開発環境が構築され密度と精度の高いすりあわせができるため，良質なコンセプトがしっかり維持できると期待している。

「プログラムリーダー」は開発進捗管理に特化したポジションで，プロジェクトマネージャーはこのプログラムリーダーとマネジメントを分担して役割を果たす。各部品はどちらかのプログラムに属し，プログラムリーダーの下で進捗を管理される。プロジェクトマネージャーは商品の魅力のマネジメントと全体の最適化を，プログラムリーダーは技術開発の任務の遂行をそれぞれ担うことになる。その結果，チームとして円滑なマネジメントを期待できると考える。重要な車両開発コンセプトを示すメッセージをプロジェクトマネージャーが発信し続けることで，この組織の長は誰なのかが明確になり，そのコンセプトをもとにプロジェクト開発が進んでいくであろう。

5. おわりに

本章では，自動車のエレクトロニクス化で起きている変化とその革新について検討した。既存の自動車開発・生産のイノベーションであったリーン生産方式とマルチプロジェクト戦略は，どちらも「品質向上」に支えられて，かんばん方式や並行技術移転を実現していることが共通点であった。つまり，台数規模が大きく品質リスクのインパクトの大きい自動車産業においてイノベーションを実現するためには，現状の開発手法の熟成がなされることが条件となっていたと言える。

自動車開発において今後加速するエレクトロニクス化にどのように対応すべきなのか。エレクトロニクス化と関係の強いモジュラー化はこれまでの主流であったインテグラル型とは相反しており，その融合が大きな課題である。これを同時技術移転と定義し，並行技術移転に対して適用範囲とタイミングに変化が生じており，将来に対して制約や拘束となることを示した。その解決策として，モジュラー型とインテグラル型の仕様決定タイミングの違いに着目し，プログラムリーダーによる個別管理と，コンセプトをしっかり固める為の組織の二つを柱とした，モジュテグラルプロジェクト戦略を示唆した。

モジュテグラルプロジェクト戦略は，マルチプロジェクト戦略が時代の変化とともに発展的に解消したものだと言える。技術移転のような「技術に対するタイミング」と，プラットフォームやセグメントのような「技術の適用範囲」に対してどのようなマネジメントをしていくべきかという両面で，モジュテグラルプロジェクト戦略は普遍性を有するのである。

最後に，ビジネスモデルの転換についても憂慮する必要がある。100年以上続く，自動車会社を頂点とした，ピラミッド型のビジネスモデルは，一見普遍に思いがちだが,「エレクトロニクス化の波」と同じように「モデル転換の波」も確実に忍び寄っていると自覚する必要がある。いずれ迎える環境の変化や新しい波による既存マネジメントの限界に対して柔軟に順応するためには，日々のたゆまぬ努力による進化が必要である。これが，過去の先人達が残した車づくりの教えなのかもしれない。

参考文献

ウォマック，ジェームズ・P.，ダニエル・T. ジョーンズ，ダニエル・ルース（1990）『リーン生産方式が，世界の自動車産業をこう変える。』経済界。
大野耐一（1978）『トヨタ生産方式』ダイヤモンド社。
延岡健太郎（1996）『マルチプロジェクト戦略』有斐閣。
藤本隆宏，キム・B・クラーク（1993）『製品開発力』ダイヤモンド社。

藤本隆宏，キム・B・クラーク（2009）『[増補版］製品開発力』ダイヤモンド社。
藤本隆宏（2003）『能力構築競争』中公新書。
ボールドウィン・Y・カーリス，キム・B・クラーク（2004）『デザイン・ルール　モジュール化パワー』東洋経済新報社。

参考 Web サイト

経済産業省「自動車新時代戦略会議（第一回）資料」〈http://www.meti.go.jp/committee/kenkyukai/seizou/jidousha_shinjidai/pdf/001_01_00.pdf〉（2020 年 9 月 30 日閲覧）。

第9章

コンピューターシステム：サプライチェーンの新機軸

中村　英樹

1．はじめに

本章では，サプライチェーンの利用による競争優位の構築を通したイノベーションの実現について，コンピューターシステムを事例として取り上げ考察する。

1946年に最初のコンピューターとされるENIACが開発されてから，これまで大幅にコストパフォーマンスが向上し，コンピューターシステムの市場は大きく成長した。コンピューター自体も，モジュール化により製品の標準化とコモディティ化が進み，製品差別化が困難または製品差別化を実現できても模倣が容易な製品となった。また，製品仕様が同じであれば，価格で選択する顧客も特に法人に多い。この結果，多くの企業が市場に参入する一方で退出企業も多く，リーダー企業の入れ替わりの激しい市場となった。この市場での競争を観察すると，インクリメンタル・イノベーションによる競争と，破壊的イノベーションによる製品間の競争が起きていることが推察される。従って，コンピューターシステム市場を研究することは，製品差別化以外の方法で競争優位を構築するメカニズムを明らかにするのに適していると考える。

そこで本章では，コンピューターシステム市場において競争優位を構築する方法をインクリメンタル・イノベーションと破壊的イノベーションに分けて議論を進める。ここで破壊的イノベーションを，後発製品のコストパフォーマンスが向上し市場の要求水準に到達した際に，急激にリーダー企業の入れ替わりが発生することと定義する。そして，これら2種類のイノベーションがどのようにして起きるのか，そのメカニズムを考察する。

2. コンピューターシステム産業の歴史

【黎明期からミニコンまで】

1946年に弾道計算という軍事目的のコンピューターENIACが開発されてから，70年以上が経過した。ENIACは17000本以上の真空管を使用し，重量27トンと大型であった。最初の量産コンピューターであるRemington RandのUNIVACが1951年から1954年までの期間に46台が製造された。UNIVACは5000本の真空管を使用し，重量は7.5トンであった。このように初期のコンピューターは，非常に大型でコストも高く，生産規模も小さい製品であった。

1964年にIBMはSystem/360という機種を発表した。この製品は最初にモジュール化されたコンピューターで，標準モジュール・システム（SMS：Standard Modular System）というデザイン・ルールが適用された。また，System/360のモジュール化は，IBM内部でモジュールが定義され各モジュールの開発や製造はIBM社内で実施された（Baldwin and Clark, 2000）。モジュール化されたSystem/360の量産により，IBMはコンピューター市場においてリーダー企業の地位を強固なものにした。

このモジュール化は後のコンピューター産業に大きな影響を与え，その後のミニコン[1]市場においては，製品モジュール化によりDECがリーダー企業となり，コンピューターシステム市場全体においても，IBMに次ぐ2位の地位を得ることができた（Ceruzzi, 2003; 2012）。

【PCの時代】

最初のPC（Personal Computer：パーソナルコンピューター）は，1974年にMITSから発売されたAltair 8800とされている。現在のPCのように，モニターとキーボードを有する最初のPCは1977年にApple Computerが発売したApple IIとなる。

IBMはPCにおいても1981年にIBM PC[2]を発売し，PC市場においてもリー

1　ミニコン（mini computer）は，1960年代から大型コンピューターから分化したより小型のコンピューター。代表的なメーカーにDEC（Digital Equipment Corporation）がある。

ダー企業の地位に付いた。IBM PC は，Intel 製 CPU，Microsoft 製 OS を採用し，モジュール化されたコンポーネントのいくつかを外部から調達した。IBM PC 以前の機種においても，Intel 製 CPU を採用した機種等，コンポーネントの外部調達はあったが，モジュール間のインターフェース等は公開されず，各機種間での互換性はなかった。

これに対して，IBM は製品の仕様を標準化し公開した結果，IBM PC 互換機を他メーカーが開発することが可能となり，多くのメーカーやコンポーネント・サプライヤーが市場に参入し，PC 市場は急速に拡大した。Gawer と Cusumano（2002）は，Intel と Microsoft が PC のプラットフォーム化を推進し，プラットフォーム・リーダーシップにおいて，企業の範囲（scope），製品化技術（product technology），外部の補完業者との関係（relationships with external complementors），内部組織（internal organization）の四つのレバーが重要であるとしている。本章で取り上げる製品も，メーカーの範囲，各モジュールのサプライヤーとの関係や，コンピューターメーカーおよびモジュールメーカーの製品化技術，モジュールの製品差別化やそれらモジュールを用いた製品開発のための内部組織が重要であると考えている。

PC がプラットフォーム化されることにより，市場の競争優位の構築にも影響が及んだ。Porter（1980）は，競争戦略論において，次の二つの論理を展開している。一つは競争環境における論理で，競争環境の分析において，五つの競争要因に分解して分析している。これはコンピューターシステム市場における競争にも当てはまり，コンピューターメーカー間の競争だけではなく，コンピューターを構成するコンポーネントのサプライヤーやデータセンター等の大規模なエンドユーザーの動向もコンピューターメーカー間の競争環境に影響を与えている。もう一つは基本戦略の論理で，差別化（differentiation），コストのリーダーシップ（overall cost leadership），集中（focus）の三つに分類できるとしている。PC 市場においては，“Wintel プラットフォーム化”されることにより，製品の差別化が困難となっている。製品が標準化されているため，市場への参入障壁が低く，容易にニッチな市場へも参入することが可能で，集中戦略も取り難い。必然的にコストリーダーシップ戦略を取ることが多くなり，コンピューターメーカー

2　IBM PC は IBM 5150 という正式型番があるが，IBM PC または The PC と呼称され，本章では IBM PC と表記する。

はここで競争優位を実現することに注力している。

このように，各社がコストリーダーシップ戦略を取らざるを得なくなったPC市場において，コスト競争力の優位性を築く一つの方法が，製造のEMS[3]への外部委託である。コンテナ輸送の普及により物流が進歩し，物流におけるコストおよび移動時間が大幅に低減した（Levinson, 2006）。結果として，サプライチェーンにおける各関係者の立地の制限が大きく緩和された。これにより，製品の生産地と消費地，また生産拠点と部品調達地の相互の地理的な関連度合いが低下し，生産拠点立地が広がった。

このようにサプライチェーンが進化した結果，これ以降EMSがコンピューターシステムの開発や生産を受託するようになった。

【PCサーバーとスマホの台頭】

2000年代後半からPC市場の伸びが鈍化し，iPhoneを始めとするスマートフォンが台頭してきた。これはPCサーバーの普及と通信速度の向上および携帯電話の機能向上により，メール等のコミュニケーションだけではなくSNS，ホームページ閲覧や動画再生等，それまではPCでしか利用できなかったインターネット上のサービスを携帯端末で利用するようになったためである。この結果，大学生等の若年層において，近年はPCを持たずにスマートフォンでレポートの作成等を行う者まで出てきている。このように，一部の用途[4]において，スマートフォンがPCに置き換わるという現象が起きている。

換言すると，フォロワーが既存製品よりも性能的に劣る製品において改善により市場の許容品質に達した時にコストパフォーマンスが既存製品を上回り，市場においてフォロワーがリーダーを逆転する破壊的イノベーション（disruptive innovation）が地滑り的に起きた（Christensen, 1997），一つの事例であると捉えることができる。

本章では，コンピューターシステム市場において，PCがそれまでの大型コンピューターやミニコンに，またPCサーバーがメインフレーム[5]に，そしてスマー

3　EMS（Electronics Manufacturing Service）とは，電子機器の生産を受託するサービスを指し，受託製造企業自体もEMSと呼称することがある。本章においては受託製造企業を指して使用している。

4　本章における用途とは，コンピューターシステムの利用目的と定義する。

トフォンがノートPCに対して破壊的イノベーションを起こした事例を分析し，そのメカニズムを考察する。

3. コンピューターシステム市場のインクリメンタル・イノベーション：市場内競争

コンピューターシステム市場におけるインクリメンタル・イノベーションによる市場内競争について，(1) PC市場，(2) PCサーバー市場，(3) スマートフォン市場を例に挙げて以下に考察する。

【PC市場】

PC市場の出荷台数および市場リーダーの交代の推移を図9-1に示す。ここで，市場リーダーとは，台数基準での市場シェアが1位である企業と定義する。1992年以降，PC市場においてリーダー企業の交代は6回発生している。

市場リーダーの交代の要因には3パターンあると考えられる。一つ目はサプライチェーンの差別化により競争優位を築いたパターン，二つ目はM&Aによる出荷台数の上乗せによる市場シェアの獲得，三つ目は市場環境の変化により競争優

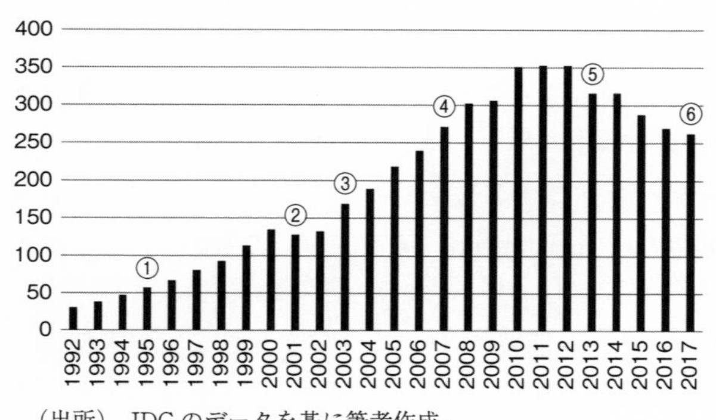

① 1994年は，IBMからCompaqへの交代
② 2001年は，CompaqからHPへの交代
③ 2003年は，HPからDellへの交代
④ 2007年は，DellからHPへの交代
⑤ 2013年は，HPからLenovoへの交代
⑥ 2017年は，LenovoからHPへの交代

（出所） IDCのデータを基に筆者作成。

図9-1　PCの市場規模と市場リーダー企業の交代

5　メインフレーム（mainframe）とは，主に銀行等の大企業で使用される大型コンピューターを指し，汎用コンピューターやホストコンピューターとも呼称される。

位の条件が変化したパターンである。

② 2001 年の Compaq から HP および ⑤ 2013 年の HP から Lenovo への交代については，それぞれ HP による Compaq の買収，Lenovo による NEC の PC 事業の統合という M&A に起因する出荷台数の増加によるものと考える。

④ 2007 年の Dell から HP への交代は，この年の PC 市場の牽引役が法人需要から個人需要にシフトしたことにより，法人需要に強い Dell から個人需要に強い HP へと交代したものと考えられる。また，⑥ 2017 年の Lenovo から HP への交代も，この年の PC に対する法人需要と個人需要のバランスの変化に起因すると考えられ，相対的に法人需要の割合が高い Lenovo は HP に逆転されている。

残りの 2 件は，サプライチェーンの差別化によってコスト競争優位を築いて逆転している。① 1994 年の IBM から Compaq への交代は，Compaq が EMS への生産委託を進めたことにより，製造コストを下げたこと，必要十分な生産キャパシティを柔軟に確保することで過剰在庫や機会損失の両方を回避したことにより（岩淵，1995），IBM よりもコストを下げた。③ 2003 年の HP から Dell においては，Dell の BTO[6] による直販を活かした流通の中抜き，VMI[7] による部品在庫の圧縮により，HP と比較してコスト競争優位を築いた。

【PC サーバー市場】

PC サーバー市場におけるサプライチェーンモデルの変遷の中で，当初はメーカーと ODM[8] は相互依存の関係で PC や PC サーバーを生産し，市場に供給してきた。両社は協力関係の下で互いに業績を拡大してきた。また，市場での競争が激しくなるにつれて，コスト削減のために ODM への委託範囲を拡大してきた。

6　BTO（build to order）は，メーカーが顧客との間で仕様を確定してから，発注・生産を行う受注生産による販売形態のこと。PC においては，顧客からの入金と外注や仕入業者への支払いサイトの差異による CCC（cash conversion cycle）の短縮や，流通在庫の圧縮による資産圧縮およびパーツコストの削減等の効果が得られる。

7　VMI（vendor managed inventory）とは，PC メーカーの近隣倉庫（場合によっては PC メーカーの敷地内倉庫）に，ベンダー資産のパーツを在庫して納品すること。PC メーカーは，生産直前に just in time で仕入れができパーツ在庫を理論的にゼロに近づけられる。PC のパーツは標準化が進んでおり，どの PC メーカーに対しても基本的に同じパーツを供給できることから可能となった，パーツの在庫および仕入れ方法である。

8　ODM（original design manufacturer）とは，OEM（original equipment manufacturer）による相手先ブランドでの製造受託に対して，製品開発および設計までを受託する企業をさす。

これによりODMにおいて学習効果が働き，PCやPCサーバーに関するナレッジが蓄積されていった。こうした状況において，CPUを供給するIntelやOSを供給するMicrosoftは，製品開発のためのテストをコンピューターメーカーのみならずODMとも行うようになった。これにより，ODMにはCPUやOSに関する最新のロードマップや技術的な情報が直接入るようになり，製品技術情報のメーカーへの依存度が低下した。

一方で，メーカーは生産を外部に委託しているため，生産に関するノウハウの蓄積が自社生産していた時よりも減少した。コンポーネントのサプライヤーに対しても，複数社から生産受託しているODMの交渉力は，メーカーのそれに対して相対的に強くなってきた。その結果，大規模なエンドユーザーは購買価格の削減のために，技術力を向上させてきたODMから直接ホワイトボックスサーバー[9]を購入するようになった。これはエンドユーザーの規模拡大によって，エンドユーザー自身の製品知識が増加し，購買時のメーカーによる技術サポートの必要性が低下したことにより可能となった。メーカーとODMの間の差はマーケティング等の営業活動に関わる部分だけとなり，大規模エンドユーザーは，メーカーの中抜きによるコスト削減を選択するようになった。

【スマートフォン市場】

本章におけるスマートフォンの定義であるが，タッチスクリーンパネルをインターフェースとして採用し，インターネットに接続が可能で情報やメールなどをPCと同様に画面表示できる携帯電話とする。インターネット接続可能な携帯電話としては1999年に発売されたNTTドコモのi-modeがあり，またキーボードをインターフェースとするメール機能を有する携帯電話としては2002年に発売されたRIMのBlackBerry等があるが，これらは現在のスマートフォンとは利用形態等が異なるため本章の分析対象としない。本章では2007年に発売されたAppleのiPhone等，現在と同様のインターネット接続とアプリケーションの使用を中心とする利用形態を有する携帯電話をスマートフォンとして議論を進める。

AppleはFoxconnに製造委託しているが，主要なコンポーネントは自社で調達を行いEMSに供給する体制を築いている。また，CPUはARMの技術をベース

9　ホワイトボックスサーバー（white box server）とは，ODM企業が製造し，ノーブランドで第三者に供給するサーバーのこと。

として自社開発を行い，TSMCに製造を委託している。基本設計，製品設計，製造を異なる企業で行い，企業間でサプライチェーンを構築し調達していることは興味深い。

一方で，Appleと市場シェア争いをしているSamsungは，自社生産のサプライチェーンモデルを採用している。現行のGalaxyシリーズにおいては，Qualcomm製CPU，Google製Android OS等を外部調達しているが，Samsung自身がコンポーネントのサプライヤーであり，多くのコンポーネントを自社内で調達している。

スマートフォンは，多くの機能を携帯可能なサイズの筐体に収める必要があることから，各機能はモジュール化されているが，モジュール間のインターフェースについては標準化されておらずオープンにもなっていない。2010年代以降は，AppleとSamsungの2社が市場のリーダー企業を競っており，頻繁にリーダー企業の地位を入れ替えている。リーダー企業の交代も新製品の発売タイミングであることが多く，スマートフォン市場においては製品差別化戦略が機能していると考えられる。これは，スマートフォンの各モジュールのインターフェースが企業を超えて標準化されておらず，優れた機能を有するコンポーネントを直ぐに他社が採用することが困難で，製品自体にある程度の模倣困難性を持たせることができているためだと考えられる。

4. コンピューターシステム市場の破壊的イノベーション：製品間競争

これまで，コンピューターシステムの各市場内でのインクリメンタル・イノベーションによる競争とサプライチェーンモデルの関係について分析を行ってきた。本節では，市場において異なる製品間での競争とサプライチェーンの関係について分析を行う。

【汎用コンピューターとPCの競争】

コンピューターは，小型化の歴史を歩んできており，同時にコストパフォーマンスの改善が進んできた。現在のPCは昔の大型コンピューター以上の性能を有するという表現を時々目にすることが，この現象を表している。これにつき，市場における製品間の競争という視点から分析してみる。

汎用コンピューターの用途として，科学的な計算や大量のデータを利用した計算などがある。現在でもこれらの用途において性能を向上させたメインフレームやスーパーコンピューターなどの市場は存在する。一方で，1980年代～1990年代に大きく市場を拡大させたPCは，汎用コンピューターの一部を代替し，その市場を侵食してきている。汎用コンピューターは，市場の一部であるオフィス用途向けの市場において，PCによって代替されたということができる。

企業の一部門や個人といったより小規模なユーザーにおいて，会計帳簿や技術計算等の「電卓よりは複雑な汎用コンピューターで行うにはコストが掛かりすぎる」業務がある。この表計算やワープロなどの負荷の軽い用途ニーズが高まり，「オフィス業務」という用途が抽出された。オフィス業務における「軽負荷の計算」は，汎用コンピューターの用途の一部であった

この時代のコンピューターは既にモジュール化されており，「オフィス業務」という用途は，CPU，メモリ，記憶装置（例えばフロッピーディスクやハードディスク）の機能によって実現された。汎用コンピューターから「オフィス業務」という用途を抽出してPCを作るために，CPU，メモリ，記憶装置等のモジュールを用いて製品を開発するという水平分業体制が築かれた。また，汎用コンピューターと比較してPCは軽負荷であるため，使用するモジュールの性能は汎用コンピューターより低性能な仕様でよく，廉価なパーツが使用された。実際にIBMが生産したIBM PCという最初期のPCは，Intel製CPUを用いてOSやメモリなどのモジュールも外部調達によって構成されていた。

各モジュールとそれらのインターフェースを同時に改良して性能を向上させる汎用コンピューターと比較して，PCはCPUというモジュールを利用して新規に開発し，他のモジュールについては汎用コンピューターとは異なるコンポーネントやインターフェースを採用しその仕様を公開した。

用途を抽出して限定した結果，PCの機能は汎用コンピューターと比較して，小型化され低価格にできた。この結果，汎用コンピューターを利用できなかった個人や法人の部門単位での購入が可能になった。このように，汎用コンピューター市場と比較して，PCは裾野が広い市場を対象としたため，市場の成長速度は速く，早い段階でオフィス業務用途の市場はPCによって形成された。生産・

出荷数量が急速に伸びて市場が拡大した結果，多くのメーカーが市場に参入し，さらにPCのモジュールや周辺機器のメーカーなども市場に参加し，オフィス業務用途市場の成長は加速した。

汎用コンピューターは性能を重要視していたため，メーカーは専用部品を開発し使用することも多く，汎用コンピューター本体と各コンポーネントのコストはPCと比較すると大幅に高かった。

汎用コンピューターとPCの差異は規模の経済だけではない。各コンポーネントのインターフェースも含めて仕様が標準化され公開されていることにより，PCメーカーは安価なサプライヤーを選び，サプライヤーは異なるPCメーカーに同じコンポーネントを販売できるようになった。また，サプライヤーにおいて，専用品と比較すると在庫によるリスクは大幅に低くなった。このような特徴を有する製品において，PCメーカーとコンポーネントのサプライヤーの間では，多対多の取引関係が構築された。これにより，サプライチェーンにおける部品調達プロセスにおいて競争が活発になり，調達コストは下がっていった。実際に1990年代のPC用のコンポーネントのコストは1週間に1%程度の割合で低下し，1年間で半額になった。

また，製品の標準化は，パーツを調達して組立てると製品が完成するという製造工程の単純化も招いた。この結果，容易に製造を外部委託することが可能となり，EMSへの委託生産も進む結果となった。さらに，輸送のコンテナ化等の物流も同時期に進歩しており，PCの生産と消費がそれらの立地に影響されなくなってきた。この結果として，EMSへの生産委託は，消費地立地から台湾そして中国へと立地を移していった。このように，サプライチェーンにおける製造プロセスはPC向けに最適化され，製造コストも大幅に下がっていった。

一方で，PCコンポーネント市場において，製品改良を行い既存製品より高性能で価格の高い新製品を開発・供給しても，その新製品も1年で半額のペースでコストが下がり，さらに高性能な新製品を開発・供給するというラットレースの状況が発生した。このため，コスト低下と同時に性能は向上する状況となった。

以上のように，各コンポーネントの性能向上とコスト低減が同時に起き，PC全体の製造コストも下がり，急激にPCのコストパフォーマンスが向上した。この結果，PCが「オフィス業務」用途において，要求仕様を安価に満たすようになり，汎用コンピューターを代替した。

【メインフレームとPCサーバーの競争】

主に銀行を含む金融機関等で使われているメインフレームの機能の一つとして，大量のデータを用いた計算がある。金融機関等よりも小さいデータを扱って計算するという用途を抽出したのが，PCサーバーとなる。

PCサーバーはメインフレームと比較して，より小規模での「計算＋データベース」という用途を抽出して開発された。メインフレームの一部用途の抽出により，CPU，メモリ，記憶装置などは，より小型で低性能のモジュールを利用することが可能となった。そこで，既存のPCのコンポーネントとサプライチェーンが流用され，PCメーカーがPCサーバーを開発した。これに対して，メインフレームにおいてCPUやOSは専用品が開発・使用されており，PCサーバーより高性能である。

このため，サプライチェーンの特徴として，PCサーバーでは各コンポーネントは標準品の外部調達となり，製造でもEMSの利用が可能となった。これにより，PCサーバーはコストと供給量の両面において，メインフレームよりも優位となった。

この結果，メインフレームを導入することができない企業等の顧客にPCサーバーは受け入れられ，市場シェアを急速に拡大していった。また，各モジュールメーカーにおいて性能向上やコスト低減が進められたため，PCサーバーはメインフレームと比較してコストパフォーマンス向上の速度が速かった。PCサーバーはPCと同様に，同時並行でモジュールの開発が可能で，性能向上や機能追加が容易であった。これにより，計算に特化したサーバーや，ストレージと呼ばれるデータ保存に特化した派生製品なども生まれた。また，標準化されたPCサーバーは，複数台を組み合わせることも容易であった。このため，複数の機能特化したPCサーバーを組み合わせることにより，メインフレームと同等の性能を持たせることも可能となった。

メインフレームのローエンド機種でもオーバースペックとなる低性能機種の市場から，データセンター等においては複数のPCサーバーの組合せによる要求性能の充足により，PCサーバーはメインフレームにおける「計算＋データベース」市場のシェアを獲得していった。こうして，PCサーバーはメインフレームの一部を代替し，市場シェアを拡大するに至った。

【PC とスマートフォンの競争】

個人の PC の用途としては，メール等のデータを他人と交換，インターネットの閲覧等のデータ通信，ゲーム等の演算をすることが主である。特にノート PC は，カバンに入れて携帯されることが多い。一方で，スマートフォンは「メール」や「インターネット閲覧」などの機能を携帯電話に付加したデバイスであると捉えることができる。すなわち，携帯電話という既存の製品に「メール＋インターネット閲覧」という抽出した用途を付加したのがスマートフォンであると考えることができる。

Apple は iPhone において，汎用 CPU の改良や LCD パネルの外部調達，製造の外部委託により，低コストでの大量生産を実現した。一方で，部品調達を自社で行い EMS に供給し，iOS も外販はせず自社内に留め，製品差別化を志向した。その結果，低コスト大量生産と模倣困難性を両立するサプライチェーンを構築した。

一方で，Android OS を採用したスマートフォンは，標準化を進め，Qualcomm の CPU と共に，PC のようなプラットフォーム化を行った。スマートフォンは，小型軽量化のため，専用インターフェースの使用や部品が基板実装され標準化が困難であったが，reference design と呼ばれる標準設計を公開することにより標準化を進めた。この結果，スマートフォンにおいても，PC に類似したプラットフォーム化が進み，標準化による部品供給の水平分業に製造の外部委託という選択肢も加わり，スマートフォンのサプライチェーンが構築された。

携帯電話をベースとしているため小型化は必須であり，実際に CPU やディスプレイ等のモジュールは小型化されたものが採用され，当初は PC と比較して性能が低かった。一方で，携帯電話の特性上，個人での所有や使用がメインであり価格感受性が高く，PC と比較するとコストパフォーマンスの向上速度は高かった。また，データをサーバー上に持ち，携帯電話ではアプリの実行およびデータの参照を行うという利用形態が通信速度の向上に伴って普及し，当初の「メール＋インターネット閲覧」よりも用途が広がっていった。このようにして，携帯可能な PC としてのノート PC の一部をスマートフォンは代替するに至っている。

5. 考察とまとめ

【市場競争におけるインクリメンタル・イノベーション】

第3節では，PC市場，PCサーバー市場およびスマートフォン市場の三つの市場における競争の分析を行った。これらの分析により，市場内競争における市場リーダー企業の逆転は，主に次の三つのパターンがあると述べた。(1) M&Aにより他社の市場シェアを獲得し自社の市場シェアを拡大する，(2) 市場環境の変化により自社と競合の得意としている市場の割合が逆転する二つの場合についての論理は比較的容易に理解ができる。一方で，(3) 製品差別化以外で競争優位を構築する場合は，能動的な競争でリーダー企業の地位を逆転していると言える。製品差別化以外の競争優位について，PC市場では委託生産，PCサーバー市場では販路，スマートフォン市場では外部委託先も含めた広い意味での調達といった，サプライチェーンモデルの視点から分析を行った。サプライチェーンの視点では，自社とコンポーネントのサプライヤーやEMSなどの補完的企業と連携し，競合よりもより安く製品を市場に投入できるサプライチェーンを構築できた企業が競争優位を構築できている。これは，サプライチェーンに参加している各企業間の連携や，サプライチェーン内のどの企業が主導権を握るかによっても左右される。コンピューターシステムにおいて製品差別化は困難であるが，模倣困難性の高いサプライチェーンモデルを構築できれば競争優位を獲得できる可能性が高まる。

このようにサプライチェーンのインクリメンタル・イノベーションにおいては，市場内のシェアを奪い合うという競争環境になる。この競争は市場自体の拡大に対する影響度が低く，リーダー企業になっても逆転された企業との差は小さい。また，PCサーバー市場のように，コスト削減のために需要家が主導的に仕様を定義し，仕様を満たす範囲でコストが低い供給元を選択するという現象も起きており，競争環境の変化によってリーダー企業の競争優位に影響を及ぼすこともある。このため，インクリメンタル・イノベーションによる市場競争においては，リーダー企業の再逆転も発生し，1社が市場において支配的な地位を築くことは難しい。

【市場競争における破壊的イノベーション】

市場での製品間競争においては，まず先行製品とその市場が存在する。この先行製品が満たせる用途ニーズを持つが，先行製品に手を出さない潜在顧客が市場には一定数存在する。その理由がコストやサイズである。

市場競争における破壊的イノベーションの起きるメカニズムを図9-2に示す。まず，潜在顧客がニーズを持つ用途が選択される。この用途を実現する機能が選択され，それを実現するコンポーネントを使用した新しい製品が定義される。この製品は既存製品と比較して機能が限定されており，低コストで小型な製品となる。さらに，潜在顧客は既存製品に対して低コストを志向しているため，コンポーネント供給に対する水平分業や製造におけるEMSの利用による外部委託等，コスト低減も考慮したサプライチェーンが再構成される。ここで，新たに定義された製品が潜在顧客の用途ニーズを満たすことができていれば，この新製品の市場が形成される。新製品は取り込んだ潜在顧客の分だけ市場を拡大することになる。

新製品が対象とする市場が十分に大きくなれば，製品メーカー以外にもコンポーネントのサプライヤー等の企業が市場に参入し競争が激しくなる。数量ベースの市場が拡大すれば，製品の改良投資の回収も早くできることが考えられ，新製品の性能向上速度は先行製品の性能向上速度よりも速くなる。こうして，低コスト化と性能向上が同時に進行する。

これにより，性能が既存製品の顧客の要求水準を超えると，既存製品顧客の一部は新製品でも十分に用途ニーズを満たせると考え，よりコストパフォーマンス

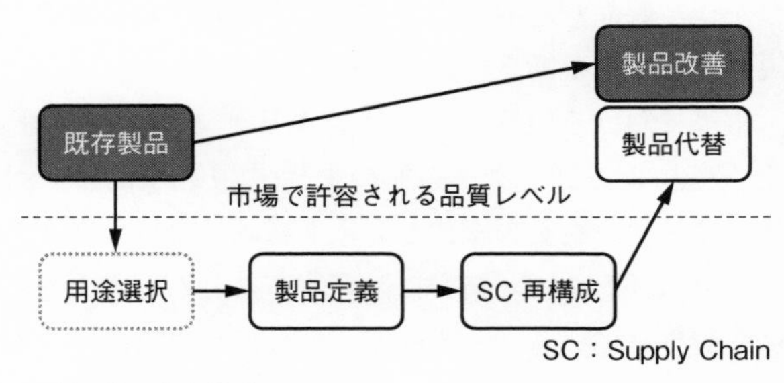

（出所）　筆者作成。

図9-2　破壊的イノベーションのメカニズム

の高い新製品に乗り換えるという現象が起きる。乗り換える顧客の数の割合が先行製品を志向する顧客数を上回ると，新製品の先行製品に対する代替が地滑り的に発生する。新製品は潜在顧客も獲得し，市場自体を拡大しながら市場シェアを伸ばしているため，逆転後の先行製品との市場シェアの差異は拡大する。この結果，再逆転が困難となる。これが市場内での製品間競争による破壊的イノベーションのプロセスであると考える。

6. おわりに

これまで，コンピューターシステム市場の事例を用いて，市場内におけるインクリメンタル・イノベーションによる競争と，破壊的イノベーションによる競争について考察してきた。この結果，破壊的イノベーションはどのように起きるのかという疑問に対して，先行製品よりパフォーマンスの低い新製品が，用途選択により絞り込まれた機能の性能向上および再構成されたサプライチェーンによるコスト低減によりコストパフォーマンスが逆転し，市場シェアの地滑り的な移動が起き，結果として既存製品の代替が起きるというプロセスを説明することができた。

これまで，PC，PC サーバー，スマートフォン等，個別製品市場に関する研究は数多くなされてきた。一方で，これら個別製品を包含し，コンピューターシステム市場として俯瞰的に考察した研究は管見の限り見つかっていない。さらに，コンピューターシステム市場内での競争を分析することにより，市場内で競争対象とみなされなかった製品が急激に市場シェアを逆転する破壊的イノベーションのプロセスを説明することができた。

このように，市場における競争を，(1)インクリメンタル・イノベーションによる激しい競争と僅差によるリーダー企業の交代，(2)破壊的イノベーションによる再逆転が困難なリーダー企業の交代という2種類に分けて考えることで，市場における競争のメカニズムをより精密に説明することが可能となったといえる。

今後は，市場で競争しているメーカーが，能動的に破壊的イノベーションを起こし競争優位を構築するメカニズムについて，その方法論を明らかにすることが期待される。

参照文献

稲垣公夫（2001）『EMS 戦略—企業価値を高める製造アウトソーシング』ダイヤモンド社。

岩淵明男（1995）『コンパックの奇跡—高品質・低価格を実現した驚異の経営・生産革命』オーエス出版。

情報処理学会 歴史特別委員会（2010）『日本のコンピュータ史』オーム社。

田中辰雄（2009）『モジュール化の終焉—統合への回帰』エヌティティ出版。

Baldwin, Carliss Y. and Kim B. Clark（2000）*Design Rules: The Power of Modularity*, Cambridge, MA: The MIT Press.

Burgelman, Robert A.（2002）*Strategy is Destiny: How Strategy-Making Shapes a Company's Future*, New York, NY: Free Press.

Ceruzzi, Paul E.（2003）*A History of Modern Computing, 2nd Edition*, Cambridge, MA: The MIT Press.

Ceruzzi, Paul E.（2012）*Computing: A Concise History*, Cambridge, MA: The MIT Press.

Chopra, Sunil（2006）"Choose the Channel that Matches Your Product", *Supply Chain Strategy*, 2 (9): 8-9.

Christensen, Clayton M.（1997）*The Innovator's Dilemma: When New Technologies Cause Great Firms to Fail*, Boston, MA: Harvard Business School Press.

Gawer, Annabelle and Michael A. Cusumano（2002）*Platform Leadership: How Intel, Microsoft, and Cisco Drive Industry Innovation*, Boston, MA: Harvard Business School Press.

Grove, Andrew S.（1999）*Only the Paranoid Survive: How to Exploit the Crisis Points That Challenge Every Company*, New York, NY: Crown Business.

Levinson, Marc（2008）The Boy: How the Shipping Container Made the World Smaller and the World Economy Bigger, Princeston, NJ: Princeston University Press.

Porter, Michael E.（1980）*Competitive Strategy*, New York, NY: Free Press.

第10章

データセンター：直流化と経路依存性

都野　織恵

1. はじめに

本章の事例は，データセンターにおける高電圧直流給電（HVDC）である。電力多消費型事業所であるデータセンターの直流化による節電の進展に光を当て，それが直流装置を内包するセンターのみにとどまるのか，それとも経路依存性の壁を超えて他のセンターにまで広がれるのかについて検討を行う。

データセンターを舞台としたのは，社会インフラのキーパーツとして重要性が増しているからであり，直流技術に注目するのは，データセンターの効率化に現在有効なだけでなく，次世代の社会インフラの構成要素としての期待の高まりからである。

人間同士のつながり合おうとする力は結実し，今や地球上は直接的にも間接的にも，リアルタイムにつながっていると言っていい状況にあるだろう。比例して，社会的課題も温暖化や大規模災害のように地球規模化し，国家や地球全体で対峙している。なかでも，本稿執筆時点，我々共通の大きな関心事は，全世界を席巻する新型コロナウイルス禍であろう。日常を一変させたこの出来事が後世どのように語られるかを我々は未だ知らない。しかし，デジタル化・ソフトウェア化がこれに対抗する有効な手段の一つであり，国家や企業にとって実力が問われる重要な能力であることを，これを機に我々は身をもって知った。停滞していた「働き方改革」はテレワークとして一気に実装段階へ進み，リモートサービスは隆盛を迎え，大量データの AI による分析・シミュレーションの効果も目の当たりにしている。そして，バックグラウンドでこれらの仕組みの実現に寄与しているのが，高度に進化した通信技術と，本事例の舞台，データセンターである。データセンターを巡る課題やその解を語ることは，それほど耳馴染みのないものではなくなっているのではないだろうか。

遡って，本事例には与件として，1世紀以上前，イノベーションの概念すらない時代に起きた大きなイノベーション，「電力の商用化（電化）」が存在する。本来，自然現象の一つである「電気」が，「電力＝エネルギー」として捉えられ，事業化・商用化され，本事例に係わる電気通信産業も生まれ，今日に至る産業や社会へ大きな変化をもたらした。電力のエネルギーとしての有用性は非常に高い。商用以来，産業の主要動力源となり，今日の「社会のあらゆる仕組みの自動化」の駆動力の役も担っている。

一方，電力の安全性や効率性の高低については，電気を扱う技術である「直流／交流技術」に依拠している。電力の商用化にあたっては，安全で低コストに広く供給できること，すなわち「送電」が重要な要件であり，当初直流方式で開始されたが，競争の結果，より送電品質の高い交流方式にかわった。これを契機に，電力の分野では交流方式がスタンダード化し，電化の伝播と共に経路依存性が高まって行った。

近年，データセンターにとって，電力効率の点で優位な直流給電化が注目されている。しかし，それは同時に，既に確立された交流給電の経路依存性を乗り越えなければならないことを意味していた。

「直流／交流」，発電方式を異にするこれら二つの方式にはそれぞれ技術的な特徴と適用分野が存在し，二つの方式の競争のファクターは，技術的成熟度や時代の要請によって，これまで，「送電品質（商用供給）：交流勝利」→「効率性（省エネ）：直流優位」→「蓄電機能（再生可能エネルギーとの親和性）：直流勝利」と遷移を重ねてきた。

特に近年は，例えば，「EV（電気自動車）を蓄電池に」といったコピーとともに，災害対策や生活コスト低減を目的とした「貯めて自給自足する」タイプの電力の使用方法，あるいはスマートフォンなどのモバイル端末の動力源である，リチウムイオン電池に代表される小型で追加充電可能なバッテリーといった，直流で実装する「蓄電」の機能に注目が集まっている。目に見えるこの変化は，いずれビジネスチャンスを産み出す力，イノベーションの萌芽かもしれない。

イノベーションとは「発明ではなく，発明が商業化されたもの」（安部，1995）とあるように，本章では，新しい技術方式そのものではなく，それを事業化し成功させることと解釈している。さらに，イノベーションに期待される要素は，新技術の事業化とその成功だけでは終わらない。事実，データセンターの直流化による節電は，企業が支払う電気使用量の低減だけを目的としているのではなく，地球温暖化防止という企業の社会的責任（CSR）に係わる施策としても位置付けられている。

次世代にむけ，社会インフラの再構築が模索されるなか，一度確立されたある技術方式の強い経路依存性はどのような障壁として新たな試みの行く手を阻み，それはどのように突破されようとしているか，また，その先にはどのような展開が期待されているのか，直流技術のデータセンターへの導入にあたって行われた以下の取組みを通してみていきたい。

(1)　通信分野の通信施設の直流給電装置の高電圧化（高効率化／省エネ化）
(2)　通信分野のデータセンターへの高電圧直流給電装置の展開
(3)　通信分野以外のデータセンターへの高電圧直流給電装置の展開

2. 事例研究

【通信分野の通信施設の直流給電装置の高電圧化（高効率化／省エネ化）】

直流給電は，通信分野の通信施設の装置や鉄道分野での給電に用いられているが，これら一部の例を除き，商用電力においては交流給電が一般的である。近年，電力効率や再生可能エネルギーとの親和性の観点から，直流給電化が注目され，本事例のように，データセンターへの導入も試みられてきているが，現時点ではデータセンターの構成に必須の標準的な技術として浸透するに至ってはいない。これは「交流優位の経路依存性」の存在によるところが大きい。「交流優位の経路依存性」とは，ロスなどの欠点があっても，電力の世界標準は交流であり，交流で発電，変電，送電，給電がされ，機器（ケーブル，プラグ類他）の仕様も交流，というロックイン状態をさす。対して直流は標準技術ではないが，特に情報機器のように内部が直流仕様の機器の増加による高効率性の観点からも，再注目されている。

(1)　通信分野における例外的な直流優位の経路依存性

通信分野の直流システムのルーツと直流技術の蓄積の始まりについて，「DC-

表 10–1　固定電話における DC–48V について

きっかけと目的	詳細
きっかけ	米国でアース間に DC–48V の電流を流したため。
通話目的（通電）	電話をかけられるように電圧をかける。 回線に電流が流れているので停電時も輻輳がなければ通話可能。
防食目的（マイナス電位）	固定電話回線（銅線）はプラスイオン（金属イオンはプラスイオン）を発する。アースに触れるとプラスイオンが減る（銅が減る）ので，マイナス電位で流す（ガスの導管同様）。

（出所）筆者作成。

48V」というキーワードとともに，国内固定電話網の誕生からみていきたい。

「直流」は，銅線を使用した「固定電話（黒電話／音声電話）」に必須の技術である。国民生活を支える公衆電話回線網（PSTN）として，未だサービス継続がされている固定電話が通信分野の「直流の必然性」の源泉であり（表 10–1），交流優位の電力の世界のなかに，例外的に「直流優位の経路依存性」を持つ仕組みを存在させてきた。具体的には，通信局舎の給電装置・交換機・回線に流れる DC–48V である。

そして，国内のみならず，固定電話の既存資産を持つ他国でも，同様に通信分野の中に「例外的な直流優位の経路依存性」が存在する[1]。

(2)　電話交換機の歴史と直流技術の蓄積

通信用給電システムは，商用交流電源（6.6 kV～66 kV）を，通信局舎内の受電装置で受電し，交流 200 V に変換後，整流装置で直流 48 V に変換，蓄電池への蓄電と交換機等通信装置に給電する，という構成である。そして，各戸の固定電話にも DC–48V が給電される。

なかでも電話交換機は，公衆電話回線網（PSTN）の要として，固定電話システムに必須の装置である。電話には，災害対策，救急など，停止が人の生死にかかわるクリティカルな要件が要求されるため，電話システムでは品質と耐障害性が重視される。設備投資が高コストというデメリットがあるが，「全国ネットワーク接続」を目標に，永年独占事業として，コストをカバーできるビジネスモデル（料金体系）と，当初の外国製品輸入からオリジナル製品開発へ移行し，国

1　詳細は後述の「NTT グループにおける国際標準化における貢献」に記載した。

表 10-2　交換機の推移

機種名	電圧	方式	備考
手動交換機	—	ラインスイッチ	・1890 年〜・集線機能は 1 台につき 25 線。26 回線めはつながらないので，台数を増やす方式。 ・速度が問題。「ダイヤルイン即時通話」が後に目標。
A 型自動交換機	DC-48V	ステップバイステップ	・英 ATM 社（Auto Telephone Machine）からの輸入。 ・大正 12 関東大震災をきっかけに国産化に動く。1926 年（大正 15・昭和元年）から 40 年代まで使用。メーカーは NEC，日立，沖電気。カバレッジ：H 型以外。 ※「自動」からが DC-48V。
H 型自動交換機	DC-60V		・輸入。独ジーメンス・ウント・ハルスケ（Siemens & Halske AG）（ゆえに H 型）。 ・国産化に動く。メーカーは富士通信機（のちの富士通）。40 年代まで使用。カバレッジ：横浜・近畿・北九州。
クロスバ交換機	DC-48V	接点/ワイヤスプリング/リレー	・米・ケロッグ社　独・ジーメンス社。 ・C1〜C9 型まで製造される。「経路選択の自由度」追求。昭和 40 年代。プッシュホン。
D10〜D70	DC-48V	デジタル交換	・ISDN 目的。度数計不要。ソフトウェア対応。0120 など様々なサービスができるようになった。サービスごとのマシン。 ・国産：NEC，日立，沖電気，富士通（後の電電ファミリー） ・昭和 60 年代（民営化ごろ）〜2015 年（平成 27 年）撤去完了。
新ノード MHN シリーズ	DC-48V	オリジナル	・1996 年，独自開発。先行指標がない。他の国はデジタル交換機を改修して対応。ISDN，フレームリレー，パケットを一括で行う方式。インターネット（国内 2000 年頃急増）対応できていなかった。「ルーターを手掛けておくべきだった」（取材時開発者談）。※維持延命中。「IP 化」へシフト必至。

（出所）　筆者作成。

産メーカーと連携した自前主義によって電話システムの品質向上は追求され続け（表 10-2），直流技術も蓄積されていった。全国展開を目標とする 100 年の間，固定電話システムは技術開発，研鑽がなされ，連動し直流の技術蓄積も進むことで，「交流の経路依存性の中の例外的分野」が確立された。

その一方で，固定電話の交換機システムには，大企業が既存市場に対して行いがちな「高品質化」に邁進する動き（Christensen, 2012）も進行していた。

(3)　インターネットの侵攻

2000年前後，通信ネットワーク分野で大きな変化が起こる。インターネットの普及である。固定電話網に対し，低品質・低コストのIPネットワークがとってかわっていく。電話に求められる機能は，音声から情報端末（クラウドシステムなどのモバイル端末）へ，主要機器も交換機からルーターへとシフト，利用者数も逆転する。そして，市場開放を背景に，ビジネスモデルも，CAPEX（大手通信会社1社の設備投資型）からOPEX（大手通信会社のインフラを借りるモデル）へと変化が進む。

(4)　固定電話の終焉（固定電話の「2025年問題」）

固定電話の加入数は，1997年の6,300万契約数をピークに減じ始め（2016年現在，ピーク時の6割以上減の2,172万契約数），1890年の開通以来，1世紀以上にわたって重要社会インフラの一つであった固定電話は終焉を迎えようとしている。交換機はすでに新規製造が停止され，現存機器の寿命も長くない（表10–2）。IP網への移行は2024年から開始2025年完了予定で，メタル線を最小限温存しつつインターネット対応が進められることが決定されている。言い換えれば，モバイルシフトで固定電話の市場は縮小し，サービスの維持は困難，前向きな設備投資はできず，インターネット対応のためIP網へ移行する方向にある。総務省のサイト[2]にこの現状と今後の方向性が以下のように示されている。

> 全国の固定電話を繋いでいるNTTの固定電話網は，加入電話の契約数が減少していることや電話の交換設備が2025年頃に維持限界を迎えることなどを背景として，2025年1月までにIP網に移行することが予定されています。
>
> （中略）
>
> 現在，メタル回線とつながっている公衆交換電話網と光回線とつながっているIP網（NGN）が併存しています。NTTは，IP網への移行後もメタル回線を維持し，加入者交換機を「メタル収容装置」として利用し，変換装置を経てNGNへとつながっていく「メタルIP電話」を当分の間提供する考えを示しています。IP網移行後は，これまでのメタル電話（加入電話・ISDN電話）の利

2　総務省 固定電話網の円滑な移行 情報通信審議会における検討経緯等〈https://www.soumu.go.jp/menu_seisaku/ictseisaku/telephone_network/index.html〉（2020年9月30日閲覧）より。

用者が引き続き固定電話を使う場合には，IP 電話に移行するか，あるいはメタル電話の代わりに提供されるメタル IP 電話を利用することになります。

⑸　直流給電装置の高電圧化

前述の市場縮小を背景に，通信施設の機器更改のタイミングで一層の効率化（省エネ化）をめざし，直流給電装置の高電圧化が推進された。それは，従来の DC48 V システムの課題を解決することでもあった。

高電圧化には，アーク・感電・地絡といった技術課題や心理的不安といった障壁があったが，研究開発によって課題解決し，安全性を確保した。

【通信分野のデータセンターへの高電圧直流給電装置の展開】

固定電話市場は縮小し，通信局舎もデータセンターへと移行が進む。こうして，通信局舎の装置の更改としての直流電源装置の高電圧化は，データセンターの省エネ化も視野に進められていく。

⑴　データセンターへの導入の意義

現代社会にとって重要な要素「情報（データ）」を処理・格納する施設がデータセンターである。従来，金融機関等の「事務センター」と呼ばれた施設，大手企業のコンピュータルーム（マシンルーム）を前身とするもの，また，インターネット機器を管理運営するインターネットデータセンター（iDC）を母体とする施設，本事例のように，通信会社の通信局舎から移行しているケースもある。近年，クラウド，AI，M2M，IoT など様々なコンピュータシステムの呼称が聞かれるが，これらシステムは，基本的に「端末＋ネットワーク＋データセンター」によって構成され，社会インフラ構成の要素となる。

社会の情報化が進むほど，社会インフラの構成要素の核としてのデータセンターは量，質共にニーズが高まる。大量のコンピュータをはじめとする IT 機器を稼働させるための駆動力として，また高集積化した機器の発する熱を下げるために，いきおい，使用電力量が増加する傾向にある。このような電力多消費型事業所であるデータセンターでは，コストの低減と地球温暖化防止対策のため，省エネ（節電）が大きな経営課題とみなされるなか，環境志向型社会の進展という時流にかなった解の一つとして高電圧直流給電に期待が寄せられた。

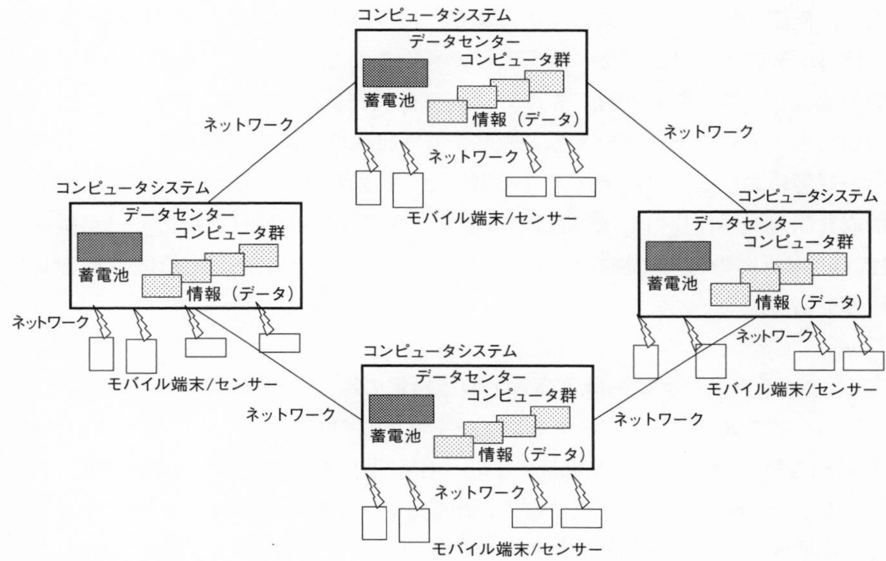

（出所）　筆者作成。

図10-1　コンピュータシステムとデータセンター

(2)　通信局舎とデータセンターの導入要件の違い

データセンターは構成機器や運用方法等，基本的に交流前提の構成のため，直流システムを導入するための工夫が必要であった。特に機器調達は高コストのため量産によるコスト低減を急ぐ必要が高かった。導入対象の明確化と，蓄積された直流技術によるデータセンター用機器の開発（星・矢島・馬場崎・廣瀬・松尾・則竹・武田，2015）が行われた。また，並行して，規格の国際標準化や，コンソーシアム作りによるネットワーク外部性向上が試みられた。データセンターの運用保守体制，監視システムに直流システムも組み込む必要があったが，通信分野は，直流用サーバ機（DC48V）の導入実績もあり，既存の直流システムを活かした共存やスムーズな移行も見込める環境であった。

(3)　NTTグループのデータセンターへの高電圧直流給電導入計画

導入先はNTTグループの通信局舎・データセンター（全国5,000カ所，うち2019年3月現在700システム以上の導入実績）である。導入目的は老朽化した通信設備の更改であり，データセンターにも使えると尚可，という位置付けであったが，直流の既存システムの存在により，移行，共存がしやすい，直流システムの例外的経路依存性が優位に働く環境である。また，グループ内のため，導入対象の施設への導入計画が立てやすい。直流の経路依存性を持つNTTグループの通信局舎・データセンターを導入先とする取組みは，直流技術のデータセンターへの展開におけるフロンティア（適用分野）と思われる。なお，おもなシステム構成と周辺機器仕様[3]は，給電はDC380V，受電側はHVDC対応のサーバ機や，HVDC未対応の機器の場合にはマイグレーション装置を介して給電されるICT機器である。

⑷　NTTグループにおける高電圧直流給電の導入の推進

世界有数の通信ビル・データセンターを有するNTTグループの電力使用量は，年間84.5億kwh（日本の発電量の1%），Co_2 排出量は400万t（2016年度）である。なかでもデータセンターは電力使用量が多く，ICTの産業横断的展開により需要増傾向にある。電力消費量の低減は，企業の社会的責任（CSR）の観点からも，NTTグループの環境志向経営における課題の一つと位置付けられた。

表10-3　NTTグループにおける高電圧直流給電の導入

導入先	導入形態	概要
NTTグループの通信局舎	既存設備の更改	老朽化した設備の更改。AC/DC整流器。DC380V。受電側DC48V。
NTTグループのデータセンター	既存設備の更改	マシン集約，省エネ効果を目的とする。既存システム（DC48V）との併用や移行が要件。導入例：NTTドコモ，高電圧直流対応の仮想化基盤システムを構築[4]。
	新規導入	省エネ効果目的。

（出所）　筆者作成。

⑸　NTTグループにおける国際標準化における貢献

ITU-T（国際電気通信連合　電気通信標準化部門）において，NTT環境エネルギー研究所が標準化活動を先導し，ITU-T L.1200「電気通信及びICT装置の

3　おもなシステム構成と周辺機器仕様〈https://www.ntt-f.co.jp/news/2016/161019.html〉（2020年9月30日閲覧）より。

4　NTTドコモ導入事例〈https://www.hpe.com/jp/ja/customer-case-studies/servers-proliant-docomo.html〉（2020年9月30日閲覧）より。

入力端における 400 V までの直流給電インタフェース」(2012 年 5 月)，ITU-T L.1201「直流 400 V までの給電システムの構成」(2014 年 3 月) の二つの国際勧告を制定した。

ジュネーブでの国際標準化会議で，フランステレコム（現・オレンジ）や，ブリティッシュテレコムからおおむね賛同を得たが，一部の国が反対してまとまりにくかった。標準化・規格化は NTT の知財戦略であり，競争力を高めるため，コア部分を保持，共通部分はオープンとして普及を目指した[5]。

2. の(1)通信分野における例外的な直流優位の経路依存性で触れたように，固定電話の全国普及を待たず携帯電話が普及した一部の国を除き，国内のみならず固定電話の既存資産を持つ他国，特に欧米各国では，同様に通信分野の中に「例外的な直流優位の経路依存性」が存在している。国際標準化は国際的な貢献であり，イニシアティブを持てる可能性が大きい取組みと言える。

表 10-4　国際標準化に関わる発表など

文献	筆者	詳細
ICT 利活用による環境負荷削減効果の見える化	折口 壮志ほか，NTT 環境エネルギー研究所　NTT 技術ジャーナル 2010.11	HVDC の国際標準化の取組み
高電圧直流給電システムの導入に向けて	折口 壮志ほか，NTT 環境エネルギー研究所　NTT 技術ジャーナル 2010.11	開発状況，標準化の取組み
日本環境効率フォーラム「情報通信技術（ICT）の環境効率評価ガイドライン」の策定	折口 壮志	ICT 導入による環境負荷低減を評価する初めての統一基準で，ICT サービスの環境負荷，環境効率ならびに環境負荷低減効果を客観的に評価。経済産業省設立の日本環境効率フォーラムが策定・発行。
ICT の利活用による低炭素社会の設計	折口 壮志 精密工学誌 2010	NTT グループの環境への取組み，情報通信技術が環境に与える影響への検討
ICT 装置の高電圧直流給電インターフェースに関するテクニカルリクワイヤメント	日本電信電話株式会社 平成 26 年 6 月 19 日	国際標準ほか

（出所）　筆者作成。

5　日本の国際標準化活動の担当者インタビューから（2017 年 8 月 16 日）。

【通信分野以外のデータセンターへの高電圧直流給電装置の展開】

(1)　商用データセンターへの導入とエネルギーマネジメントの課題

高電圧直流給電装置の商用データセンターへの初の本格導入は，さくらインターネット社の石狩データセンターにおいて，NTT データ先端技術によって行われた。

導入の主目的は，データセンターに存在するエネルギーマネジメント上の二つの大きな課題の解決にあった。二つの課題とは，① 電力使用量の増加：コンピュータを運用管理する施設のため電力消費量が多く，情報化でさらに需要増傾向にある，② 稼働増による無効電力（ロス）の増加：商用グリッドからは交流電力を受電するが，センター内の機器は直流で駆動するための変換ロスが増加する，というものである。

データ処理量が増加の一途をたどり，データセンターへの需要は高まっている。同時に，データ処理の効率化のため，データセンター内の機器は高密度化・高集積化が進み，発熱量が高まっている。加えてデータセンターの電力使用量の3割は機器の発熱低減ための空調用途であることも懸念されている。

データセンターは他の施設と同様に発電所から商用グリッドを介し，交流で受電している。すなわち，交流の経路依存性の支配下にある世界である。しかしICT 機器内は直流で動作し，バッテリーへの蓄電も直流で行われるため，交流から直流への変換が発生し，エネルギー損失を引き起こしている。

このため，商用グリッドから機器類までの給電の効率化，発熱低減が，データセンターの電力消費の効率化のカギと言われている。この課題の解決に有効な手段として期待されるのが，高電圧な直流で高効率を実現する高電圧直流給電である。

交流給電システムは，商用電源（交流）受電後，無停電電源装置（UPS）で2回，ICT 機器内で1回，合計3回の交流-直流変換が行われ，電力損失が大きい。これに対し，高電圧直流給電システムでは，商用電源の受電後，高電圧な直流に変換し，機器に直接直流供給するため交流-直流変換は1回である。そのため電圧変換段数が最小化され，エネルギー損失が低減し，給電効率が改善される。

以上のように，通信分野以外のデータセンターにおいても，直流システム導入のメリットへの期待は高いが，交流前提の環境（交流の経路依存性が存在し，電力に関する仕様は受電側の内部が直流稼働であってもすべて交流）への導入であり，通信分野のような既存システムという足掛かりもない。このため，導入障壁（心理的不安，直流対応機器の少なさ，コスト高，運用体制への浸透の工夫など）はさらに高い。これら課題の解決には，技術革新による安全性確保や，量産化によるコスト低減，コンテナ型データセンターや超電導送電システムとの連携実証実験など，ここでは言い尽くせないが，導入にあたり様々な試みが行われた。以下に商用データセンター導入に至るNTTグループの取組みを時系列に整理する（表10–5）。

表10–5　NTTグループにおけるHVDCへの取組み

2004年6月30日	NTTデータ イーエックステクノ設立	省エネ技術に特化した系列会社
2005年から	NTTファシリティーズ，HVDC電源技術を開発開始	
2009年11月	NTTデータ，HVDCシステムの実証実験が完了し，好結果を残したことを発表	
2010年11月	「ICT利活用による環境負荷削減効果の見える化」発表	NTT環境エネルギー研究所
2010年11月	「高電圧直流給電システムの導入に向けて」発表	NTT環境エネルギー研究所
2010年11月	日本環境効率フォーラム「情報通信技術（ICT）の環境効率評価ガイドライン」の策定	折口壮志
2010年	「ICTの利活用による低炭素社会の設計」	折口壮志
2011年11月	NTTファシリティーズ，HVDCシステムの発売を発表	
2012年秋	NTTデータ先端技術のHDVC，グリーンITアワード受賞	
2013年3月	NTTデータ先端技術，初の商用データセンターへのHVDCの本格導入発表（さくらインターネット社/「石狩DC」）	
2014年6月19日	「ICT装置の高電圧直流給電インターフェースに関するテクニカルリクワイヤメント」完成	日本電信電話発表
2014年8月4日	「直流給電」をNTTグループのデータセンターに導入することを発表	同上
2016年10月19日	NTTファシリティーズ，低価格版HVDC整流装置の販売開始を発表 ※2014年度から本格的にNTTグループの通信ビル・データセンターへHVDCシステム導入を進め，導入ビル数は2015年度末で200ビル超と発表	

（出所）　筆者作成。

(2) システムの構成と周辺機器の仕様

給電はDC340Vタイプ，受電側ICT機器はDC12V，もしくはDC48V。商用データセンターで広く採用されているIA（インテルアーキテクチャ）サーバ（DC12Vで駆動）への効率的な給電を目指していることが大きな特徴である[6]。

(3) 消費電力削減効果とその他の導入効果

消費電力削減は，給電効率の改善により，データセンター1フロア（500サーバラック換算）あたり，年間約2,700万円分（従来比－18%）の電力が削減できると試算され，消費電力削減という省エネ効果以外にも障害発生率の低減も挙げられていた[7]。

(4) 導入経緯

経路依存性を超え，商用データセンターへの導入が実現した理由は，同社が「ニッチ戦略に適したデータセンター」，「アーリー・アダプター」（Moore, 2014）の性質を備えた，あるいは「省エネルギー型」のように直流技術を顧客への訴求ポイントととらえる「ビジョナリーなデータセンター」であったためと思われる。

表10-6　省エネルギー型データセンターの例

データセンター	省エネ策	備考
さくらインターネット・石狩データセンター[8]	寒冷地の自然空冷	北海道石狩新港の地の利を活かした涼冷な外気冷房
	高電圧直流給電の導入	コンテナ型データセンター 太陽光/超電導/燃料電池との連携も実験
青い森クラウドベース[9]	外気＋雪氷冷房併用の省エネデータセンター	青森県六ケ所村の立地を活かした積雪利用空冷

（出所）筆者作成。

6　NTTデータ先端技術公式サイト〈http://www.intellilink.co.jp/solutions/green/products/xechno-power〉（2020年9月30日閲覧）より。

7　さくらインターネット公式サイト〈https://www.sakura.ad.jp/corporate/corp/datacenter.html〉（2020年9月30日閲覧）より。

8　さくらインターネット・石狩データセンター〈ishikari.sakura.ad.jp/〉（2020年9月30日閲覧）より。

9　青い森クラウドベース〈https://aoimoricb.co.jp/〉（2020年9月30日閲覧）より。「雪氷冷房」の取り組みが「平成29年度地球温暖化防止活動環境大臣表彰」の対策技術先進導入部門において表彰されている。

(5)　ニッチ戦略に適したデータセンターとは

ここでの「ニッチ戦略に適したデータセンター」とは，「アーリー・アダプター」の性質を備えた，あるいは「ビジョナリーな」データセンターをさすものとする。また，「オープンコンピュートプロジェクト」のように，オーナシップが強く，機器選択の意思決定自由度が高く，メーカーロックインされにくく，効率や持続可能性といった別の要素を重視する価値観を備えたセンターもこれに該当すると思われる。

(6)　次世代の分散型エネルギーマネジメントシステムとデータセンターの役割

データセンターの需要と重要性は，次世代の「データ駆動型社会（Society 5.0）」（第 5 期科学技術基本計画，2016）のインフラのコアパーツとして，ますます高まっている。Society 5.0 の実体はネットワークでつながれた大量のコンピュータ群（『Society 5.0』 2018）であるため，システムを格納・運用管理するデータセンターは大量の電力消費施設として，省エネルギーが課題（天野，2020）といわれる。次世代社会インフラのコアとして，情報通信にとどまらず，エネルギーも含

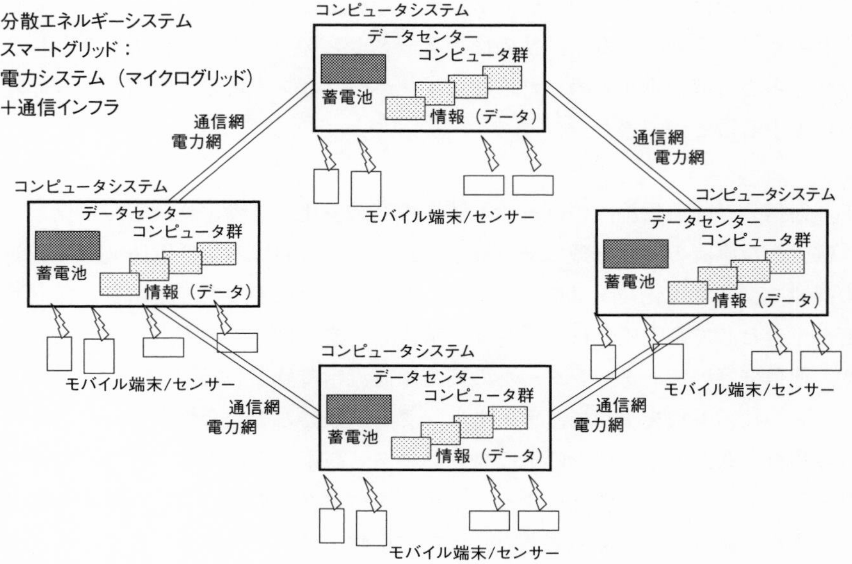

（出所）　筆者作成。

図 10–2　分散型エネルギーマネジメントシステムとデータセンター

めた社会インフラの制御を担うデータセンター自身が，より高いパフォーマンスをもとめられる。

また，太陽光発電システムに代表される再生可能エネルギーとの連携への期待もある。不安定電源である再生可能エネルギーを活用し，マイクログリッドに代表される次世代の分散型エネルギーマネジメントシステムを実現するためには，再生可能エネルギーとの親和性の高い直流で行う「蓄電」の機能は必須といわれる。

3. 考察

「どのようにしたら経路依存性から脱出できるのか」を問いとして，事例を通し，その解を「フロンティア（適用分野）を探すこと」と導出した。一つ目の直流給電装置のフロンティア（適用分野）は「通信分野のデータセンター」であった。ここでの技術蓄積・安全性の確保・コストの低減を土台に，次のフロンティアである「通信分野以外のデータセンターのなかのアーリー・アダプター」を探すというニッチ戦略のもと，初の商用データセンターでの本格採用がなされた。今後さらなる取組みが求められるが，イノベーション実現の突破口となる可能性を示唆することができた。

①　通信分野の通信施設の直流給電装置の高電圧化（高効率化／省エネ化）

例外的な直流の優位分野である通信分野の施設における，低電圧（DC48V）での課題を，高電圧化（DC380 V）することで解決をはかった。蓄積された直流技術を土台として高電圧化による課題を解決し，安全性への不安も払拭した。

②　通信分野のデータセンターへの高電圧直流給電装置の展開

上記の技術蓄積を土台に，データセンター用機器との適合性向上や既存システムの移行と共存のためのDC/ACコンバータ，高電圧直流の安全性確保のためのコンセントバーなどの開発によって，データセンター導入における課題を解決した。また，コストの低減の課題を，国際規格化・標準化により仕様の公開と，導入先母数の確保によるネットワーク外部性の強化で解決を試みた。

③　通信分野以外のデータセンターへの高電圧直流給電装置の展開

通信分野以外のデータセンターへの直流技術の展開におけるフロンティア（適用分野）は，能動的に探し出す必要があった。「ニッチ戦略に適したデータセンター」がそれであり，協力して導入効果を実証し，導入ユーザを増やすことでネットワーク外部性を高め，ひいては経路依存性の突破へとつなげる努力が行われた。

「ニッチ戦略に適したデータセンター」とは，直流技術の魅力を省エネ化（電力使用料金低減）によるコスト削減としてだけではなく，次世代の通信＋エネルギーのインフラのキー技術としての将来性にある，と認識するセンターであり，本事例ではさくらインターネット石狩データセンターを参照した。

①② では，従来の直流給電装置の「高電圧化」が行われた。高電圧化における技術課題を解決することで，心理的不安も解消され，その成果が消費電力の高効率化につながっている。①② はそもそも直流の既存資産が存在する環境への導入であるが，整流器，高電圧用の径のケーブル，ブレーカ等の部品類といった，それまでは存在しなかったものの開発や調達が別途行われた。

③ については，①② の実績の増加によって技術蓄積がなされ，環境が整えられ展開が高まる，という構図である。なぜなら，交流がスタンダードという前提の世界にあっては，装置自体だけでなくケーブルやブレーカといった周辺の部品や機器も交流仕様であって，直流機器を組立てようにも部品調達のレベルで右往左往してしまい，存在しないものは自身で制作する必要もある。特に通信分野以外のデータセンターへの展開の場合，直流の既存資産が存在しない分，①② よりもハードルが高い。しかし，データセンターをコンピュータシステムの格納場所としてだけでなく，大規模蓄電施設としてみた場合，その先の可能性の広がりが見えてくる。①② は，一見通信大手1社の内部に閉じた取組みに見えるが，同社は国内外でのマイクログリッドの実証実験，国際標準化など，外部展開にむけた試みを行っている。自社以外のデータセンターへ展開することで，既存システムの存在しない環境での新たな課題を認知できる可能性も高い。あるいは，データセンター以外の，さらなる適用分野との出会いも期待できるだろう。今後の直流給電の可能性の実装例として，例えば，ニューヨークのハドソンヤード[10]の高層ビルごとのマイクログリッドなどが挙げられるものと思われる。

すなわち，省エネ化だけでなく，再生可能エネルギーとの高親和性をもとに，次世代の分散型電力網であるマイクログリッドを見据えた③のチャレンジは大きなイノベーションへの可能性を秘めていると言ってもよいのではないだろうか。

実際にNTTは，東京電力との協業や，トヨタ自動車とのスマートシティでの協業といった外部との連携も発表している。これらの仕組みの中心にはデータセンターや蓄電の機能が不可欠のため，直流給電技術の蓄積と実用化の意味は大きいように思われる。

本事例からみる「既存の経路依存性の乗り越え方のメカニズム」は，最初の技術革新（本章の扱う電力の商用化）が起こると，その時点の要件にマッチした技術方式（本章の扱う交流技術）が採用され，仕様の標準化，量産化，プラットフォーム共有化等を介し，ネットワーク外部性の強化，経路依存性の強化が進み，当該技術方式でのロックインが発生する。後に新しい技術方式へのニーズ（本章の扱う直流技術）が発生しても，この既存の経路依存性に阻まれる。

このような膠着状態を打破する有効な手段として「フロンティア（適用分野）を探す」ことが挙げられる。「フロンティア」とは，その技術方式が馴染みやすい環境（適用分野）であり，本事例では二つの方策を導出した。すなわち，①事例の通信分野の例外的直流システムのような「既存の例外分野」＝「結果的なニッチ分野」で，優位な立場で技術蓄積や課題解決を進めること，次にさらなる展開のためのステップとして，②「戦略的に（意識的に）ニッチ戦略をとる」ことである。②は，事例におけるさくらインターネットのようなビジョナリーなセンター（もしくは既存のロックインに無関係のセンター）で，将来性の観点からトップダウンで導入決定と展開推進を行うことである。このとき，「新しい事業部を設けて（中略），その新しい事業を成功させるには，主力事業からの独立性を担保しておくことが欠かせない。」（Christensen, 2016）といった配慮もなされるべきであろう。そして，このフロンティアでの実績を活かし，時代の求める要件の変化（直流技術の場合，蓄電ニーズ）をとらえ，世に問うていくことでイノベーションの実現へとつなげていく。

10　HUDSON YARDS NEW YORK〈https://www.hudsonyardsnewyork.com/〉（2020年9月30日閲覧）より。

4. おわりに

現時点では道半ばではあるが，既存の経路依存性を突破し，イノベーションを実現させうる条件を事例から示唆した。

イノベーションを実現する要素として，本事例の直流技術のように，既存の経路依存性の陰で見えにくいだけで，特定分野に温存されて，時代の要請が変化すれば，ある時従来と異なる価値で見えてくる技術が他にも存在するかもしれない。直流技術も，「はじめに」で述べたように，技術的成熟度や時代の要請によって，交流方式との間の競争のファクターがこれまで遷移を重ねてきた。

また，ある時点での施策も，遅れて効果がやってくる場合もあるだろう。例えば，本事例で参照した国際規格化・標準化は，国際的なイニシアティブをとれる可能性を見込んで行われたもので，その効果はこれからあらわれてくるのかもしれない。

そして，イノベーションを論じるとき，新技術の事業化とその成功だけでなく，社会的意義の高さも重要な要素とみなされつつある。企業の，国連 SDGs への賛同や，ESG を評価指標として重視する傾向も高まっている。例えば，アップルは 2020 年 7 月，2030 年までにサプライチェーンの 100%カーボンニュートラル達成の約束を発表している。

技術も社会の仕組みも完成形に見えて，進歩は常に進んでいるのだろう。デジタル化によるアナログ技術の固定電話網のシュリンクについても，あるとき突然訪れたものではなく，リチウムイオン電池が登場し，スマートフォンやタブレットなどのモバイル機器が IT 端末の主役となり完遂されたモバイルシフトとリンクしたものであろう。

通信網同様，電力網についても，基幹電力系統が従来の大規模型から分散型へ移行するという予測もある。NTT は 2018 年，東京電力と共同での通信局舎の蓄電池と直流送電による分散型の電力供給システムの展開を，2019 年には「直流エリアグリッド」の構築を表明[11] している。

本事例は，データセンターという比較的閉じた世界の課題解決の手段として直流技術を追ってきたが，ここでの技術蓄積もまた次代へ活かされていくものだろう。また，直流技術だけがデータセンターの課題解決の有効な手段というわけではなく，例えば，窒化ガリウムが次世代半導体としてシリコンにとって代わることで機器自体の電力効率が飛躍的に向上する（天野，2020）など，イノベーションの足かせとなった経路依存性が突破され，新たな未来が切り開かれていくことを追っていきたい。

（本章は筆者個人の研究活動によるものであり，所属組織の公式見解ではない）

参考文献

安部悦生（1995）「革新の概念と経営史」明治大学『経営論集』42 巻 1 号。

天野浩（2020）『次世代半導体素材 GaN の挑戦―22 世紀の世界を先導する日本の科学技術―』講談社。

NTT ファシリティーズ（2019）『通信ビル向け高電圧直流給電用リチウムイオン電池の開発』NTT 技術ジャーナル。

折口壮志（2010）『ICT の利活用による低炭素社会の設計』精密工学誌。

クリステンセン，C. M.，玉田俊平太監修・伊豆原弓訳（2012）『イノベーションのジレンマ　増補改訂版』翔泳社。

クリステンセン，C. M.，マイケル・レイナー，ロリー・マクドナルド（2016）『破壊的イノベーション理論：発展の軌跡』DIAMOND ハーバード・ビジネスレビュー 2016 年 9 月号。

経済産業省　デジタルトランスフォーメーションに向けた研究会（2018）『DX レポート ～IT システム「2025 年の崖」の克服と DX の本格的な展開～』。

地域低温エネルギー利用電力システム実用研究会（2019）『超電導直流送電システムの実用可能性検討報告書　－100 km 級高温超電導直流送電システムユニットについて』。

ドラッカー，P. F.，上田惇生訳（2007）「第 18 章 ニッチ戦略」『イノベーションと企業家精神』ダイヤモンド社。

則竹政俊（2011）『直流給電の活用による省エネ化技術の最新動向』建築整備士。

日立東大ラボ（2018）『Society 5.0 ―人間中心の超スマート社会―』日本経済新聞出版社。

星秀和・矢島寛也・馬場崎忠利・廣瀬圭一・尾英徳・則竹政俊・武田隆（2015）「高電圧直流給電システム導入に向けた装置開発」『NTT 技術ジャーナル』2015.1。

ムーア，J.，川又政治訳（2014）『キャズム ver.2』翔泳社。

Chesbrough, Henry W. (2003) *Open Innovation: The New Imperative for Creating and Profiting from Technology*, Boston, MA: Harvard Business School Press.

David, P. A. (1985) "Clio and the Economics of QWERTY", *The American Economic Review*, Vol. 75, No. 2, pp. 332–337.

11　スマートグリッドに代表される，次世代の社会インフラである通信網と電話網が融合した分散ネットワーク型システムの実現を予感させる。災害や大規模停電への対策，エネルギーの効率的利用といった地球規模化した社会課題への解として期待が大きく，そして直流による蓄電はここに欠かせない要素である。

参考 web サイト

廣瀬圭一（2009）『将来のデータセンタに向けた直流給電方式の検討』グリッド協議会第 27 回ワークショップ発表資料〈http://www.jpgrid.org/test/event/2009/pdf/ws27/ws27-hirose.pdf〉（2020 年 9 月 30 日閲覧）。

山下隆司　村上直樹（2019）『給電方式の変遷と今後の直流給電の可能性』株式会社 NTT ファシリティーズ総合研究所　研究報告〈http://www.ntt-fsoken.co.jp/research/2019.html#01〉（2020 年 9 月 30 日閲覧）。

第11章

電子決済：デジタル化とバーチャル化

高梨　透

1. はじめに

電子決済サービスは，スマートフォンの普及に後押しされるように2014年頃から提供されはじめ，政府の「キャッシュレス決済のポイント還元キャンペーン[1]」によって，日本社会に広く認知される存在となった。このような社会的普及の観点から，電子決済サービスは，まさにイノベーションと言えよう。

しかしながら，日本銀行金融研究所（1999）では，電子決済は，中央銀行と民間銀行間，民間銀行と大企業間等のホールセール取引において進められてきたとされる。その一方で，リテール取引については，現金を持ち歩く必要がないという理由では，利用者はメリットを感じにくい。従って，対面取引において電子決済手段が広範に普及しているケースは現時点（1999年当時），ほとんど存在しない。このようなことから，電子決済手段が銀行や企業の取引に特化して使用されるのか，それとも対面取引を含め広く使用されるようになるかの判断は，現時点では見極めが困難であると述べている。

先行研究では，このように実店舗での電子決済の普及は難しいと言及しているが，①情報通信技術の発展により，決済の電子化が低コストで実現可能になってきたこと，②リテール取引の対象である新聞・雑誌の記事や音楽などの様々な情報がデジタル化されつつあり，これらを電子的に売買したいというニーズが高まってきた背景にも触れており，リテール取引における電子決済サービスを完全には否定していない。以上のように，デジタルコンテンツの進展がリテール取引における電子決済につながってくる可能性を述べているが，これはあくまでも

1　消費税増税に対する消費喚起を目的とした制度（2019年10月～2020年6月）。

バーチャルな取引空間内に留まった経済行為であり，本章の事例で取り扱う実店舗での電子決済の可能性までは述べていない。

従って，本章の問いは，約 20 年前において，実店舗における「電子決済サービス」の普及は難しいと言われていたが，2020 年の今日，このサービスが普及を妨げる壁をどのように越えたのかを示すものとする。なお，本章の対象は，中央銀行や金融機関によって担われてきたホールセールの電子決済ではなく，多くの人の目に触れる存在となった一般消費生活における電子決済サービスとする。先ずは，社会的インパクトを与えたスマートフォンの QR コード電子決済サービスから見ていくものとする。

2. 事例：日本社会における「電子決済サービス」の普及

【参加プレーヤーと経済的インパクト】

電子決済サービスは，「消費者」が実店舗で財やサービスを購入する際，現金に代わって「店舗」に代金を支払う手段である。「店舗」は本サービスの信用機能により消費者を信頼し，後日「電子決済事業者」から代金が入金される。その裏側で「電子決済事業者」は，クレジットカード会社や銀行といった「金融機関」に支払指図を行い，電子決済事業者に代金が振替られる。または，電子マネー発行事業者の電子マネーから引き落とされる。このように，従来の相対取引は電子決済事業者の参画により，四者間の関係となっている（図 11‒1）。

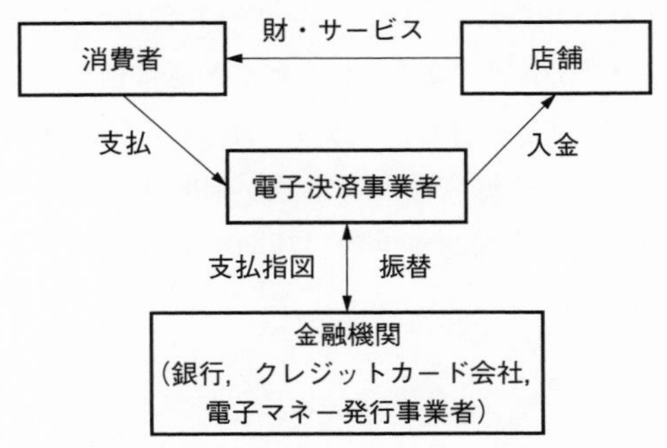

（出所）　筆者作成。

図 11‒1　電子決済サービスのプレーヤーとその関係

それでは具体的に「キャッシュレス決済のポイント還元キャンペーン」の事例から，本サービスがもたらしたインパクトを見てみよう。

第一の「消費者」がもたらした経済的なインパクトは，決済総額が約8.5兆円，還元総額が約3,530億円に達するほど大きなものであった（2020年4月中旬まで）。その結果，経済産業省が推進している「キャッシュレス比率（民間最終消費支出に占める割合）」は，2008年の11.9%から2019年26.8%と14.9ポイント増加し，裾野が拡大した。また，2019年10月1日から2020年3月16日までの決済総額は約7.2兆円であるが，その決済手段別の金額（カッコは全体割合）とそれぞれの1件当たり決済金額（＝決済単価）は，「クレジットカード」が約4.6兆円（約64%），決済単価4,600円，「電子マネー」が約2.1兆円（約29%），同1,100円，「QRコード決済」が約0.5兆円（約7%），同900円となっている。電子決済サービスを分析する上で，QRコード決済だけではなく，他の決済手段であるクレジットカードや電子マネーにも配慮する必要がある。

第二の「店舗」の本キャンペーンへの登録数は約115万店であった（2020年6月11日時点）。その内訳は中小・小規模事業者が約105万店（約91%），フランチャイズチェーンが約5.2万件（約5%），コンビニエンスストアが約5.5万件（約5%）となっている。特に中小・小規模事業者が約91%，量的拡大も約65万店であり，本制度の社会的認知に大きく貢献している。

第三の「電子決済事業者」の本キャンペーンへの登録数は1,103社であった（2020年7月1日時点）。キャッシュレス推進協議会（2020）をもとに筆者が調べたところでは，従来の金融サービスを代表する銀行系（第二地銀，信用組合，信用金庫含む）が423社（38%），クレジットカード会社が121社（11%），電子マネー発行事業者が7社（0.6%）。また，ECサイト運営企業，ソーシャルメディア運営企業，Fintech企業などを含む，新興のQRコード決済サービス事業者が10社（0.9%）となっている。登録者数の約半数が金融サービスを提供する機関であり，残りが店舗への端末導入補助や手数料補助を受けるショッピングモールなどの商業施設となっている。

【技術面の観察】

日本銀行金融研究所（1999）は，リテール分野の電子決済は難しいと述べていたが，その背後にある技術的発展を，①ICカード技術の発達により，大規模コンピュータシステムを構築しなくても，ある程度安全に金銭的価値を保管できるようになってきたこと，② 暗号技術の発展により，① と同様に金銭的価値の保管に関する安全性が向上してきたことに加え，相手側の認証や送信データの秘匿の実現が現実的になってきたこと，③ インターネット等オープンネットワークの発展により，一般消費者でもデータ通信を低コストで利用できるようになってきたことを挙げている。

この技術的発展の観点から，各社のスマートフォンの QR コード電子決済サービスを確認してみる。まず一例として，QR コードの電子決済サービスの「PayPay」の登録方法を見てみよう。利用者は AppStore 又は Google Play からアプリケーションをダウンロードし，スマートフォンにインストールする。携帯電話番号とパスワードを登録し，電子決済事業者からの SMS（ショートメッセージサービス）を通じて認証コードを受信し，その認証コードを登録する。支払の準備として，銀行口座を登録，又はセブン銀行 ATM でアプリにお金をチャージする。そして，支払方法は，QR コードを表示させ，店舗側がそれを読み取る。又は利用者が店舗側の QR コードを読み取り，金額を入力して店舗の店員が確認する。

各 QR コード電子決済事業は，自社の得意とする技術や社会的認知を基にして本サービスを実現している。「d 払い」は NTT ドコモ，「au PAY」は au といった携帯電話の通信事業者のサービスを活用している。「楽天ペイ」や「メルペイ」は，それぞれ自社の EC サイト事業の運営から拡張している。「LINE ペイ」は，ソーシャルメディアでの存在感からサービスを展開している。「PayPay」は，ソフトバンクや Yahoo の営業力を基に遂行している。

このような各電子決済事業者が利用者や店舗に提供しているサービスを分解し，それぞれの要素を比較したところ，決済という大きな一括りの技術ではなく，三つの技術分野に整理できることがわかった。これらの三つの技術分野とは，「ユーザ認証技術」，「店舗での接点技術」，アプリの仮想口座又は金融機関から引き落とす「支払技術」であり，各分野に複数の要素サービスが存在している（表 11-1）。

では，三つの技術分野の役割を見てみよう。

第一の「ユーザ認証技術」は，電子決済事業者の ID 体系や，スマートフォンの自体の認証技術を適用する方式や，クレジットカードの 3D セキュアや，SMS

表 11-1　主な QR コード決済サービスにおける「技術分野」と「要素サービス」の整理表

サービス名	ユーザ認証技術	店舗での接点技術	支払技術	
			仮想口座	金融機関
LINE ペイ	・銀行口座の登録 ・顔写真と身分証	・QR コード ・バーコード	・LINE ポイント（銀行口座，Fami ポート・セブン銀行 ATM でのチャージ） ・LINE Pay カード（プリペイド） ・LINE Pay クーポン	・Visa LINE Pay カード（クレジットカード） ・QUICPay＋（Google Pay） ・請求書支払（バーコード）
楽天ペイ	・楽天会員＋スマートフォンの電話番号＋SMS 認証コード	・QR コード ・バーコード ・Suica	・楽天ポイント ・セルフ払い（店舗選択と金額入力）	・クレジットカード ・楽天銀行，楽天カード ・電子マネー（楽天 Edy，モバイル Suica）
d 払い	・ドコモ回線ユーザ ・d アカウント発行＋クレジットカードの本人認証：3D セキュア	・QR コード ・バーコード	・d 払い残高（ATM，コンビニでのチャージ） ・d ポイント ・d 払いクーポン	・クレジットカード ・電話料金との合算払い ・d 払い（iD）
PayPay	・スマートフォンの電話番号＋SMS の認証コード	・QR コード ・バーコード	・PayPay 残高（銀行口座，セブン銀行 ATM でのチャージ）	・クレジットカード（本人認証：3D セキュア） ・ソフトバンク/ワイモバイルまとめて支払い
au PAY	・Au ID	・QR コード ・バーコード	・au Pay 残高（au じぶん銀行，クレジットカード，セブン銀行 ATM, au ショップ，ローソンでのチャージ） ・au PAY プリペイドカード ・Ponta ポイント	・クレジットカード ・Apple Pay
メルペイ	・顔写真と本人確認書類	・QR コード ・バーコード	・メルカリでの売上金 ・メルペイ残高（銀行口座，セブン銀行 ATM でのチャージ）	・メルペイスマート払い（定額払い，翌月まとめて清算） ・iD

（注）　各社のサービス説明の範囲や詳細度は異なるものであり，各社のサービスの網羅性や優劣を示すものではない。

（出所）　各社の Web サイトを参考に著者作成。

の2段階認証の組合せで実現している。2019年7月のセブンPayの不正利用事案は，この技術への考慮が不足していたことから発生したものである。その結果，被害者約800人，被害額3,861万円，開始4日で新規登録を停止し，1カ月で撤退することになってしまった。

第二の「店舗での接点技術」は，QRコードとSuicaに代表される非接触型電子マネー[2]である。QRコードの利用においては，高額な決済端末を必要とせず，小規模な店舗でも導入しやすい利点があるが，QRコードが偽造され，代金を別の口座に送金させる古典的な詐欺も横行していた。この対策としてセキュリティを確保すべく，CPM（Consumer Presented Mode）という60秒程度で自動的に無効となるコードをスマートフォンに表示させる方式や，動的MPM（Merchant Presented Mode）という決済金額や時刻情報を内包したコードを店舗で表示させる方式も採られている。

第三の「支払技術」においては，二つの処理の流れがある。一つは，電子決済サービスの仮想口座にチャージされたお金を引き落とすものである。もう一つは，銀行やクレジットカード会社の金融機関へ支払指示を行い，口座間の振替が行われ，最終的に店舗の口座に入金されるものである。銀行の支店やATMから現金を直接引き出す必要がなく，電子マネーからの引き落としも含め，従来の銀行窓口サービスを代替している。

具体的な要素サービスとしては，①「即時払い」の銀行口座やデビットカード，②「前払い」口座から引き落とすSuica，Edy，nanaco等の電子マネー，③「後払い」のクレジットカード，iD，QUICPay等に分類できる。このように，新興のQRコード電子決済事業者は，従来からの電子決済サービスである「クレジットカード」や「電子マネー」を裏方的存在に押しやっている。その結果，「クレジットカード」や「電子マネー」は，電子決済事業者と金融機関の二重の役割を担うようになった。

【銀行の対抗】

図11-1のように，金融機関である銀行は裏方的役割を果たすために，銀行の自社システムとの連携を強化している。QRコード決済サービスの拡大時期に併せ

2　NFC：Near Field Communication，近距離無線通信規格，利用時に“ピピッ，シャリーン♪”と音が鳴るもの。FeliCaは本規格の一つ。

て，2016 年頃から口座情報を処理するする勘定系システム，個人向けのインターネットバンキングサービス，法人向けの取引サービス等に対し，API（Application Programming Interface）の連携機能が多額の費用をかけて開発されている。

このように銀行は裏方的存在に見えるが，電子決済サービスの普及に伴い，二つの対抗を見ることができる。第一の対抗は，口座管理や振込サービスといった銀行の本来の役割を強化する動きであり，三菱 UFJ 銀行に見ることができる。第二の対抗は，逆に電子決済事業者の領域に自ら進出する行動であり，みずほ銀行の動きである。

第一の対抗は，電子決済事業者を含め，家計簿アプリや企業会計アプリ等を提供する Fintech 企業との接続を強化するものである。具体的には，接続を実現する API の環境を充実させている。これらの企業向けにユーザアカウントを発行し，① 個人 API と ② 法人 API の二つの体験版コースを提供し，自由にテストが実行できる。各コースは，① 個人 API が顧客・口座情報照会，定期預金明細照会，入出金明細照会，投資信託取引情報照会，ローン取引情報照会，② 法人 API が口座残高照会，入出金明細照会，振込入金明細照会，給与賞与振込申請，特別徴収地方税の申請等が用意されている。それぞれの API は，データの項目名，数値や文字列といったデータ形式，桁数，正常処理だけではなく，送信元や受信先のエラー情報，通信の途中での何らかの障害発生によって処理が正常終了できなかった場合の例外処理も開示されている。これらの情報は，Ruby，Python，PHP，Java などの 9 つの言語別にプログラムコードも公開されている。このように，API の仕様を無償で公開し，技術的ハードルを低減させている。

第二の対抗は，銀行自らが「J-Coin」という電子マネーを提供し，全国の金融機関に対して参画を呼びかけ，約 90 社が参加しているものである（2020 年 2 月時点）。本サービスは，実店舗での商取引の場面だけでなく，企業が従業員に支払う「給与振り込みや経費精算」ができるサービス（J-Coin Biz）も提供し始めている（2020 年 1 月）。このような Business-To-Person（B2P）のサービスに加えて，銀行振込を介さず，企業が直接従業員から請求・集金するサービスである Person-To-Business（P2B）も検討している。これら二つの対抗は逆方向ではあるが，個人のメイン口座を維持し，決済事業者としての役割を強化する対応であると言えよう。

これらの対抗の背景には，銀行での現金利用が減少している傾向がある。具体的には，全国銀行協会の決済統計年報の「CD オンライン提携取引状況」(2000～2020) によると，この 20 年間，CD・ATM からの 1 回あたりの引き出し金額は 5 万円程度で推移しているが，年間の引き出し件数は 20 年間で 4.01 億件から 2.11 億件と半減している。つまり，現金以外の取引が増えていると推察することができ，全国銀行協会（2020）が，キャッシュレスによる払出しの比率は，口座振替・振込を含め 51.1％となっており，すでに高いと主張していることにも通じる。

【要素サービスの蓄積】

これまでの説明では，QR コード電子決済サービスが急速に勃興しているよう

表 11-2　日本の主な金融サービスの開始時期

年	出来事
1955 年	公共料金の「預金口座振替制度」が開始
1960 年	日本ダイナースクラブが「クレジットカード」発行
1965 年	旧三井銀行が第一次オンラインシステム導入，給与振込
1971 年	旧三井銀行が「キャッシュディスペンサー」機設置
1982 年	旧日本電信電話公社が「テレフォンカード」発行
1984 年	ANA が「マイレージカード」発行
1985 年	ヨドバシカメラが「ポイントカード」発行
1990 年	日本図書普及株式会社が「全国共通図書カード（磁気式プリペイドカード)」発行
1995 年	日本カードセンター株式会社が「クオカード」の発行
2001 年	全国の高速道路において「ETC（エレクトロニック・トール・コレクション・システム)」の一般利用が開始
2001 年	JR 東日本が非接触型 IC カード乗車券「Suica」サービス開始
2001 年	ビットワレットが電子マネー「Edy」サービス開始
2004 年	NTT ドコモが「おサイフケータイ」サービス開始
2007 年	イオンが電子マネー「WAON（非接触型 IC カード型)」サービス開始 セブン・アイホールディングスが電子マネー「nanaco」サービス開始
2016 年	日本図書普及株式会社が「図書カード NEXT（QR コード読取り・データセンタでの残高管理）のサービス開始

（出所） 各 Web サイトを参考に著者作成。

に見えるが，このような状況に至る背景には，技術的な要素サービスの蓄積がある。日本の主要なQRコード電子決済サービスの開始時期は，LINEペイが2014年12月，楽天ペイが2016年10月，d払いが2018年4月，PayPayが2018年10月，au PAYが2019年4月，メルペイが2019年2月となっている。しかしながら，これらの要素サービスはクレジットカードや電子マネーなど，スマートフォンによる電子決済サービスが開始される前に社会に提供されてきたものである(表11–2)。これらが社会的に認知され，技術的成熟度が高まり，これらのプロセスがQRコード電子決済サービスの準備期間となったと言えよう。そして，これらの技術選択肢がサービスの多様性をもたらしている。

3. 分析：電子決済サービス普及に向けての打破 ～どのように壁を越えたのか～

【社会的打破】

障壁を打破できた理由を各プレーヤーに沿って振り返ってみる。

(1) 消費者

現金を持ち歩く必要性やその意識・先入観を次第に低減させ，電子決済に対する信頼が醸成できたことが挙げられる。第一は，現金支払ではない行為に慣れてきたこと。日本銀行決済機構局（2015，2017，2020）は，Suica，PASMOの交通系，WAON，nanacoの小売流通系などのICカード型の「電子マネー」の決済動向統計を公表している。これらによると，過去5年間の平均成長率は，決済件数が＋9.14%，決済金額が＋7.6%，決済単価は△1.36%であり，約1,000円の水準となっている。なお，この決済単価はキャッシュレス決済のポイント還元キャンペーンの電子マネー利用時の金額と同水準である。このように，2001年に登場した電子マネーの利用に対する消費者の安心が，社会的信用につながったものと言えよう。

第二に，電子機器やカードを接触（タッチ）させ，通過（ゴー）する行為に慣れてきたこと。2001年に登場したSuica，PASMOなどの交通系ICカードによって，改札を円滑に通り抜けられるようになった。さらに，定期券の有効期限が過ぎていれば，自動的にチャージしたお金から切符代を支払い，またチャージ金額が不足していた場合，クレジットカードのキャッシングサービスの利用まで連動する。高速道路の料金支払ゲートにおいて，ETC 機器が認識され，素早く通過できる感覚と同じである。

第三に，スマートフォンの普及が挙げられる。総務省の情報通信白書（2017, 2020）によると，スマートフォンの保有割合は，個人では 2013 年の 39.1％から 2019 年は 67.9％，世帯では 2010 年の 9.7％から 2019 年は 83.4％へと裾野が拡大している。例えば，要素サービスの交通系 IC カードの機能をスマートフォンにインストールすることで，タッチ＆ゴーでき，電子マネーの機能も利用できる。前述の行動様式が社会に認知された水準に至ったものと言えよう。

(2)　電子決済事業者

日本情報システム・ユーザ協会（2016）は，IT なしではビジネスモデルが成立しない業種は，金融が 81％と最も多く，続いて，商社・流通が 43.2％であると述べている。つまり，金融業が IT サービスの技術を保持する必要があるということは，逆に IT 技術に長けた企業にとっては，お金という情報をデータとしてセキュリティを確保して扱うことができれば，金融業への参入チャンスがあると言える。このように，新興の QR コード電子決済事業者は，EC サイトやソーシャルメディア運営で蓄積した IT 技術を起点に展開することができた。

(3)　金融機関

先述のとおり，現金引出しの機会が減少していることは明らかであるが，電子決済サービスへの抵抗も見ることができる。全国銀行協会（2019）は，キャッシュレス比率の実態を正しく把握するには，銀行口座の振替と振込を考慮する必要があると述べている。個人の給与受取口座からの出金状況をみると，5 割以上は口座振替（クレジットカード，デビットカード，公共料金）・振込（インターネットバンキング，ATM）によって出金されており，現金（キャッシュ）での出金は 5 割を下回る。具体的にキャッシュレスによる払い出し比率は，2018 年度通期 47.5％，2019 年度通期 51.1％と増加していることを示している。同様に，日本クレジットカード協会（2020）は，2019 年 7 月に実施した 1,000 世帯への訪問調査の結果，キャッシュレス決済比率は，62％（クレジットカード 30％，口座振替

21%，銀行振込 5%，電子マネー 4%，デビットカードと QR コード決済と合わせて 1%）と発表している。

しかし，このような業界の反応があるものの，一般消費社会において電子決済が確実に進展し，もはやこの動向への対応にこそビジネスチャンスがあると判断し始めている。

【技術的打破　～技術の分解と連結～】

電子決済サービスは，今日（2020 年時点）においては社会的注目度が高く，特に QR コードの決済の参入が目立っているが，それはスマートフォンの技術的拡張性を利用して，既存の要素サービスを巧みに組み合わせた賜物である。具体的には，電子決済の技術を，① ユーザ認証，② 実店舗での接点，③ 支払の三つの技術分野に分解し，これらの分野ごとに様々な要素サービスが選択できる。そのため，既存の要素サービスだけではなく，インターフェイスに従った新規の要素サービスも採択できる。① ユーザ認証は，スマートフォン自体，通信事業者，EC サイト事業者の既存の認証技術が多い。② 店舗での接点は，カメラによる QR コードの認識機能や，電子マネーで適用されている NFC 非接触方式，③ 支払は，電子マネー，クレジットカード，銀行口座からの引き落としなどである。このような様々なアプリを自由にインストールできる技術的拡張性が，これらの

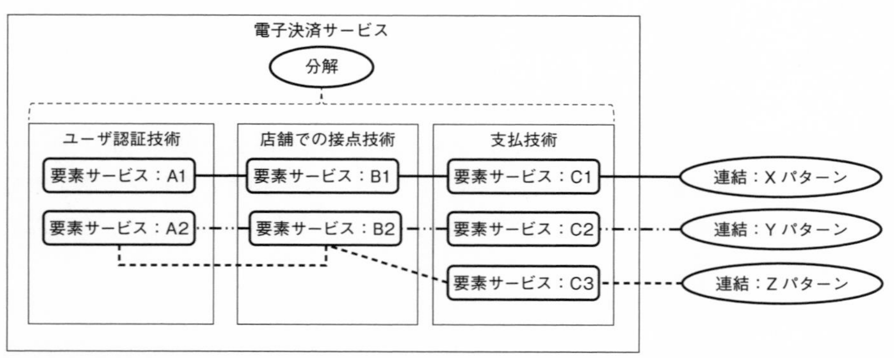

（注）　本図は論理的な表現であり，連結：X～Z パターンは，各技術分野の要素サービスを選択することで実現していることを示す。
（出所）　著者作成。

図 11-2　「技術分野」の分解と「要素サービス」の連結

自由な組み合わせによる連結を実現させている。(図 11-2)

これら要素サービスのインターフェイスは，技術分野をつなぐ「強制力」があるが，その強制力のルールに準じている限り，既存の要素サービスを選択でき，又は要素サービスを自ら作成できる「自由度」が享受できる。このような技術分野の「分解」と要素サービスの「連結」が，電子決済サービスの多様性と電子決済サービス事業者の新規参入を可能にさせている。

このようにして，電子決済事業者は，初めからすべての技術を持たなくとも，自分の得意な技術分野から参画し，蓄積してきた技術を活用している。連続性と信頼性のある技術から展開できれば，技術的障壁を低くすることができる。技術的障壁が低くなることによって，成熟した要素サービスを連結させて，新たなサービスが比較的迅速に提供できる。このようにして，多くの企業が電子決済の市場に参入し，電子決済サービスの普及につながったと言える。

【中国における電子決済サービスの普及との比較】

前述の日本国内の普及から導き出した三つの技術分野と要素サービスの観点から，中国の事例を捉えなおしてみたい。三菱 UFJ リサーチ＆コンサルティング (2018) によると，中国のモバイル決済の取扱金額の推移は，2013 年の 1.2 兆元から 2017 年 98.7 兆元と急拡大している。最大手のアリペイは，2011 年 7 月に QR コード決済サービスを開始し，モバイル決済の市場シェアの 61.5% (2017 年) を占めている。

同社は，2003 年 5 月に「タオバオ」という EC サイトのサービスを開始した。当初より多くの利用アクセスがあり，大量注文を受け付けても，売買の双方が互いに信用できない理由で，取引が不成立となるケースが多かった。そこで，アリペイが「保証取引」という仕組みを導入して，取引を成立させた。具体的には，次のような手順である。① 買い手が商品を注文し，アリペイの保証取引の専用口座に代金を支払う。② アリペイがそれを確認すると売り手に商品発送を指示する。③ 買い手が商品を受け取り，アリペイにその受け取りを通知する。④ アリペイは，その通知を受けて売り手に代金を支払う。

しかしながら，このような仕組みを導入しても，2004 年の一日当たりの取引件数は約 8,000 件となり，最終的な入出金は，中国工商銀行の西湖支店にて取引ごとに書類を作成しなければならない。そこで，取引件数が多い売り手に限り，複数の取引を一本化して，入出金の件数を減らそうとしたが，銀行ならびにタオバオにとって振替作業はもはや耐えられない負担となり，さらに保証取引の専用口座から出金するたびに手数料がかかった。このようなとき，タオバオのユーザが「払い戻し分をアリペイにプールして，次の取引の時に使いたい」という意見をサイトのフォーラムに書き残していた。そこで考え出されたのが，保証取引用の「バーチャル口座」である。買い手がそのバーチャル口座に代金を振り込む，売り手は取引が成立するごとにその代金を受け取ることができ，自動的にバーチャル口座に入金される。そのお金を使いたいときに，バーチャル口座からまとめて本来の銀行口座に振り替える。2004年12月，このように銀行と間接的につながるバーチャル口座のサービスがリリースした。

その後，中国でもスマートフォンが普及し，アリペイは商取引の決済サービスをECサイトのタオバオだけでなく，モバイル環境にも拡張しようと考えていた。店舗での接点技術について，中国人民銀行はNFC方式決済を発展させたがったが，決済端末が高価であることから，アリペイはQRコードを読み取る方式を採択した。これによって，商店は口座と価格などの取引情報をQRコードで表記し店舗に貼り，新聞，雑誌，書籍等の媒体に掲載した。消費者はアプリでQRコードを読み取れば，商品のアリペイ口座との間で簡単に決済でき，店舗側は専用のハードウェアの導入が不要であった。

以上のように，アリペイの事例にみると，三つの技術分野において要素サービスの選択肢がなかったが，タオバオの「ユーザ認証，QRコード，仮想口座」の要素サービスがうまく連結していたと評価できる。

【各プレーヤーのメリットとデメリット　～電子決済サービスの今後の課題～】

今後の進展を考えるにあたり，各プレーヤーのメリットとデメリットを述べたい。

(1)　消費者

利用した際に付与されるポイントを獲得でき，それを用いた支払も可能となる。自分が使用する電子決済サービスが多くの店舗で利用できるようになると，ますます利便性が高まる。しかしその一方で，バーチャル取引や口座の安全性に対する心配があり，個人の消費行動データが匿名性を保持されることなく分析されることへの危惧もある。目的外利用や悪用だけでなく，プログラムの不具合によるセキュリティ上の脆弱性に対する不安もある。

⑵　店舗

電子決済サービスチャネルの多様化により，売り上げの拡大が見込まれる。現金勘定の管理という事務負担を，電子決済事業者が提供する外部サービスを利用することで軽減できる。しかし，入金まで期間を要する場合，基本的に少額決済であることから資金繰りという流動性リスクにさらされる。また，電子決済サービスの利用料を負担する必要があり，囲い込むためのポイント付与を一部負担させられる場合もある。

⑶　電子決済事業者

消費者の現金管理の負担を代替し，利用時のポイント付与サービスで消費者を囲い込むことができる。店舗に対して，無料又は低額で決済チャネルのサービスや端末を提供することで囲い込むことができる。しかし，野村総合研究所(2019）は，ポイント・マイレージの 2018 年度までの推計最小発行額は，約 1 兆円になると算出している。これは販売促進の効果も考えられるが，財務上負債となり実質値引きによる売上減少にもなる。有効期限があるポイントの場合，失効することもあり，逆に消費者にマイナスイメージを与える可能性もある。

また，バーチャルの商取引だけではなく，実店舗での消費者を囲い込むには，利用可能な加盟店を拡大させる活動が必要となる。電子決済サービスのシステムを運用する上で，処理データ量が多いほど，投資したシステム構築費用を回収しやすい。しかし，消費者や加盟店舗の拡大は，処理データ量をさらに増加させ，サーバ機器の増設といった追加投資が必要となる。ポイントカードサービスのユーザ連携は，データ移行や整合性を保ったデータ連携が必要となり，新たなソフトウェアの投資も必要となる。また，データセキュリティに対する技術的手当を施し，社会に対する安全・安心感を与える必要もある。このようなリスクテイクに挑みながらも，大量な決済データを分析することで，他のビジネスにも活用できる正の効果を期待している。

このように，消費者，店舗，決済事業者に対して，不安を解消し，利便性を高める。負担を軽減させ，利用度を向上させる。適切なデータ保護を説明することで，活用度を高める。不安と利便，負担と利用，保護と活用という，これら組合せの前者の制約を課題として解決することが，逆に拮抗力として作用し，電子決済サービスをさらに普及させると考えられる。

4. おわりに

本節では，本事例を通じて企業や市場に与える影響について考察したい。

本章では，技術分野の「分解」と要素サービスの「連結」について述べてきた。この「分解と連結」の枠組みを一段レベル上げてメタ的に考えてみると，電子決済サービスを一つの要素サービスと位置付けることができ，他のアプリも同様に要素サービスとなり，連結すると個々人に適したサービスメニューが構築できる。しかしながら，PayPay（2020）によると，プラットフォーム戦略と称し，決済サービスを起点としたスーパーアプリを展開しようとしている。しかし，このようなスーパーアプリは，利用者に対して要素サービスの選択肢を排除する可能性があり，囲い込み戦略がマイナスイメージをもたらす危険性がある。要素サービスを入れ替え，新たに連結できる編集の自由さは，利用者の嗜好だけではなく，セキュリティに問題がある場合には排除することができ，要素サービス提供者の自由闊達な活動につながることが期待できる。

次に，電子決済サービスがやり取りする対象の中心は「お金」である。このお金が法的に通用する力を持ったものが「通貨」である。ポイントサービスの背後にも通貨の信認が存在している。この通貨は「国」と結び付いた概念や制度である。従って，電子決済サービスは，クレジットカードを除き，国際的展開が難しい。しかし，その社会や文化に根差したアプリ，又は新しい生活を提案できるアプリであれば，強力な要素サービスに成長できる可能性がある。貧弱な要素サービス群の弱者連合ではなく，Google の検索サービスや facebook のコミュニケーションサービスのような，一点に絞った強力な要素サービスを目指すべきである。

最後に，「デジタル」化の進展は，EC サイトやデータ処理といった「バーチャル」空間で展開すると考えがちであるが，本事例の電子決済サービスのデジタル化は，スマートフォンや IC カードといった携帯性が良いデバイスに組み込むことによって「リアル」な場にも拡張した。実際の貨幣のやり取りがなくとも，それが成立し実感できる「リアリティ」をもたらしたと評価できる。英語のVirtualには「①仮想の・虚像の」と「②実質的な・事実上の・実際の」という意味がある。デジタル化は，従来①の仮想空間の拡張ならびにその空間内の情報処理を加速させる貢献が大きかったが，携帯性が良いデバイスを通じて，遠隔地においても予約，電子チケット購入，各種申請等といった②の実質的な新たなリアルをもたらした。デジタル化は，真の二つの意味のバーチャルをもたらす段階にあると言えよう。

しかしながら，この携帯性が良いデバイスの出現の前にも，新たなリアリティをもたらすバーチャル化がある。例えば，POSシステムに代表されるような，購買履歴データと天候や地域のイベント情報を組み合わせることによって，消費者行動の実体を捉えようとする仕組みである。また，宅配事業の物流追跡サービスも，荷主や搬送事業者にとってモノの運搬状況をリアルな姿で表現している。様々なIoTの仕組みは，集まったデータを何らかの仮説に基づいて処理することで新たな実体，つまりバーチャルの②の意味の世界を提供している。これまでは，デジタル化からバーチャル化への方向で見てきたが，新たな実体となるバーチャル化を企画・構想することが，逆にデジタル化を促進させることもできよう。このような双方性の動きに取り組むことが，企業成長や市場拡大に貢献すると考えられる。

（本章は著者個人の研究活動によるものであり，所属組織の公式見解ではない）

参考文献

宿輪純一（2015）『通貨経済学入門　第2版』日本経済新聞出版社。

廉薇・辺慧・蘇向輝・曹鵬程，永井麻生子訳（2019）『アント・フィナンシャル　1匹のアリがつくる新金融エコシステム』みすず書房。

由曦，永井麻生子訳（2019）『“アリペイ”を生み出した巨大ユニコーン企業 アント・フィナンシャルの成功法則』CITIC PRESS JAPAN。

参考Webサイト

イオン，イオンクレジットサービス（2007年4月13日リリース）「4月27日（金）より『WAON（ワオン）』が動き出します」〈https://www.aeonfinancial.co.jp/-/media/AeonGroup/Aeonfinancial/Files/news/2007/news070413.pdf〉（2020年9月30日閲覧）。

NTTドコモ「d払いをはじめる」〈https://service.smt.docomo.ne.jp/keitai_payment/guide/start.html〉（2020年9月30日閲覧）。

経済産業省（2018年4月11日）「キャッシュレス・ビジョン」〈https://www.meti.go.jp/press/2018/04/20180411001/20180411001-1.pdf〉（2020年9月30日閲覧）。

経済産業省（2020年6月12日）「キャッシュレス決済を取り巻く環境の変化と本検討会で議論いただきたい点」『「キャッシュレス決済の中小店舗への更なる普及促進に向けた環境整備検討会」第1回検討会 資料4』〈https://www.meti.go.jp/press/2020/06/20200612006/20200612006-4.pdf〉（2020年9月30日閲覧）。

キャッシュレス推進協議会（2020年7月1日）「キャッシュレス・消費者還元事業 登録決済事業者リスト」〈https://cashless.go.jp/assets/doc/kessai_touroku_list.pdf〉（2020年9月30日閲覧）。

KDDI「au PAYの利用開始手順」〈https://wallet.auone.jp/contents/lp/guide/otherstart.html〉（2020年9月30日閲覧）。

小林雅史（2017年10月24日）「保険料キャッシュレスのあゆみ―預金口座振替から保険料払込前の責任開始へ」『ニッセイ基礎研究所保険・年金フォーカス』〈https://www.nli-research.co.jp/files/topics/56942_ext_18_0.pdf〉（2020年9月30日閲覧）。

小本恵照（2007年2月）「進化するポイントカードとその将来性」『ニッセイ基礎研究所』，ニッセイ基礎研REPORT〈https://www.nli-research.co.jp/files/topics/36977_ext_18_0.pdf〉（2020年9月30日閲覧）。

セブン&アイ・ホールディングス（2019年8月1日 ニュースリリース）「『7pay（セブンペイ）』サービス廃止のお知らせとこれまでの経緯，今後の対応に関する説明について」〈https://www.7andi.com/company/news/release/201908011500.html〉（2020年9月30日閲覧）。

セブン-イレブン・ジャパン（2020年2月25日 7pay（セブンペイ）に関する重要なお知らせ）「7pay残高払戻しに関する業務終了のお知らせ」〈https://www.sej.co.jp/company/important/20200225.html〉（2020年9月30日閲覧）。

セブン・カードサービス「沿革」〈https://www.7card.co.jp/company/com/hi.html〉（2020年9月30日閲覧）。

全国銀行協会（2001年～2019年）「CDオンライン提携取引状況」『決済統計年報』〈https://www.zenginkyo.or.jp/stats/year1-01/〉（2020年9月30日閲覧）。

全国銀行協会（2019年1月29日）「決済高度化に関する取組状況について」『金融庁 決済高度化官民推進会議資料（第6回）資料3』〈https://www.fsa.go.jp/singi/kessai_kanmin/siryou/20190129/03.pdf〉（2020年9月30日閲覧）。

全国銀行協会（2020）「キャッシュレスによる払出し比率の調査結果（2019年通期）」〈https://www.zenginkyo.or.jp/fileadmin/res/abstract/stats/other_cashless/cashless_201900.pdf〉（2020年9月30日閲覧）。

総務省（2017年7月）『平成29年度版 情報通信白書』〈https://www.soumu.go.jp/johotsusintokei/whitepaper/ja/h29/pdf/29honpen.pdf〉（2020年9月30日閲覧）。

総務省（2020年8月4日）『令和2年度版 情報通信白書』〈https://www.soumu.go.jp/johotsusintokei/whitepaper/ja/r02/pdf/01honpen.pdf〉（2020年9月30日閲覧）。

ソニー（2005年10月19日ニュースリリース）「ソニーの非接触ICカード技術FeliCa（フェリカ）ICチップの累計出荷100,000,000個を達成」〈https://www.sony.co.jp/SonyInfo/News/Press/200510/05-055/〉（2020年9月30日閲覧）。

中日本高速道路「ETC開発の歴史を教えてください。」〈https://highwaypost.c-nexco.co.jp/faq/etc/other/454.html〉（2020年9月30日閲覧）。

長岡壽男（2008年5月）「ATM戦略の発展過程とその考察」『関西大学ソシオネットワーク戦略研究センターディスカッションペーパーシリーズ』第65号〈https://www.kansai-u.ac.jp/riss/rcss/

DPS/pdf/dp065.pdf〉(2020 年 9 月 30 日閲覧)。
日本カードセンター「沿革」〈https://www.quocard.com/company/history/〉(2020 年 9 月 30 日閲覧)。
日本銀行決済機構局（2020 年 8 月 31 日）「Ⅲ．電子マネー」『決済動向』〈https://www.boj.or.jp/statistics/set/kess/release/2020/kess2007.pdf〉(2020 年 9 月 30 日閲覧)。
日本銀行決済機構局（2017 年 12 月 29 日）「Ⅲ．電子マネー」『決済動向』〈https://www.boj.or.jp/statistics/set/kess/release/2017/kess1711.pdf〉(2020 年 9 月 30 日閲覧)。
日本銀行決済機構局（2015 年 5 月 29 日）「電子マネー計数」〈https://www.boj.or.jp/statistics/outline/notice_2015/data/not150529c.pdf〉(2020 年 9 月 30 日閲覧)。
日本銀行決済機構局（2017 年 6 月）「モバイル決済の現状と課題」『決済システムレポート別冊シリーズ』〈https://www.boj.or.jp/research/brp/psr/data/psrb170620a.pdf〉(2020 年 9 月 30 日閲覧)。
日本銀行金融研究所（1997 年 6 月）「電子マネーの私法的側面に関する一考察」『金融研究』16 巻 2 号〈https://www.imes.boj.or.jp/research/papers/japanese/kk16-2-1.pdf〉(2020 年 9 月 30 日閲覧)。
日本銀行金融研究所（1999 年 8 月）「電子決済技術と金融政策運営との関連を考えるフォーラム中間報告書」『金融研究』18 巻 3 号〈https://www.imes.boj.or.jp/japanese/zenbun99/kk18-3-1.pdf〉(2020 年 9 月 30 日閲覧)。
日本銀行金融研究所（2001 年 1 月）「技術革新と銀行業・金融政策―電子決済技術と金融政策運営との関連を考えるフォーラム報告書」『金融研究』20 巻 1 号〈https://www.imes.boj.or.jp/japanese/kinyu/2001/kk20-1-1.pdf〉(2020 年 9 月 30 日閲覧)。
日本クレジットカード協会（2020 年 2 月 18 日）「キャッシュレス社会実現に向けた消費実態調査」〈http://www.jcca-office.gr.jp/topics/topics_78.html〉(2020 年 9 月 30 日閲覧)。
日本情報システム・ユーザ協会（2016 年 4 月 22 日）「第 22 回 企業 IT 動向調査 2016（15 年度調査）」〈https://www.juas.or.jp/cms/media/2017/02/it16_ppt.pdf〉(2020 年 9 月 30 日閲覧)。
日本図書普及株式会社「会社のあゆみ」〈https://www.toshocard.com/corporate/history.html〉(2020 年 9 月 30 日閲覧)。
野村総合研究所（2019 年 9 月 26 日 ニュースリリース）「ポイント・マイレージの年間発行額が 1 兆円を突破」〈https://www.nri.com/-/media/Corporate/jp/Files/PDF/news/newsrelease/cc/2019/190926_1.pdf〉(2020 年 9 月 30 日閲覧)。
東日本電信電話株式会社「資料編 公衆電話機のうつりかわり」『インフォメーション NTT 東日本 2019』〈https://www.ntt-east.co.jp/databook/pdf/kousyuudenwaki_p269_p272.pdf〉(2020 年 9 月 30 日閲覧)。
東日本旅客鉄道株式会社（2001 年 9 月 4 日　プレスリリース）「2001 年 11 月 18 日（日）Suica デビュー！」〈https://www.jreast.co.jp/press/2001_1/20010904/〉(2020 年 9 月 30 日閲覧)。
PayPay「PayPay を始めよう！」〈https://paypay.ne.jp/guide/start/〉(2020 年 9 月 30 日閲覧)。
PayPay（2020 年 4 月 28 日 プレスリリース）「『PayPay』のこれまでの成長と今後の取り組みについて　～人々の生活をもっと便利でもっと豊かにする「スーパーアプリ」へ進化，新型コロナウイルス感染症（COVID-19）の拡大防止対策も推進～」〈https://about.paypay.ne.jp/pr/20200428/02/〉(2020 年 9 月 30 日閲覧)。
前田真一郎（2008 年 12 月）「第一章 日本におけるキャッシュレス化の現状と推進要因の分析」『日本クレジット協会 CCR（クレジット研究）今後の日本におけるキャッシュレス社会の実現可能性

とクレジットカードのあり方」に関する研究―キャッシュレス社会研究会＜報告＞―』第8号〈https://www.j-credit.or.jp/information/download/ccr_08/ccr_paper_8-2.pdf〉(2020年9月30日閲覧)。

三井住友信託銀行グループ「ダイナースクラブの歴史」〈https://www.diners.co.jp/ja/about/history.html〉(2020年9月30日閲覧)。

三菱UFJ銀行「API開発者ポータルへようこそ」〈https://developer.portal.bk.mufg.jp/〉(2020年9月30日閲覧)。

三菱UFJリサーチ＆コンサルティング(2018年6月26日)「資料1 キャッシュレス決済の多様化の動向整理」『消費者庁 第29回インターネット消費者取引連絡会』〈https://www.caa.go.jp/policies/policy/consumer_policy/policy_coordination/internet_committee/pdf/internet_committee_180706_0002.pdf〉(2020年9月30日閲覧)。

みずほ情報総研(2019年5月)「[特集] キャッシュレス化する社会，その先に拓ける未来」『NAVIS』第37号〈https://www.mizuho-ir.co.jp/publication/navis/037/index.htmlhttps://www.mizuho-ir.co.jp/publication/navis/037/index.html〉(2020年9月30日閲覧)。

みずほフィナンシャルグループ みずほ銀行(2020年1月14日 ニュースリリース)「企業向け新サービス『J-Coin BiZ(B2P送金サービス)』を提供開始」〈https://www.mizuhobank.co.jp/release/pdf/20200114release_jp.pdf〉(2020年9月30日閲覧)。

みずほフィナンシャルグループ，みずほ銀行(2020年2月21日ニュースリリース)「『J-Coin Pay』のマイナポイント事業におけるキャッシュレス決済事業者登録について」〈https://www.mizuho-fg.co.jp/release/pdf/20200221_2release_jp.pdf〉(2020年9月30日閲覧)。

メルペイ「メルペイの使い方」〈https://www.merpay.com/howto/〉(2020年9月30日閲覧)。

LINE Pay「登録」〈https://pay.line.me/portal/jp/about/sign-up〉(2020年9月30日閲覧)。

楽天ペイメント「楽天ペイとは」〈https://pay.rakuten.co.jp/〉(2020年9月30日閲覧)。

第12章

医療機器：日本発のプロダクト・イノベーション

坂場　聡

1．はじめに

この章では，医療機器[1]開発のプロダクト・イノベーション[2]が起こる条件について明らかにする。事例として，我が国で原理的な研究が行われ製品化されたとされる二つの装置，オリンパス光学工業（現オリンパス，以下オリンパス）の上部消化管内視鏡（胃カメラ）と，日本光電工業（以下，日本光電），ミノルタカメラ（現コニカミノルタ，以下ミノルタ）のパルスオキシメータを取り上げる。オリンパスの上部消化管内視鏡は現在も世界シェアトップを独走しているが，パルスオキシメータに関しては，商品化に先んじたものの海外メーカにシェアを奪われてしまっている。それらの開発過程を振り返ることにより，その中に存在した成功・失敗の要点をあぶり出していきたい。また，先行された機器の開発でそのシェア逆転を狙っている事例として，東芝メディカルシステムズ（現キヤノンメディカルシステムズ，以下東芝）のCT事業の事例も取り上げ，先述の二つの事例と比較を試みる。

---

1 『医薬品，医療機器等の品質，有効性及び安全性の確保等に関する法律』（旧薬事法　以下，医薬品医療機器等法）第2条では，「人若しくは動物の疾病の診断，治療若しくは予防に使用されること，又は人若しくは動物の身体の構造若しくは機能に影響を及ぼすことが目的とされている機械器具等（再生医療等製品を除く。）であつて，政令で定めるもの」とされている。1948年に公布された薬事法で，それまで規制対象でなかった機械器具や衛生用品についても「医療用具」として医薬品と同様に規制対象となった。その後，1960年に新しい薬事法が公布され，2002年の改正により「医療用具」から「医療機器」へと呼称が変更されている。

2 Abernathy and Utterback（1978）は，ある製品（産業）のドミナントデザインが出現する前にプロダクト・イノベーションの発生頻度が高いと述べている。また，その発展過程をプロダクト・イノベーションとプロセス・イノベーションの発生頻度の変化によって「流動期」，「移行期」および「固定期」に分類することができるとする「アバナシー＝アッターバック・モデル」（以下，A-Uモデル）を示した。

一般的に医療機器業界への参入障壁として，①医薬品医療機器等法（薬機法）による規制産業であること，②製品開発に成功したとしてもその製品を販売するルート開発などで問題が発生しやすい特殊な業界であること，③その機器を使用していた患者に障害を発生した場合に社会的・金銭的ダメージが大きいことが考えられること，などが指摘されている[3]。

今回取り上げた4社のうち，オリンパスとミノルタは機器開発当時，医療機器を取り扱っていなかった。しかし，オリンパスは有名な成功事例となっており，ミノルタに関してもトップシェアを得ることはできなかったが現在も新たな製品を供給し続けている。日本光電や東芝は医療機器メーカなので，規制や不具合発生時のダメージなどは織り込み済みで開発をスタートさせたが，世界のシェアトップを獲得できていない（表12-1）。

世界に先駆けてプロトタイプを作ることに成功し商品化したのにもかかわらず，外国企業（多くの場合，アメリカ企業）にシェアを奪われてしまったのは何故なのか。開発（企業）側と医療側との間（医工連携）でどの様な問題が発生したのかといった疑問について，検討していく。

2. 何が医療機器開発のネックなのか

医療機器の製造・販売は，医薬品医療機器等法によって規制されている。この規制の壁が新規参入企業に対する高い障壁であるということが一般的に言われている。医療機器のクラス分類（国際分類）では，副作用または機能の障害が生じた場合の人体への影響の低いものからクラスⅠ，クラスⅡ，クラスⅢ及びクラスⅣの四つ（医薬品医療機器等法上では，一般医療機器，管理医療機器及び高度管理医療機器の三つ）に分類されているが，その目標クラスを下げることによって対応する[4]ことと，日本国内よりも規制の弱い海外で先に販売するといった戦略を立てることなどが数々の指南書で記載されている。また，医薬品医療機器等法

3　医工連携推進機構（2013），医工連携推進機構（2017），薬事衛生研究会（2015），宇喜多（2017）より。

4　藤原（2018）のように，医療機器のクラス分類を問わず，イノベーションを必要としているメディカルアンメットニーズを切り取るべきであるという反対意見もある。

表12–1　医療機器の市場規模とシェア（販売額ベース）（2018年）

製品名	世界市場規模：百万円	日系シェア：%	米国系シェア：%	欧州系シェア：%
CT	485900	28.8	21.6	46.3
MRI	622200	22.0	23.5	52.3
PET／PET–CT	177300	3.3	39.5	57.2
超音波画像診断装置	549000	33.2	32.3	34.5
血管内超音波診断装置	2480	24.2	75.8	0.0
超音波骨量測定装置	37450	22.3	77.7	0.0
内視鏡	123800	100.0	0.0	0.0
カプセル型内視鏡	14360	10.2	89.8	0.0
医療用光源（内視鏡用キセノンランプ）	2800	64.3	35.7	0.0
球面レンズ（カプセル型内視鏡用）	410	100.0	0.0	0.0*
眼底カメラ	8510	61.2	0.0	38.8
光干渉断層計（OCT）	69700	29.1	18.2	52.7
心電計	55790	23.0	55.3	7.3
血圧計	95460	47.8	2.1	0.0
人工呼吸器	123750	3.5	39.4	57.1
除細動器（AED）	203500	5.1	39.8	51.7
放射線治療装置（X線，電子線等）	551750	1.0	75.1	23.9
粒子線治療装置	82350	25.7	23.1	51.2
硬性鏡	95500	24.8	33.0	42.2
人工腎臓装置	247700	34.2	0.0	65.8
腹膜透析装置	227800	0.0*	32.5	67.5
血液透析装置	92800	28.2	36.2	35.6
人工肺	86200	45.8	0.0	54.2
心調律管理装置（ペースメーカ）	219300	0.0	88.6	11.4
補助人工心臓	4490	46.1	53.9	0.0
手術用ロボット	148050	0.4	98.3	1.3
PTCA バルーンカテーテル	104400	17.7	78.1	4.2
PTCA ガイディングカテーテル	33300	10.5	89.5	0.0
ステント	679600	1.1	97.6	1.3
血液回路（チューブ）	62050	31.7	9.7	54.6
血液バッグ	78900	21.0	65.4	12.0
注射器	321200	9.2	73.5	14.4
人工股関節	724200	1.7	82.6	15.7
人工膝関節	742400	0.4	85.3	14.3
歯科インプラント材料	389300	2.6	47.3	50.1
歯科治療材料	465700	14.9	61.6	23.5
コンタクトレンズ	852100	9.9	90.1	0.0
眼内レンズ	267500	7.9	92.1	0.0

（注）「2019年度 日系企業のITサービス，ソフトウェア及びモノの国際競争ポジションに関する情報収集」を基に作成。

＊：原資料では，「△」となっているが，ここでは僅少金額のため，「0%」として扱った。

（出所）新エネルギー・産業技術総合開発機構（NEDO）

の規制突破を目標に開発を行うと，かえってその機器の可能性を狭めてしまうことを久保田（2019）は指摘している[5]。病気の進行度を「予防」,「診断」,「治療」,「終末期」と分けると，市場規模（単価）の小さい「予防」領域や，東芝や日立といった電機企業が参入した「診断」装置分野，及び繊維などの素材企業の能力の高さで血液透析に使用されるダイアライザなど「終末期」に使用される医療機器の国内企業のシェアはある程度確保されている。しかし，人工呼吸器をはじめとした「治療」装置に関しては海外企業に席巻されていると言わざるを得ない。これは，開発にかかる費用と不具合が発生した時のリスク等をはかりにかけた結果,「治療機器には手を出さないことを社是」としている企業の存在が考えられる。今回取り上げる事例は，医薬品医療機器等法の障壁をそれほど高く感じていないものと考える。しかし，それぞれの企業は医療従事者と共同で医療機器を開発しているはずであるのに，世界的シェアを獲得するのに成功した事例と失敗した事例が発生してしまっている。開発プロジェクトの観点からは，大沼（2016）のプロジェクト組織内におけるパワーバランスの最適化と組織内（境界連結）学習プロセス設計が重要との指摘がある。しかし，開発された医療機器が認知・発展していく過程について言及した先行研究は見当たらない。

筆者は大学病院等で臨床工学技士として働き，過去にいくつかの医療機器の治験に参加してきた。その中でデータシートの記入や責任医師への報告といった方法で，それらの改善要望を伝えてきたつもりであったが，すべての要望を受け入れられたわけではない。そこにはユーザのパワーバランスの存在も否定できないが，メーカ（技術開発）側の聞く（受け入れる）態度の影響も大きいのではないかと考えた。医療機器は，それを開発するメーカ（技術開発）側だけでなく，それを評価する医療側との共同作用によって認知・発展していく。本章では上記のような問題意識に基づき，それぞれの事例を振り返ることにより，ニーズとシーズのすり合わせをしているつもりなのに成功・失敗することに隠された要因は何かを明らかにする。

5　久保田（2019）は，医薬品医療機器等法は医療機器開発の必要条件ではあるが，十分条件ではないと指摘している。

3. 事例研究

【上部消化管内視鏡（胃カメラ）の開発】[6]

「胃の中を観察したい」という欲求は，洋の東西を問わず存在した。1868 年にクスマウル（Kussmaul）は，長さ 47 cm，径 1.3 cm の真鍮製の筒（胃鏡）を作成し，大道芸人である剣呑み師（Schwertschlucker）の胃内に挿入することに成功した。その後，欧米ではこの胃鏡で如何に胃内を観察するかという技術競争（経路依存性）が発生した。しかし，そのような管を挿入することは患者に苦痛を与えるだけであると考える者もおり，1892 年にアインホーン（Einhorn）が柔軟なゴム管の先端に小さいカメラと電球を装着して胃内に挿入し，胃の内面を撮影出来ないかと着想した。しかし，この時は技術的に実現不可能であった。その後 1898 年にシャーフ（Schaaf），同年ランゲ（Lange）とメルツィング（Meltzing）らが実際に胃の内部の撮影に成功したが，その取扱いの悪さや胃鏡への執着で忘れられた技術となっていった。

我が国では，1949 年 7 月東京大学附属病院小石川分院（以下，東大分院）外科の副手であった宇治達郎が，オリンパスの監査役であった渡辺富雄の紹介で，同社の常務（営業部長）中野徹夫を訪ね，「胃の中に入れて胃内を撮影するカメラは出来ないか」と尋ねたことがはじまりとなる。中野は玉川研究所分室の研究員杉浦睦夫を呼び，その可能性を問うた。杉浦は「何とかなるでしょう。光とレンズとフィルムが有れば写真は撮れますから。しかしやって見なければ分かりませんがね」と答えた。杉浦は，このとき『位相差顕微鏡の開発で頭の中がいっぱいであったから，苦し紛れにそう答えて早々に研究室に引き揚げた』と述懐している。

その数日後杉浦は，上長である研究所長（兼諏訪工場副長）に位相差顕微鏡開発の経過報告と次の指示を受けるために諏訪工場へ出張した。その時に再び宇治が杉浦を訪問した。「渋谷へお訪ねしたら，諏訪へ行かれたというので早速後を追いかけて来ました」と言われたが，目の前の仕事に忙殺されていた杉浦は数日

6　宇治（1959），オリンパス光学工業（1969），杉浦（1985），丹羽（2010），沢井（2018）より。

前の話をすっかり忘れていたそうである。今日中に東京へ戻らなければならない旨を伝えると「では私もご一緒します」と即座に答えが返ってきた。帰京の挨拶と共にこの胃カメラの件について研究所長に報告すると「それは君，駄目だよ。腹の中へカメラを入れるなんて！　第一光がないじゃないか。エネルギー論から言ったって不可能だよ」と言われた。社運を賭けた位相差顕微鏡の開発を優先すべき時に他のことに感けてもらっては困るという言外の拒絶もあっただろう。しかし，この研究所長の『不可能』という発言が「よーし出来るという事を実証してやるぞ」と杉浦の胃カメラ開発への思いを強くしていった。

8月31日夕刻，下諏訪発の準急列車に乗り込み帰京の途についた二人は「(キティー台風による) 暴風雨のため列車は当分動きません」というアナウンスがあり，覚悟を決めて胃の中を撮る話に熱中した。『体の中のことは皆目知らない技術屋と，光学のことには不得手な医者との議論』のため，お互いの思い違い行き違いが続いたが，一気に研究の骨組みを創り上げることになった。その後暗室での撮影実験，レンズ設計，動物実験及び人体実験と進み，1950年11月，臨床外科学会においてガストロカメラ（胃カメラ）が発表[7]された。その後，臨床結果にもとづき改良を加えた5台を製作，そのうち1台を東大分院に寄贈し，他を岡谷市立岡谷病院，山形日赤病院等に納入し，1952年3月までに20台の製作を決定した。しかし，画期的な製品ではあったが，容易に普及せずにそのまま消滅する懸念があった。

そこに登場するのが，東京大学医学部田坂内科第8研究室の面々（﨑田隆夫，芹沢真六ら）である。発案者である宇治は実家の診療所を継ぐために医局を辞めており，もともと故障の多かったガストロカメラは実用価値に疑問が持たれていた。もともと肝炎の研究をしていた﨑田らは，1953年に胃の内部を撮影できるガストロカメラが開発されたと聞き，腹腔鏡で肝臓の撮影に使えるのではないかと着想した。結局肝臓の撮影には使用しなかったが，国民病である胃がんの早期発見への有効性を見いだした﨑田らは，教授である田坂定孝を動かし，オリンパスとの間にガストロ懇親会を設けてカラーフィルムの使用や各種の積極的な機能改善を行うことを要望した。この時，故障対応に多くの時間を費やしていたオリンパスの技術陣は疲弊しており，その開発改良を進めることに社内的にもかなりの

7　宇治（1951）より。

反対があった。崎田と共に研究に従事していた丹羽寛文によると，当時「お医者さんの博士論文のお手伝いはできません」，「こんなものはもう止めたい」とオリンパスから散々言われたそうである。崎田らは，オリンパスから絶対に行わないように要望されていた機械の分解，組み立てを自分たちで始めてみることでガストロカメラのダウンタイム[8]を減らし，ガストロカメラを投げ出そうとするオリンパスを説得して，改良させ続けることに尽力した。また，田坂は全国有名大学及び病院の専門家を集め，ガストロカメラ使用についての研究を拡大するためにガストロ研究会を発足させた。この研究会は会を重ねるごとに出席人員も増加し，研究内容も進歩し，ガストロカメラに対する一般医師の認識も深まっていくことになった。その後の上部消化管内視鏡の発展は，オプティカルファイバーの導入（ファイバースコープ）や固体撮影素子（CCD）を利用した電子スコープへと進化し，胃の内部だけでなく気管や大腸といった組織の観察もできる多用途の内視鏡（軟性鏡）の開発などへと繋がっている。

オリンパスの内視鏡開発について，医療システムカンパニー長であった宮田耕治は，以下のように語っている。

「胃カメラの開発の初期の時代に，医師のすごさに触れることができたわれわれは，何のためにそれをやっているのか，と。その基本を常に追いかけてきた。当たり前のことをきちんと，非常に泥くさくやっていたのですが，そこにわれわれの競争力があると思います[9]。」

【パルスオキシメータの開発】[10]

血中に取り込まれた酸素はヘモグロビンと結合し，酸素ヘモグロビンとなる。パルスオキシメータは，主に指尖（指先）を透過させた光の吸光度から，酸素ヘモグロビンと酸素と結合していない還元ヘモグロビンの濃度を測定し，酸素ヘモグロビンと還元ヘモグロビンの和のうち，酸素ヘモグロビンの割合（血中酸素飽和度；SpO_2）を示す計測器である。パルスオキシメータが開発される前は，ウッ

8　故障により，装置が使用できない時間のこと。

9　小川（2004）より。

10　青柳（1990），青柳（2011），諏訪（1992），諏訪（2011），蛤（2005），山西（2005），中島（2011）より。

ド（Wood）式イヤピース・オキシメータという耳介を圧迫して虚血させたときの透過光と，圧迫をといたときの透過光とから血液の吸光度を求める計測器が存在した。しかし，①耳介を虚血させるための機構が必要であることと，②そのためにイヤピース（センサ部）が大型になることと，③イヤピースの装着位置がずれると大きな誤差を生じる（校正をし直さなければならない），などの問題からあまり普及しなかった。

パルスオキシメータの基本原理は，医療機器メーカである日本光電と光学機器メーカであったミノルタでほぼ同時期に着想された。1971年，“ユニークな新製品開発”をテーマとして与えられた日本光電の青柳卓雄は，色素希釈法による心拍出量測定装置の開発を行っていた。もともと心拍出量（1回の拍動で心臓から拍出される血液量）を測定するには，血管にインドシアニングリーン（ICG）などの色素を注入し，動脈から経時的に採血してその濃度変化から計測することが必要であった。これを採血することなしに体外から光を当てることで色素の濃度を推測しようと青柳らは試みていた。そこで青柳らを悩ませていたのが，受光部分で得られる色素希釈曲線（血液内の色素濃度変化を経時的に表したグラフ）が脈動で動揺することであった。このノイズ成分はそのまま動脈血中濃度の値を反映していると着想し，パルスオキシメータの開発が始まった。

1974年3月29日「光学式血液測定装置」として特許出願（特許第947714号）し，4月に第13回日本ME学会で『イヤピース・オキシメータの改良』という演題で発表[11]された。この装置は，北海道大学の医師中島進と共同研究され，中島らによる使用経験（臨床例）も発表[12]されている。そして翌1975年9月，日本光電は「イヤオキシメータ OLV-5100」を発売した。このイヤオキシメータは，着想としては独創的かつすぐれたものであったが，性能や使い勝手の面では決して満足する出来ではなく，普及のためには更なる改善への努力が必要であった。しかし，はかばかしい需要の伸びもないまま青柳の人事異動も重なり開発作業も中断した。その後1988年4月に発売された「パルスオキシメータ OLV-1100／OLV-1200」まで新たな製品は発売されなかった[13]。

日本光電で開発が始まったのと同時期に，ミノルタでもパルスオキシメータの

11　青柳（1974）。
12　中島（1975）。
13　日本光電（1993）より。

開発が始められていた。1964年アメリカのアポロ宇宙船が人類初の月面着陸に成功した。この時ミノルタが開発した「宇宙用特別仕様露出計スペースメータ」が採用されていたのであるが，その開発プロジェクトとアメリカ航空宇宙局（NASA）との膨大な交渉事を行っていたのがアメリカに赴任していた技術者小西雅一郎であった。

1972年に帰国した小西は技術センターに赴任し，新規事業開拓に携わることになる。一眼レフカメラに内蔵する露出計の開発に携わっていた山西昭夫がこのプロジェクトに呼ばれ，色々と検討した結果，医療分野に全く関係のない社内でも比較的理解の得られそうな「光電容積脈波計」に着目した。情報収集のために出席するようになった脈波研究会（後の臨床生理学会）から反射型の光電容積脈波計の開発を依頼され試作機を開発していくことになる。この経験は，経皮的新生児黄疸測定器の開発に役立ったそうである。光電容積脈波計の研究を進めるにあたって問題となったのが脈波の「波高値」であり，ウッド式イヤピース・オキシメータとの関連性に気づき，日本光電とは違ったアプローチでパルスオキシメータの原理発見に至った。しかし，1974年1月から特許出願のための記述書を用意していた時に，3月発行の日本ME学会予稿論文集に掲載された青柳らの抄録を見て，4月に開かれる学会でさらに詳細な内容が発表されることにより公知化される範囲が広がるため，特許の範囲が狭められる可能性に気が付いた。出願を急ぎ社内手続きを簡素化したため，権利範囲も狭いものに限定せざるを得なかった（1974年4月24日出願）。特許を取得することはできなかったが，ミノルタは1975年度通商産業省重要技術開発助成金制度に応募し，「末しょう循環血行動態計測法」というテーマで，脈波研究の研究費の一部を得ることができ，パルスオキシメータの開発に本格的に着手，製品化を進めた。

1977年6月「世界初の指先測定式オキシメータ」と銘打ち「OXIMET-1471」を商品化した。この装置は国内だけでなくアメリカでの販売も企画，市場調査を開始し，スタンフォード大学の麻酔科教授であるフィッチャー（Charles Whitcher）からパルスオキシメータに関する高い関心とその有効性についての報告と種々の改良要求を受けていた。しかし，その時ミノルタでは SpO_2 の値が低いときモニタに表示される値（計測値）が高めに表示されるという問題への対応に追われており，フィッチャーらへの直接対応が遅れた背景がある。その後パルスオキシメータの精度向上のための研究に一定の結果を得たミノルタでは，よりコンパクトなパルスオキシメータの開発に乗り出し，1987年PULSOX−7を，続いてPULSOX−5，−3，−2と製品を出し，今日の小型・軽量化を目指した開発に舵を切ることになる。これによってパルスオキシメータの活躍の場を医療施設内にとどめず，在宅酸素療法患者への適用（株式会社帝人との共同販売），高地高山への携行といった幅広い普及に貢献している。

開発を中断した日本光電は言うに及ばず，開発を継続していたミノルタを追い越したのがアメリカの企業であるバイオックス（Biox）とネルコア（Nellcor）である。日本光電が開発したイヤオキシメータは，ウッド式イヤピース・オキシメータから続く測定部位（耳朶）から脱却することなく終わった。続くミノルタはより血流量の多い指尖で測定することに移行することと測定値のデジタル表示を実現したが，測定精度にこだわるあまり，より光量の多い光源（ハロゲンランプ）から脱却できず，電気回路自体もアナログのままであった。

フィッチャーらは，パルスオキシメータの利点として①麻酔中の低酸素状態の早期発見に有効であること，②麻酔中の低酸素状態による事故が頻出していること，③学生の教育にも有効であること，を挙げた。手術室で（麻酔中に）使用するためには，装置の小型化と感染症予防の観点からセンサのディスポーザブル（使い捨て）化などが問題となっていた。

バイオックスのウィルバー（Scott A. Wilber）らは，パルスオキシメータにマイクロコンピューターと光源にLED素子を使用することにより回路のデジタル化と小型化に成功し，1981年Biox Ⅱを販売した。

また，スタンフォード大学で麻酔科医として働いていたニュー（William New）らは，ネルコアを立ち上げ，1982年にNellcor N−100を販売した。ユーザインターフェイスの改良（SpO_2の値が正常時には高音で心拍音を出力し，例えば90%を切るような低値になった場合は心拍音を低音で出力するといったような）や，センサのディスポーザブル化などをした。またネルコアでは，装置本体というよりセンサを大量に購入してもらうジレットモデルを採用すると同時に，アメリカ麻酔科学会（ASA：American Society of Anesthesiologists）などにも働きかけ，パルスオキシメータが麻酔中の事故軽減につながることを啓蒙した。その後ASAは，1986年10月に麻酔中に必須な標準モニタの一つとしてパルスオキシメータを挙げた。

現在では，バイオックスはGEヘルスケア（GE Healthcare）に，ネルコアもメドトロニック（Medtronic）に吸収合併されている。パルスオキシメータの弱点の一つである体動への対応をしたマシモ（Masimo）など新たな企業の参入はあるが，メドトロニックやGEヘルスケアのシェアがまだまだ多いようである。ただし，日本光電は生体情報モニタ（ベットサイドモニタ）のパラメータにパルスオキシメータを組み込むことと，心電図とパルスオキシメータから得られる脈波から連続的に心拍出量を測定できるesCCO（estimated continuous cardiac output）を開発し，2011年からヨーロッパでの販売を開始することによってシェアの巻き返しを図っている[14]。ミノルタは先述の通り，小型軽量化を得意分野とし医療施設以外での需要にこたえる方針である。

【CT事業における東芝の取り組み】[15]

X線CT装置は，イギリスEMIのハンスフィールド（Godfrey Newbold Hounsfield）によって開発され，1972年に販売（EMI Scaner）された。我が国では，1974年に東芝がEMIとCTの販売契約を結び，国内での販売を開始し，1975年に日本での第1号機を東京女子医科大学に納入した。その後東芝は，EMI製品の販売や製造を行いながら自社製品の開発を進め，1978年に東芝製第1号機（TCT-60A）を国立がんセンターに据え付けた。その後1985年にスリップジョイントを採用したTCT-900Sを販売。1990年に世界で初めてヘリカルCT機能を搭載した装置（TCT-900S/X）を北米放射線学会で発表した。国内市場で約50％のトップシェア[16]，世界市場では24％で第3位のシェアを誇っている（世界第1位と2位は26％でGEとシーメンス，第4位は12％のフィリップス）[17]。

1979年に東芝では，経営破たんしたEMI社の技術陣らが設立したBIR（Bio Imaging Research）社と共同で，世界中のどこも追随できないCT“とんでもないCT”の構想検討が開始された。東芝側からは森一生が担当者として選ばれ，

14　2020年9月15日よりesCCOの国内提供が開始された。〈https://www.nihonkohden.co.jp/news/20091501.html〉（2020年9月30日閲覧）

15　平尾（2001），平尾（2008），森山（2014），東木（2017）より。

16　月刊新医療編集部（2019）の統計でも，国内のマルチスライスCT（14185台）の内キヤノンメディカル社製は，7275台（2018年8月1日現在）。

17　田口亘（キヤノンメディカル上席常務）により2018年11月1日に実施された「CTの成長戦略，イノベーションの過程」『東京理科大学キヤノンメディカルシステムズ寄付講座（コンセプトイノベーション特論）』より。

撮影時間の短縮を目指して高速連続回転 CT の開発が進められる。当時の CT は X 線管への電源供給と検出器からのデータ送信のためにケーブルで接続されていたため，患者の周りを走査（スキャン）するにあたり，X 線管等を 1 回転（当時の最速で 3 秒／回転）させた後に逆回転に 1 回転させるということ（交互回転）を繰り返すことしかできなかった。スリップリングを開発することにより，高速連続回転（1 秒／回転）を目指したのである。頭部用 CT の小径機ではスリップリングの採用例はあったが，全身用 CT に使用できる大口径スリップリングはレーダーや戦車の砲塔に使われているのみであった。当初，重電部門にスリップリングの開発依頼をしたが，価格が折り合わずに洗濯機を扱う家電部門と共同開発した[18]。高速連続回転 CT が実現すると，患者をらせん状に走査するヘリカルスキャンの可能性も想起できたようで，今は実現不可能であるが後々大きな財産となることを見越して，1982 年 12 月に森はヘリカルスキャンに関する特許を出願した。しかし，東芝でも CT から MRI への開発資源のシフトから逃れられず，森は MRI 開発部隊へと移動となった。

TCT−900S が福島県立医大をはじめ藤田保健衛生大学（現藤田医科大学）や国立がんセンターに納品され，現場からもヘリカルスキャンのアイデアが提示さるようになった。しかし，TCT−900S 自体の品質・コストの問題を解決することに忙殺されていた開発陣は，ヘリカルスキャンの開発に着手することはなかった[19]。1987 年 11 月に藤田保健衛生大学の片田和広や辻岡勝美らが連続スキャン中に無理やり天板を引っ張って，原始的ヘリカルスキャンの画像出しに成功させたことなどが後押しとなり，1988 年，東木裕介を担当としてヘリカル開発に着手する。1989 年にヘリカルスキャンを搭載した CT 装置が完成したが，同年の北米放射線学会でシーメンスからスパイラルスキャン[20]の発表があった[21]。

東芝は，先進的な装置（TCT−900S）を発売しても世界市場では日本の普及機メーカというイメージから脱却することができずに販売台数を伸ばせなかった。特にすべての CT 装置の標準となる機能であるヘリカルスキャンを搭載した装置をいち早くリリースしたのにもかかわらず，いまだにシーメンス社の発明と誤認

18　同上。

19　東木（2017）によると“撮影中に被検体上の撮影位置を変えない”という当時の CT 撮影時の大原則から逃れられなかった部分もある。

20　ヘリカルスキャンのシーメンスでの呼称。

21　東芝は，発表を見送っていた。

されている部分もある。その反省から，世界で飛躍するために以下の三つの目標を立てた。① 臨床ニーズから目標とする部位・疾患を定めそれに対して有効な画像が撮影できる性能を持った CT を開発する。② アメリカ特有のニーズを的確に掴み，それを反映する。③ その装置を使うことによって得られる臨床価値をグローバルに訴求する。

① に対しては，アメリカでの最大死亡要因であり，わが国でも増加中の冠動脈疾患にターゲットを定め，カテーテルを挿入しなければならない冠動脈造影検査をしなくても CT で冠動脈の検査ができる性能を開発目標とした。② に関しては，スタンフォード大学の協力を得て市場ニーズを調査し，日本では様々な検査ニーズに応えることができるように撮影条件の設定を細かく設定できるようにして欲しいという要望が多いが，アメリカでは誰が操作しても同じ品質の画像が簡単に撮れることが求められていることが分かった。③ については，多施設臨床研究「CORE64」を立ち上げ，心臓冠動脈の狭窄診断に関して従来のカテーテル検査と開発した 64 列マルチスライス CT 装置による検査との比較研究を，世界 7 か国 9 サイトの権威ある先進医療機関が参加して実施する国際的な多施設臨床研究を 2004 年から開始した。この多施設臨床研究で 64 列マルチスライス CT 装置の冠動脈画像における診断は，従来のカテーテル検査と同様に冠動脈狭窄の存在の評価や血行再建術の必要性を評価するために有用であることが示され，各種学会での発表及び論文投稿により世界のスタンダードとして確立することに成功した。結果として，アメリカで高級機である Aquilion64 の販売が飛躍的に伸びたのと同時に，多施設研究に参加していた施設に留学していた医師が出身国に帰国した後に同装置の有用性を宣伝したことで，ヨーロッパや日本の大学病院での販売数も伸びるようになった。320 列 CT 装置を使った多施設臨床研究である「CORE320」においてもその有用性を示す発表や論文が 19 以上掲載されたため，『心臓はキヤノン CT』というブランドを確立させることに成功した。その結果，心臓の臨床ケースだけでなく，世界各国の施設から様々な部位の臨床ケースの学術論文も発表されるようになった。

4. 考察

企業（開発側）と医療（評価側）の共同開発において，何故ニーズとシーズのマッチングがうまくいかなかったのかといった点について，それぞれの事例で検討していく。

医療機器の開発において，プロトタイプが臨床（医療現場）の要求に応えたものになるためには，臨床から上がった要求事項を受けとけることのできる開発者の存在が大きい。しかし，その要求が開発者に正しく伝わらなかったり，開発者の興味によって現場の真の要望と違った開発目標を設定してしまったりすることによって，せっかく開発した医療機器が日の目を見ずに忘れ去られてしまう可能性がある。筆者はこの状況を「開発目標の硬直性」と名付けた。「開発目標の硬直性」により，患者のための医療機器開発という真の目的から，医療現場と開発現場との間で乖離してしまうことが問題と考えた。現在の医療機器の開発では，医療従事者にとってその技術分野をブラックボックスと感じてしまう部分が多々ありながら，企業が開発した装置を評価し，改善点の提案を繰り返すフィードバック過程が一般的である。しかし，すべての開発が現場の強い思いを起点とするとは限らないので，企業側がそのとき設定している開発目標が正しいものなのか見つめなおす機会を作ったり，きちんと評価してくれる医療施設を確保したりすることによって創造的摩擦を生む機会を設けることが重要と考える。

表12-2に胃カメラとパルスオキシメータの開発過程を示す。プロダクト・イノベーションを起こすうえで開発者の存在は不可欠であるが，医療機器として発展させるためには，より臨床の要求にあった装置へと発展させることが重要といえる。

オリンパスの事例では，宇治の胃がんを早期に発見するために「胃の内部を直接見たい」という要望に賛同した技術者の協力で，その思いを実現した事例である。このことから，医療従事者の強い要望が企業側に正しく伝われば製品化の道は近いと考えることができる。ただし本事例では，宇治が設定した必要条件『患者に苦痛を与えることがなく，のみ込ませ易く，危険なく，如何なる醫師の手によっても操作，撮影が出来ること，胃内壁全體が撮影出来，叉病相判定が可能成

表 12–2　胃カメラとパルスオキシメータの事例比較

	胃カメラ	パルスオキシメータ	
開発開始時期	1949 年	1971 年	1972 年
所属企業からの研究課題	位相差顕微鏡 研究所長は，胃カメラの開発に反対	ユニークな新製品開発	*新規分野開拓*
研究の着想	胃を内部から直接観察したい	色素希釈法による心拍出量測定装置開発過程で拍動ノイズに着目	指尖容積脈波の波高値の物理的意味の探求
プロトタイプのキーパーソン	宇治達郎（東大分院外科）　杉浦睦夫（オリンパス）	青柳卓雄 （日本光電）	*山西昭夫* *（ミノルタ）*
プロトタイプ（製品）投入年	1950 年	1975 年 （その後開発中断 1988 年再参入）	*1977 年* *（1984 年米国で改良版を販売）*
臨床利用（medical）	東大分院外科	中島進 （国立療養所札幌南病院）	*鈴川正之（東大救急部）　吉矢生人（阪大集中治療部）*
特許	1951 年米，英，仏，西独等に出願	1974/3/29 国内出願	*1974/4/24 国内出願* *その後国際特許出願*
普及（改良）のキーパーソン	崎田隆夫，芹沢真六 （東大田坂内科第 8 研究室）	William New （Stanford University 後に Nellcor）	
国内研究会	ガストロ懇親会・胃カメラ研究会	—	
お墨付き	胃カメラ研究会などでの研究発表	麻酔中に必須な標準モニター （1986 年 10 月 21 日 ASA: American Society of Anesthesiologists）	
改良品（普及機）の販売	1956 年 ガストロカメラⅢ型	1982 年 Nellcor N-100	
国内普及の陰の立役者	エーザイ	東機貿	

（出所）　筆者作成。

ること』[22]をある程度満たしたことに半ば満足したことによって，発表から3年後に実家の病院を継ぐことを理由に胃カメラの研究から離れるという事態が起こった。これにより胃カメラの改良がしばらく停滞し，そのまま消滅する可能性があったことは否めない。発想者がそのままリードユーザとなるわけではなく，そ

22　宇治（1951）より。

の装置を正しく評価し正確な改良点を挙げてくれるユーザを見つけることの重要性を示している。そういった点で，上部消化管内視鏡を現在の位置に育て上げたのは東大田坂内科の存在無しには語れないであろう。

パルスオキシメータでは，他の機器開発中にできた装置からスタートした事例である。共同研究した医師らは既存の装置（ウッド式イヤピースオキシメータ）との比較で良い装置であるという評価を下したにすぎず，その装置の新しい用途の提案までに至らなかったことが，日本光電の開発継続断念につながっていると考えられる。また，ミノルタでは自ら開発した装置の将来性を信じ，開発を継続したにもかかわらず，医師の用途提案やそのための改良要求よりも自らの興味がある問題に注力したばかりに，その改良要求へ先に応えたバイオックスやネルコアの後塵を拝することにつながったことがわかる。評価者である医師を限定してしまったり，測定精度の向上といった課題に固執しすぎたりしたことが原因ではないかと考える。そこには，開発側の（小型化やデジタル技術への）経路依存性やコアリジディティが影響したと言わざるを得ない。

三つめの東芝の事例では，スリップリングの開発がポイントであった。その当時，ガントリー内で撮影中に患者を動かさないことが常識であったのに，X 線管と検出器を高速回転させている中で患者を Z 軸方向に動かすという発想が辻岡らからなされた時に，技術陣から猛反発があった。しかし，片田らの地道な説得によってヘリカルスキャンの開発が始まった。その後国立がんセンターの協力も得てヘリカルスキャンの開発に成功したにもかかわらず，「日本国内の普及機メーカ」というブランドイメージを払しょくすることができなかった。そのヘリカルスキャンでの失敗から自らの信用がないことを自覚し，国内の医療機関だけでなく国際的にも信用のある医療機関を巻き込んだプロジェクトを立ち上げる方向を選んだ。そこから現場が真に必要なニーズを拾いあげることで開発目標を設定[23]し，その開発した装置をしっかりと評価してくれる医療施設を厳選したことにより，企業ブランドの向上とファンの増加に成功した事例ととらえることができる。

今回取り上げた三つの事例は，「ユーザのニーズとユーザからの技術導入に関する情報」によってイノベーションが発生していることから，A–U モデルでは「流動期」にあたるといえる。それは一般的にブレイクスルー・イノベーションと

23　320 列面検出器 CT 開発時プロトタイプは 256 列であったが，片田らの「臨床上 320 列が必要」というアドバイスに従って，320 列を開発した。

解される。しかし，医療機器はメーカが製品を開発すれば終わりというものではなく，医療現場で評価・改善されることによって発展していく性質がある。つまり，オリンパスの事例では宇治が医局を辞めた後で東大田坂内科の﨑田らが登場した。日本光電では開発を断念した後で海外メーカが参入した。東芝の事例ではCTの開発が停滞し画像診断医の興味がMRIなどに移った後，スリップリングを開発した。これらはブレイクスルー・イノベーションというよりは，インクリメンタル・イノベーションが起きたと言えそうである。つまり，プロダクト・イノベーションの発生初期では，ブレイクスルー・イノベーションだけでなく，インクリメンタル・イノベーションも重要な役割を担うと考えられる。

5. おわりに

本章では，我が国における医療機器開発（特に製品販売後の対応）において，ユーザからの情報収集の重要性について述べるためにオリンパス，日本光電，ミノルタ及び東芝の事例を取り上げた。医療現場の強い思いを採用した場合の製品化は早いが，そのまま普及するとは限らない。市場での正しい評価を吸い上げて製品にフィードバックするために最初の声を上げたユーザがそのままリードユーザとなるとは言えず，早期に複数のユーザの声を聴く機構の構築と，開発側に「開発目標の硬直性」が起こりやすいという自覚を促す点で貢献できたと考える。また，医療機器開発のプロダクト・イノベーションにおいてはブレイクスルー・イノベーションの後にインクリメンタル・イノベーションが重要な役割を担うことが分かった。今後の検討課題は，「開発目標の硬直性」を如何になくすのかといった具体策を提示することと，他の事例での検証である。

参考文献

青柳卓雄（1974）「イヤピース・オキシメータの改良」『医用電子と生体工学』12巻Suppl号，90–91頁。

青柳卓雄（1990）「パルスオキシメータの誕生とその理論」『日本臨床麻酔学会誌』10巻1号，1–11頁。

青柳卓雄（1992）「パルスオキシメトリーの着想まで」，諏訪邦夫編『パルスオキシメトリー』医学図書出版株式会社，121–124頁。

青柳卓雄（2011）「パルスオキシメトリの誕生とその後」『生体医工学』49 巻 2 号，313–315 頁。
赤池篤（2012）「A–U モデルの誕生と変遷―経営学輪講 Abernathy and Utterback（1978）」『赤門マネジメント・レビュー』11 巻 10 号，665–679 頁。
医工連携推進機構編（2013）『医療機器への参入のためのスタディブック』薬事日報社。
医工連携推進機構編（2017）『医療機器への参入のためのガイドブック 第 2 版』薬事日報社。
宇喜多義敬監修（2017）『図解で学ぶ医療機器業界参入の必要知識―法令・規制，技術規格と市場 第 2 版』じほう。
宇治達郎，今井光之助（1951）「ガストロカメラに就て」『医科器械学雑誌』1951（9），14–16 頁。
宇治達郎（1959）「初期のガストロ」『日本胃カメラ学会機関誌』1 巻 1 号，7–8 頁。
大沼雅也（2016）「何故医療機器のイノベーションは難しいのか ～「プロジェクト組織」をめぐる経営学的考察～」公益財団法人医療機器センター附属医療機器産業研究所 リサーチペーパー No.18。
小川恵美子（2004）「撮影・検査・手術が可能内視鏡技術「5 ミリの決死圏」–「撮影」から「手術」までの開発史」『Fole』（17），36–38 頁。
オリンパス光学工業株式会社編（1969）『50 年の歩み（改訂再版）』オリンパス光学工業株式会社，138–141 頁。
久保田博南（2016）『いのちを救う先端技術：医療機器はどこまで進化したのか』PHP 研究所。
久保田博南（2019）『成功する医療機器開発ビジネスモデル ゼロからの段階的参入でブレイクスルーを起こす』日刊工業新聞社。
月刊新医療編集部（2019）『医療機器システム白書 2020 月刊新医療 46 巻別冊』エムイー振興協会。
小竹良文（2011）「その他の心拍出量測定」『インテンシヴィスト』3 巻 2 号，237 頁。
沢井実（2018）「オリンパスの内視鏡開発」，阿部武司・橘川武郎編『社史から学ぶ経営の課題解決』出版文化社，70–73 頁。
新エネルギー・産業技術総合開発機構（NEDO）『2019 年度 日系企業の IT サービス，ソフトウェア及びモノの国際競争ポジションに関する情報収集(2)』2019 年度成果報告書 情報収集事業 報告書管理番号 20200000000328。
杉浦睦夫（1985）「宇治先生の想い出」，宇治達郎追悼集編集会編『追想宇治達郎』13–20 頁。
諏訪邦夫（1992）「パルスオキシメトリー：世界の動向」，諏訪邦夫編『パルスオキシメトリー』医学図書出版株式会社，125–131 頁。
諏訪邦夫（2007）『血液ガスをめぐる物語』中外医学社，157–179 頁。
諏訪邦夫（2011）「SpO2 パルスオキシメータ」『インテンシヴィスト』3 巻 2 号，285–292 頁。
東木裕介 他（2017）「CT 開発における産官学および医工産連携―産側の立場から―」『Medical Imaging Technology』35 巻 2 号，104–109 頁。
中島進 他（1975）「新脈波型イヤピースオキシメーターの性能―非観血的連続的酸素濃度監視をめざして」『呼吸と循環』23 巻 8 号，709–713 頁。
中島進 他（2011）「旭川医大におけるパルスオキシメーターに関する研究と世界的普及の経過について」『旭川医科大学研究フォーラム 12』27–33 頁。
日本光電工業社史編纂委員会 編纂（1993）『電子技術で病魔に挑戦：日本光電 40 年のあゆみ』日本光電工業株式会社，144 頁。
丹羽寛文（1982）「胃カメラの歴史その 1～その 13」『外科』44 巻 1 号～13 号。
丹羽寛文（2009）『消化管内視鏡の発展を辿る』考古堂書店。

丹羽寛文（2010）『消化管内視鏡の歴史 改訂増補第2版』日本メディカルセンター。
丹羽寛文・中村孝司 編（2009）『日本消化器内視鏡学会50年の歩み』日本消化器内視鏡学会。
蛤謙治（2005）「パルスオキシメータの小型軽量化による用途の拡大」『医科器械学』75巻12号，868–872頁。
平尾芳樹（2001）「TCT–900Sとヘリカルスキャン」日本画像医療システム工業会。
平尾芳樹（2008）「医療用X線CT技術の系統化調査報告」『技術の系統化調査報告』第12集，国立科学博物館産業技術史資料情報センター。
藤原亮太 他（2018）「異業種発・日本発の医療機器イノベーションの創り方」『Think:Act』No.134，株式会社ローランド・ベルガー。
森山紀之（2014）「X線CT装置の医療への貢献について」日本画像医療システム工業会。
薬事衛生研究会 編（2015）『医療機器の薬事申請入門 第2版』薬事日報社。
山口翔太郎，清水洋（2015）「オリンパス 胃カメラとファイバースコープの開発」『一橋ビジネスレビュー』63巻2号，100–113頁。
山西昭夫（2005）「パルスオキシメータの黎明期」『医科器械学』75巻12号，852–862頁。
Abernathy, William J. and James M. Utterback（1978）“Patterns of Industrial Innovation,” *Technology Review*, Vol.80, No.7, pp.40–47.
Utterback, James M.（1994）*Mastering the Dynamics of Innovation How Companies Can Seize Opportunities in the Face of Technological Change*, Harvard Business School Press.（大津正和・小川進監訳（1998）『イノベーション・ダイナミクス：事例から学ぶ技術戦略』有斐閣。）

終章

イノベーションを実現する条件

内海　京久

【はじめに】

本章では，序章で提示した以下の三つの論点を第1章から第12章までの振り返りを通じて検討し，イノベーション実現のためのインプリケーションを導くこととする。

(1)　ビジネスの現場でイノベーションをめぐって何が起きているか
(2)　イノベーションはどのようなメカニズムで起こるか
(3)　イノベーションを実現するために必要とされる経営資源は何か

序章では，本書執筆にあたっての動機として，イノベーション創出が現実にはなかなか起こらないことを挙げた。そこで，ビジネスの現場で実際に起こっているイノベーション創出のメカニズムと，必要な経営資源を明らかにすることを目指した。これらをより適切に分析するためのフレームとして，イノベーションを以下の三つのパターンに分類した。

①　ブレイクスルー・イノベーション：シュンペーターの「均衡の破壊」
②　インクリメンタル・イノベーション：カーズナーの「均衡の創造」
③　破壊的イノベーション：クリステンセン

そして，インクリメンタル・イノベーションが得意な日本企業が現在直面している問題として，ブレイクスルー・イノベーションと破壊的イノベーションからの挟撃にあっていることを指摘し，それらの2正面作戦の遂行が課題であることを示唆した。

【ビジネスの現場でイノベーションをめぐって何が起きているか】

第Ⅲ部「イノベーションのフロンティア」では，自動車，コンピューター，データセンター，電子決済，医療機器の五つの幅広い領域でのイノベーション事例について，現実に起こっている課題や克服の実態に迫った。

第8章「自動車：エレクトロニクス化と開発・生産革新」では，インクリメンタル・イノベーションが主体と考えられてきた自動車開発・製造の現場において，エレクトロニクス化への対応について検討した。その結果，エレクトロニクス化の難しさは，開発のモジュラー化による，① コストメリットと競争力のトレードオフ，② 開発終盤のすり合わせの制限，であった。インテグラル型の開発プロセスにモジュラー型の要素を組み込むには，プロジェクトマネージャーによる初期コンセプトの守護と，インテグラル型・モジュラー型の両プログラムリーダーによる同時技術移転戦略の実行が必要であることを提示した。

第9章「コンピューターシステム：サプライチェーンの新機軸」では，インクリメンタル・イノベーションが主体のコンピューター業界で起きた，パソコン，サーバー，スマートフォンの三つの破壊的イノベーションがどのように起きたのか，そのプロセスに着目した。その結果，破壊的イノベーションの第一段階では外部のメーカーが用途選択したことによって製品構成を変化したこと，そしてその際にサプライチェーンを再構成したことが製品実現と低コスト化のために重要であったこと，さらにそれらの製品が新たなサプライチェーンの中で正常進化を遂げた結果，既存製品を代替したことを示した。

第10章「データセンター：直流化と経路依存性」では，IT産業の急速な進展によって重要度を増すデータセンターに着目し，交流給電の経路依存性に対して，電力効率で優位な直流給電化のイノベーションがどのように行われているかを検討した。その結果，社内では，増大する電力消費量の低減という喫緊の課題に加え，直流の技術蓄積があったため，交流給電の経路依存性を乗り越え直流給電を導入することができた。しかし，社外へは，アーリーアダプターへ展開できたもののキャズムに嵌り，消費電力効率や再生可能エネルギーの利用などの社会的意義を唱えても展開が難しい現状を示した。

第11章「電子決済：デジタル化とバーチャル化」では，クレジットカードに端を発した電子決済のイノベーションの歴史の中で，難しいと言われていた実店舗での電子決済（QRコード決済）がなぜ普及したのかを分析した。その結果，QRコード決裁は，「ユーザ認証」「店舗での接点」「支払」の三つの技術要素の多種多様な組み合わせからなり，すでにインクリメンタルに蓄積されてきた保有技術からの新規参入可能性の高さ，スマートフォンの技術拡張性による連結自由度の高さによって，急速な普及に至ったことが示唆された。

第12章「医療機器：日本発のプロダクト・イノベーション」では，消化器内視鏡の成功，パルスオキシメーターとCTの失敗から成功への転換の事例を比較することで，医療機器の分野で日本発のプロダクト・イノベーションが成立する条件を探った。その結果，医療従事者と企業の共同開発が失敗するのは，企業のシーズ提案に対する医療従事者の改善提案に対し，企業の開発目標の硬直性による「目的の乖離」が原因であった。この解決には，医療従事者の強い想いと企業の開発目標の修正の両方が必要であることを提示した。

【イノベーションはどのようなメカニズムで起こるか】

第I部「イノベーションのメカニズム」では，ブレイクスルー・イノベーションの飛躍的な性能立ち上がりのメカニズム，およびインクリメンタル・イノベーションを阻害するロックインとその克服のメカニズムを，事例研究を用いて明らかにした。

第1章「技術のブレイクスルー」では，青色LEDのブレイクスルー・イノベーションの事例を分析することで，技術進化のメカニズムを検討した。その結果，新しいコンセプトの技術開発の初期段階では，内部での膨大な技術蓄積にも関わらず突破できない高い障壁に直面すること，飛躍的な進化の実現にはその障壁を突破する技術ブレイクスルーが必要であることを明らかにした。さらに，青色LEDの事例では，技術ブレイクスルーに必要な新たな解決方法は，外部技術蓄積から得られた技術因子と内部技術蓄積の結合から，自ら発想するインスピレーションによって生成したことを示した。

第2章「技術形成の隘路とその解決」では，遺伝子組換え技術を用いたバイオ産業の生産技術のインクリメンタル・イノベーションの事例を分析することで，サイエンス型産業特有の技術進化の阻害要因を検討した。その結果，サイエンス型産業には，科学的知識の不定性という固有の障壁があり，遺伝子組換え技術というブレイクスルー・イノベーション後のリスク情報の事後的増加によって，新たなインクリメンタルな技術形成にロックインが発生することを示した。さらにその解消策として，新たに誕生しつつある社会的ニーズとのマッチングによって，インクリメンタルな技術形成を可能にすることも示した。

【イノベーションを実現するために必要とされる経営資源は何か】

第Ⅱ部「イノベーションと経営資源」では，経営者，資金，人材，組織，知財といったヒト，金，情報の有形無形資源について，事例研究を用いてイノベーション実現のために何が必要なのかを議論してきた。

第3章「経営者：日本のイノベーター群像」では，日本の代表的な革新的企業家を概観した。バブル崩壊以前の長期成長のメカニズムは「内需の拡大」と「組織能力の高まり」であり，それ以降の長期低成長のメカニズムは，投資抑制とインクリメンタル・イノベーションがブレイクスルー・イノベーションと破壊的イノベーションに挟撃されたことを示した。イノベーション再生の道は，ローエンドとハイエンドの2正面作戦，顧客ニーズへの積極的な対応と投資遂行であり，そこで果たすべき経営者の役割と求められる資質の核心は，2正面作戦を遂行するための経営資源の最適配分と部門間調整であることを示した。

第4章「資金とステークホルダー：スタートアップ期の軋みとその克服」では，資金調達が困難かつ巧拙がイノベーションの成否を決めるベンチャー企業に着目し，株式上場の実態調査から急速な成長によって起きる経営者とステークホルダーとの間に生じる軋みの実相を分析した。その結果，株主と社員へのコミットメントのトレードオフによる成長停止という軋みが発生することがわかった。この解決には，業績悪化からの回復と人材採用育成のための運転資金，および回復までの競合や顧客への時間稼ぎ，マインドとリーガルの支援者が必要であることを提示した。

第5章「人材：技術者の採用と育成」では，インクリメンタル・イノベーションを担う人材の採用・育成に着目し，アイリス・オーヤマを分析した。次々と新たな顧客ニーズを開拓するため，新商品提案の「自律性」に加え，自分のこだわりを捨てユーザーインの発想に常識や価値観を修正できる「自己否定」の能力が必要であることが明らかになった。このトレードオフに対して，企業戦略に沿った専門人材の採用と，自律的な新商品提案と価値基準の修正の場としての新商品開発会議による育成が重要であることが示された。

第6章「組織：部署間の相克」では，複雑性の低い製品でも発生し得る開発から製造への新たなコンセプト受け渡しの失敗に着目した。この結果，受け渡し失敗の原因は，既存コンセプトとの違いに対する「変化の受け入れ」への抵抗であった。これは部署間のタスクの違い，担当者の経歴，人間の性弱説により否応なく発生する。このため，コンセプト受け渡しを成功させるためには，コンセプトの守護者の設定，外部サプライチェーンの活用によって，「変化の受け入れ」をマネジメントする仕掛けを提示した。

第７章「知的財産：産学連携の進化」では，イノベーション推進における外部資産獲得手段として，産学連携の知的財産活用に着目し，技術移転の問題点を分析した。根本原因は，「とりあえず共有」の実務慣行と共有特許権活用の法的制約の相性の悪さであり，「共同研究成果の死蔵化」という大きな損失が生まれることが明らかになった。産学連携で技術移転を成功させるためには，大学の基礎研究成果の単独特許出願と技術の橋渡し後の企業での応用特許出願が有効である。そして，その実現には，大学研究と産学連携を両立させ得る知見と洞察力，調整力を備えるキーパーソンが必要であることを提示した。

【イノベーションの類型と実現のプロセス】

(1)　インクリメンタル・イノベーション

インクリメンタル・イノベーションを視覚的によく表しているのが，横軸時間，縦軸性能のＳ字曲線である（Foster, 1986）。これを拡大すると既存の均衡に対して創造された均衡は，目標設定とその実現の細かなステップで形成されていると考えられる（図終–1）。このステップには，新たなシーズによる高い性能が提示されてニーズが適合するパターンと，新たなニーズが提示されてシーズが追い付くパターンがある。すなわち，新たな均衡は，ニーズとシーズのうち一方の歩みよりからマッチングすることで，ステップ状に創造されると言える。従っ

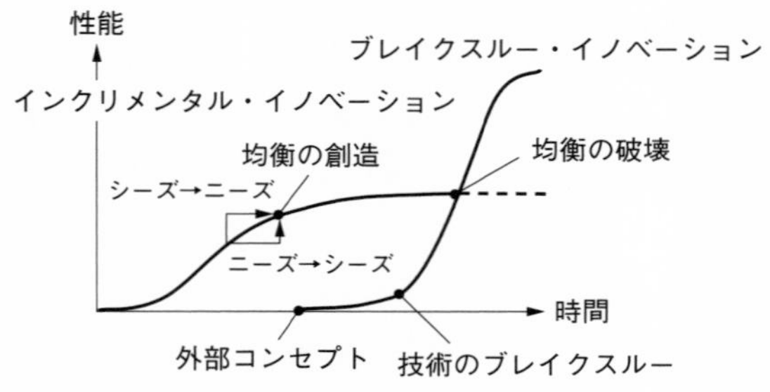

（出所）　筆者作成。

図終–1　インクリメンタル・イノベーションとブレイクスルー・イノベーション

て，新たなニーズとシーズの目標設定とマッチングの双方に潜む問題をクリアすることが，インクリメンタル・イノベーション実現のポイントである。

バイオ産業の生産技術では，この新たなシーズ設定を阻害する要因として，サイエンス産業特有の「リスク情報の事後的増加」があるが，社会的ニーズとのマッチングにより解消することができた。自動車のエレクトロニクス化のニーズに対しては，従来のインテグラル型の開発プロセスにモジュラー型要素を組み込ませる新たなシーズの構築が進行している。データセンターでは，大幅な消費電力の低減という新たな目標設定に対して，直流給電という新たなシーズを，社内直流技術によって実現させた。実店舗での電子決済というニーズは，「ユーザ認証」「店舗での接点」「支払」の三つの技術要素の成熟と，それらを組み合わせやすいスマートフォンというシーズによって実現した。医療機器では，医療従事者のニーズ発信に対して企業がシーズマッチングさせる際は実現しやすかった。一方で，企業のシーズ発信では，企業側の開発目標設定の硬直性と受け手の医療従事者の関心の度合いが目的の乖離を招き，マッチング不全を起こした。

(2)　ブレイクスルー・イノベーション

ブレイクスルー・イノベーションは，既存の均衡とは異なる新しいコンセプトの技術によって，短期間に既存の均衡を大きく抜き去る性能を実現し，均衡を破壊する現象である。図終-1のように横軸を時間，縦軸を性能とすると，インクリメンタル・イノベーションをブレイクスルー・イノベーションが抜き去ることを視覚的に表現できる。ブレイクスルー・イノベーションを生み出す新たな技術の性能が既存技術の性能を抜き去るポイントが均衡の破壊のタイミングであり，その後既存技術へ投資されなくなることによって，性能の向上は停止する。

既存技術を大きく上回る性能が得られる新たな技術は，既存の延長ではなく外部の新コンセプトから生まれる。そして，そこには新コンセプトゆえの高い技術的障害が存在する。それを突破するのが技術のブレイクスルーである。

青色LEDの半導体技術開発では，技術開発の行き詰まりの後，外部技術蓄積からキー技術変数を類推できたことが，解決方法の生成を生み，技術ブレイクスルーを実現させた。このことから，ブレイクスルー・イノベーションの実現には，既存とは異なる新コンセプトの創出と技術ブレイクスルーの二つのタイミングで，外部が作用すると言えそうである。

多くの日本企業が新たに高い目標を設定しその実現へ向けて邁進する姿は，インクリメンタル・イノベーションそのものである。一方のブレイクスルー・イノベーションが起こりにくいのは，多くの企業が許容できる時間と金とヒトの投入量を大きく凌駕するほど，その障壁が高いからである。従って，ブレイクスルー・イノベーションを実現するには，ブレイクスルーが起きるような時間と金とヒトのマネジメントも重要である。

(3)　破壊的イノベーション

破壊的イノベーションの真髄は，過剰な性能で高価な既存製品に対して，適切な性能で安価な製品が打ち勝つことと考えられる。従って，インクリメンタル・イノベーションとの対比を図示するならば，横軸の時間に対して，縦軸をコストパフォーマンス（性能/コスト）とすればよい。すると，インクリメンタル・イノベーションも破壊的イノベーションもＳ字曲線を描き，途中で追い抜く構図を表現できる（図終–2）。

破壊的イノベーションは，既存の均衡に対して，用途選択によって製品構成が変化した後，サプライチェーンの再構成によるコストパフォーマンスの急速な立ち上がりによって，既存製品を一気に追い抜くことから，いわば「均衡の代替」と言えそうである。コンピューター業界の事例では，用途とサプライチェーンの両方で強い経路依存性があり，外部メーカーでないとこれらの突破は容易でない。

用途やそれを実現する機能を増やし性能向上させていくことが得意な多くの日本企業にとって，スペックダウンに見える“用途選択”という行為は，顧客ニーズ視点からも資源活用や規模の経済の観点からも説明論理が立たず，抗えないジ

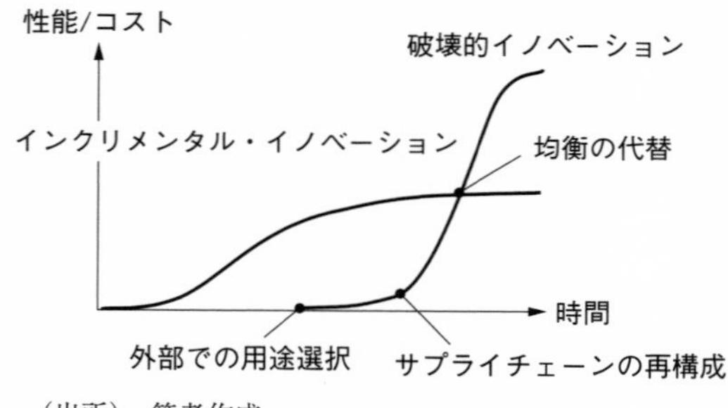

（出所）　筆者作成。

図終–2　インクリメンタル・イノベーションと破壊的イノベーション

レンマの根幹と言えそうである。

【経営資源の２正面マネジメント】

イノベーション実現のための経営資源の在り方を検討してきた結果，それぞれ一見トレードオフに見える２正面の課題をマネジメントすることが大切であることが見えてきた。すなわち，経営者にはローエンドとハイエンドの２正面作戦が要求され，そのための経営資源の最適配分と部門間調整の手腕が問われている。ベンチャー企業では，業績成長と組織成長の軋みへ直面した時の，運転資金と時間稼ぎが必要である。インクリメンタル・イノベーション人材では，新商品提案における自律性と自己否定のトレードオフに対し，企業戦略に沿った専門人材の採用と，社長自ら決裁に臨む新商品提案会の場での育成で対応していた。新商品のコンセプト受け渡しでの，開発部門と製造部門といった異なる文化を持つ組織のマネジメントには，コンセプトの守護者の存在と外部製造部門の活用が鍵であった。産学連携には大学研究との両立が必要で，企業での事業展開の経験者によって，知財出願の基礎研究成果の単独特許出願と応用研究成果の共同出願の線引きをすることが重要であった。

【イノベーション実現の鍵】

(1)　外部とのかかわり

現場で起こっているイノベーションの事例研究を重ねてきた結果，実現の鍵は外部とのかかわりによる自社経営資源の活用にあると言えそうである。インクリメンタル・イノベーションでは，「均衡の創造」の実現において，外部のニーズ，シーズ，組織とのかかわりによって，自社経営資源が具体的な製品として実現する様子が観察できた。ブレイクスルー・イノベーションでは，「均衡の破壊」の実現において，外部でのコンセプト創造に端を発し，外部の技術蓄積を活用して発生するブレイクスルーによって技術開発の障壁を越えることができた。破壊的イノベーションでは，「均衡の代替」の実現において，外部での用途選択に端を発し，新たに外部でサプライチェーンが再構成された。

(2)　オープン・イノベーションとの違い

本書で議論する外部とは，企業・大学などの組織体，既存市場・専門技術の領域の異なる属性である。外部とのかかわりで有名なChesbroughのオープン・イノベーションは，企業が主体であり，内部と外部のアイデアの結合が議論の対象である。一方で本書には三つの異なる点があると言える。それは，主体は企業にとどまらず大学や組織，市場，技術領域の内外の関係性にも言及した点，それぞれの領域における外部とのかかわりがイノベーションの鍵となっていることを示した点，そして様々な外部とのかかわりを具体的に示した点である。

(3)　外部選択のポイント

一口に外部とのかかわりが重要というが，実際は適切な外部を選択しそのエッセンスを取り込めなくてはならない。このために必要なことは何であろうか。それは，① 内部の充実，② 限界突破の意思，③ 外部の土地勘の三つではないかと考える。内部が充実すると，内部での限界がわかってくる。そして適切な外部の“選球眼”が養われる。次に，限界突破の意思がなくてはならないだろう。限界突破したいが内部に限界があると外部を欲すると考えられる。そして，いざ外部を取り込む際に内部の経路依存性を排除しやすい。さらに，外部の土地勘があることも重要であろう。そもそもの外部へのアクセスのしやすさと，外部を導入した時の効果の見当がつくということが，成功のためには必要だからである。

【おわりに】

本書は，イノベーション創出の重要性が繰り返し主張されているにもかかわらず，現実にはなかなか起こらないという問題意識に対して，原点へ立ち返り，ビジネスの現場に目を向けて事例研究を行った。その結果，実際の最前線で起こっているイノベーション創出のプロセスを三つの類型に分けて明らかにし，メカニズムの理解と，それに必要な経営資源の在り方を提示することができた。特に日本のお家芸と言われるインクリメンタル・イノベーションについて，これまで意外と語られてこなかったその難しさと実現の様子が明らかになった。これが一つ目の貢献である。

また，ビジネスの現場視点からのイノベーション研究という観点で，三つのイノベーションの類型に対する新たな解釈を提示できた。すなわち，インクリメンタル・イノベーションのステップ状シーズ・ニーズマッチングによる「均衡の創造」，ブレイクスルー・イノベーションの技術ブレイクスルーによる「均衡の破壊」，破壊的イノベーションの用途選択とサプライチェーンの再構成による「均衡の代替」である。この結果，インクリメンタル・イノベーションが得意な日本でブレイクスルー・イノベーションや破壊的イノベーションが起こりにくい理由も窺い知れるようになった。これが二つ目の貢献である。

さらにイノベーション実現の条件として，経営資源の2正面マネジメントと，外部とのかかわりの重要性を示唆することができた。これが三つ目の貢献である。

本書では，詳細な事例研究を通じてイノベーション実現の条件を検討してきたが，広い範囲をカバーして全体像を確認することを優先したため，単一事例によって新たな仮説を示した段階にすぎず，一般化には程遠い。従って，今後複数事例での検証や定量での実証による論理の精緻化，妥当性の向上が望まれる。また，イノベーションの実現プロセスや経営資源について，本書のような三つの類型に分けた分析は現状稀少である。従って，今後その厚みを増すことで新たなイノベーション実現の条件の仮説が生まれることを期待する。

最後に，本書ではビジネスの現場で当事者として経験した事例，もしくはその分野に造詣が深い専門家による事例研究により，実際の現場における行為のプロセスを深く掘り下げることができた。これにより，実際のビジネスで新たなイノベーションを実現するために必要なことは，結果論ではなく実現のプロセスを理解することだということを，改めて実感できる貴重な書となったと思う。本書で得られたイノベーション実現の条件を，ビジネスの現場で咀嚼，実行することで，将来のイノベーション創出に貢献することができれば幸いである。

索　引

【カ行】

【サ行】

【タ行】

【ラ行】

執筆者紹介（執筆順）　＊は編著者

＊橘川　武郎（きっかわ・たけお）　《序章，第３章》
編著者紹介の欄を参照。

＊内海　京久（うちうみ・きょうひさ）　《第１章，終章》
編著者紹介の欄を参照。

石川　雅敏（いしかわ・まさはる）　《第２章》
ノースアジア大学経済学部准教授
東京大学大学院理学系研究科生物化学専攻修士課程修了。薬学博士。
東京理科大学大学院イノベーション研究科イノベーション専攻博士後期課程単位取得満期退学。

丸尾　聰（まるお・あきら）　《第４章》
丸尾経営教育研究室代表　事業構想大学院大学教授
東京藝術大学大学院美術研究科建築理論専攻修了。芸術学修士。
東京理科大学大学院イノベーション研究科技術経営専攻修了。技術経営修士（専門職）。

吉川　康明（きっかわ・やすあき）　《第５章》
株式会社日本経営協会総合研究所（株式会社日本経営協会出向）
明治学院大学大学院文学研究科心理学専攻修了。心理学修士。
東京理科大学大学院イノベーション研究科イノベーション専攻博士後期課程単位取得満期退学。技術経営修士（専門職）。

渡辺　昇（わたなべ・のぼる）　《第６章》
大陽日酸株式会社
東京理科大学大学院イノベーション研究科技術経営専攻修了。技術経営修士（専門職）。

金井　昌宏（かない・まさひろ）　《第７章》
学校法人明治大学
東京理科大学大学院イノベーション研究科イノベーション専攻博士後期課程単位取得満期退学。知的財産修士（専門職）。

田村　翼（たむら・つばさ）　《第８章》
日産自動車株式会社
慶應義塾大学理工学部電子工学科卒業。
東京理科大学大学院イノベーション研究科技術経営専攻修了。技術経営修士（専門職）。

中村　英樹（なかむら・ひでき）　《第９章》
デル・テクノロジーズ株式会社
東京理科大学大学院イノベーション研究科イノベーション専攻博士後期課程単位取得満期退学。技術経営修士（専門職）。

都野　織恵（つづの・おりえ）　《第 10 章》
エヌ・ティ・ティ・データ先端技術株式会社
東京理科大学大学院イノベーション研究科技術経営専攻修了。技術経営修士（専門職）。

高梨　透（たかなし・とおる）　《第 11 章》
みずほ情報総研株式会社
東京理科大学大学院イノベーション研究科イノベーション専攻博士後期課程単位取得満期退学。技術経営修士（専門職）。
著書は，「日本の技術経営に異議あり」（日本経済新聞出版社，2009 年，共著）など。

坂場　聡（さかば・さとる）　《第 12 章》
学校法人 日本教育財団　首都医校
東京理科大学大学院イノベーション研究科技術経営専攻修了。技術経営修士（専門職）。

編著者紹介

内海　京久（うちうみ・きょうひさ）

富士フイルム株式会社

東京理科大学大学院イノベーション研究科イノベーション専攻博士後期課程修了。博士（技術経営）。

論文は，「技術パラダイム転換のプロセス ―青色 LED 半導体材料開発の事例分析―」『イノベーション・マネジメント』（法政大学，2017 年 3 月），「技術ブレイクスルーにおける技術蓄積の役割」『組織学会大会論文集』（組織学会，2017 年 8 月），「新技術選択による企業間競争優位性の変化 ―豊田合成と日亜化学の青色 LED 実用化技術開発の事例分析―」『組織学会大会論文集』（組織学会，2020 年 8 月）など。

橘川　武郎（きっかわ・たけお）

国際大学大学院国際経営学研究科教授

東京大学大学院経済学研究科博士課程単位取得退学。経済学博士。

青山学院大学経営学部助教授，東京大学社会科学研究所教授，一橋大学大学院商学研究科教授，東京理科大学大学院イノベーション研究科教授を経て，2020 年 4 月より現職。

東京大学・一橋大学名誉教授。

著書は，『アジアの企業間競争』（文眞堂，2013 年，共編著），『応用経営史』（文眞堂，2016 年），『外資の経営史』（文眞堂，2016 年，共著），『イノベーションの歴史』（有斐閣，2019 年）など。

イノベーション実現の条件

2021 年 4 月 20 日　第 1 版第 1 刷発行　　検印省略

編著者　内　海　京　久
　　　　橘　川　武　郎
発行者　前　野　　　隆
発行所　株式会社　文　眞　堂
東京都新宿区早稲田鶴巻町 533
電　話　03（3202）8480
FAX　03（3203）2638
http://www.bunshin-do.co.jp/
〒162-0041 振替 00120-2-96437

製作・美研プリンティング

定価はカバー裏に表示してあります
ISBN978-4-8309-5116-9 C3034